AF554863

# REFLEXIONES SOBRE EL CONSTITUCIONALISMO EN AMÉRICA

Allan R. Brewer-Carías

# REFLEXIONES SOBRE EL CONSTITUCIONALISMO EN AMÉRICA

Cuadernos de la Cátedra Fundacional
Dr. Charles Brewer Maucó
"Historia del Derecho de Venezuela"
Universidad Católica Andrés Bello

Nº 2

Editorial Jurídica Venezolana
2021

**www.allanbrewercarias.com**
arbrewer@cantv.net
abrewer@bblegal.com

Depósito Legal: lf54020013403079
Primera Edición 2001 ISBN: 980-365-064-5
Segunda Edición 2021 ISBN: 9781638215516
Diagramación y montaje por Arelis Torres
Book Antigua 12 Interlineado Exacto 14,
Editorial Jurídica Venezolana
Torre Oasis, Av. Francisco Solano López, Nivel Planta, Local N° 4. Apartado Postal 17.598 - Caracas 1015-A, Venezuela
Teléfonos: 762-25-53/762-38-42/Fax: 763-52-39
Email: fejv@cantv.net

La segunda edición fue impresa por Lightning Source, an INGRAM Content company para Editorial Jurídica Venezolana Internacional Inc., Panamá, República de Panamá
Email: ejvinternational@gmail.com

# A MANERA DE EXPLICACIÓN

El momento constituyente que se inició en Venezuela con motivo de la crisis política de finales del siglo XX, a pesar de las esperanzas que había generado de poder haber sido el instrumento para la producción de los necesarios cambios políticos que requería el país, para consolidar y perfeccionar el Estado de derecho y lograr una democracia más repres
entativa y participativa, no los ha producido hasta ahora.

Por ello, puede decirse que dicho momento constituyente no concluyó con la sanción de la Constitución de 30-12-99 ni mucho menos con la transitoriedad constitucional a que ha sido sometido el país en los últimos años, con el lamentable aval del Tribunal Supremo de Justicia.

En realidad, aún persiste la crisis del sistema político que lo originó, la cual no ha sido superada y, más bien, se ha agravado con un régimen que además de ser más centralista y partidocrático, ha sido autoritario, exclusivista, exclusionista, intolerante y concentrador del poder y, además sordo ante el clamor del país.

Todos los índices que nos hacían prever, en 1998, el inevitable proceso de cambios que se avecinaba, en efecto, se han agravado: desde el punto de vista político, tenemos más centralismo y más y peor partidismo, pues incluso, el Presidente de la República y sus Ministros, a pesar de la prohibición que la Constitución impone a los funcionarios de estar al servicio de parcialidades políticas, son los jefes del partido de gobierno y están a su servicio y de sus militantes, y no actúan como funcionarios de un Estado que debería estar al servicio de todos los ciudadanos; desde el punto de vista constitucional, existe menos autonomía de los poderes públicos, con un sometimiento de los mismos a los dictados del Presidente de la República y un ahogamiento progresivo de las autonomías estadales y municipales; el control de la gestión del patrimonio público es casi inexistente, y nada se ha sabido en estos años, por ejemplo, de la Contraloría General de la República y sus actividades o de las actuaciones de control parlamentario en relación con la arbitraria disposición de los recursos públicos; desde el punto de vista del Estado de Derecho, tenemos mayor deterioro y sujeción del Poder Judicial al poder del Ejecutivo, con ausencia de autonomía y acentuada dependencia de los jueces, por la transitoriedad constitucional y la provisionalidad de los mismos; desde el punto de vista administrativo, hay más y peor ineficiencia, corrupción e impunidad rampante; desde el punto de vista jurídico, existe mayor pobreza legislativa, clandestinidad en la elaboración de los textos legales y menos seguridad jurídica; desde el punto de vista ciudadano, tenemos mayor inseguridad personal, impunidad y a pesar del discurso gubernamental y toda la fraseología constitucional, ausencia de toda posibilidad efectiva de participación política; desde el punto de vista social, existe mayor pobreza y desempleo, y menor protección social; y desde el punto de vista económico, ha habido menos inversión, mayor recesión y creciente informalidad económica.

Las perspectivas políticas de Venezuela al finalizar el año 2001, por tanto, no son nada prometedoras, y menos aún cuando quienes asaltaron el Poder en 1998, han manifestado toda la incompetencia, ineficacia, resentimiento y corrupción imaginables, que en sólo tres años supera los peores índices de los cuarenta años precedentes.

El Estado venezolano, como lo expresa un viejo dicho castellano, parece haber sido asaltado, como si fuera un oscuro Concejo Municipal, por "concejales hambrientos" cuyo único objetivo ha sido saciarse personalmente.

Eso es lo que hemos vivido en los tres últimos años (1999-2001) en Venezuela.

En ese período, sin embargo, lamentablemente poco se ha podido hacer para promover cambios políticos con el objeto de enfrentar el autoritarismo y la corrupción, dado el avasallamiento insolente y vulgar de quienes han acaparado todo el poder, provocado, entre otros factores, por el vacío político dejado por los partidos políticos tradicionales y su liderazgo, que como lo hemos dicho repetidamente, no entendieron lo que había ocurrido en el país en las últimas décadas de ejercicio democrático.

Pronto, en todo caso, vendrán nuevos tiempos de acción y, más pronto que tarde, ante nuestros ojos, se derrumbará este castillo de ineficacia e intolerancia política que ha caracterizado el régimen actual. Definitivamente, el gobierno, cuya actuación política ha estado orientada por el arte del desconcierto, terminará por desconcertarse a si mismo, y colapsará.

Concluida nuestra labor en la Asamblea Nacional Constituyente de 1999, a partir de enero de 2000 y durante estos últimos dos años, sin embargo, no hemos dejado de meditar, reflexionar y escribir en ámbitos académicos tanto en el país como en el exterior, sobre el constitucionalismo en Venezuela y en América, analizando nuestras instituciones y nuestra realidad; tomando conciencia de nuestra situación política constitucional y evaluando los efectos de la catástrofe institucional que hemos sufrido con estos dos años de desgobierno y de destrucción.

Este libro recoge algunas de nuestras reflexiones en este período, en el exterior, en San Salvador; La Romana; San José; Lima; Antigua Guatemala; Guadalajara; Austin; Ciudad de México; Buenos Aires; y Cartagena de Indias; expresadas en foros y mesas redondas y en conferencias dictadas en universidades y congresos internacionales a los cuales fuimos invitados.

Lo que en estos foros académicos hemos captado como apreciación de lo que ha ocurrido en Venezuela, lamentablemente y lo decimos con pena, es una mezcla de sentimientos de curiosidad, compasión, lástima e incomprensión de cómo una de las democracias más consolidadas del continente pudo haber llegado a este extremo de destrucción institucional y gobierno personalista que tenemos. La experiencia, en todo caso, se convierte en advertencia, pues también puede ocurrir algo similar en otras democracias cuando no evolucionan a tiempo, o en ellas no se sabe detectar, a tiempo, el precio que hay que pagar por conservarlas, el cual siempre está vinculado a perder y compartir el poder.

En todo caso, lo cierto es que las crisis siempre colocan a los países ante nuevos retos y oportunidades que provocan la generación de nuevas ideas y soluciones. Venezuela, precisamente, está en esta situación para el futuro, con la dificilísima tarea de tener que reconstruir la institucionalidad democrática que ha sido gravemente demolida.

Pero el futuro, es eso, lo que vendrá, que no podemos controlar. Lo que tenemos que hacer es esperarlo, apertrechados, por cierto, incluso con las armas constitucionales necesarias para contribuir a reinstitucionalizar al país, en la vía de una democracia más representativa y más participativa, que es la antítesis del autoritarismo y la concentración del poder. Confiamos en que estas reflexiones contribuyan en algún grado con esos propósitos.

He querido publicar estas reflexiones en la Colección de Cuadernos de la *Cátedra Fundacional de Historia del Derecho Charles Brewer Maucó* de la *Universidad Católica Andrés Bello*. Es un homenaje más, que he querido hacer a ese ser humano excepcional, que es papá, quien a pesar de su discapacidad, no deja de hacer el esfuerzo, al recibirnos, de darnos siempre la bendición y, con frecuencia, mostrarnos su sonrisa habitual, de aliento y de expresión de que todo está bien, como si lo estuviera!. En fin, a pesar de su edad, de que ahora es cuando!.

Ello, en gran parte, se debe a mamá. Por ello, no puedo sino darle una vez más las gracias por su entereza, entusiasmo, amor y dedicación en la asistencia de papá, sobre todo en estos últimos años. Sabemos que ha sido una carga muy importante para ella, pero a la vez su presencia ha sido una bendición de Dios para papá y para nosotros.

Por mi parte, como académico, compartiendo mis actividades con el ejercicio profesional y con la actividad política independiente, mi vida ha girado permanentemente en la preparación y dictado de cursos universitarios, la investigación jurídica, la escritura de libros y artículos, y el dictado de charlas y conferencias en foros profesionales y universitarios, en Venezuela y en el exterior. He tenido la suerte de haber registrado casi todos esos eventos, inicialmente para la preparación de los informes anuales respectivos como profesor adscrito que fui del Instituto de Derecho Público de la Universidad Central de Venezuela (1960-1987), donde no sólo me formé académicamente, sino donde tuve la oportunidad de contribuir a la formación de muchos profesores y profesionales actualmente activos en el campo del derecho público. El hábito de registrar mis actividades académicas lo continué con posterioridad con la asistencia de mi secretaria de tantos años, Arelis Torres Amaro -a quien una vez más quiero agradecer su eficiente colaboración y lealtad- y por eso la información de la *Biblio verbi grafía* que se ha incorporado en el anexo de esta obra. Lo que he hecho en las últimas décadas, allí está.

Caracas, diciembre 2001

# I

## *Reflexión en San Salvador:*

# RETOS CONSTITUCIONALES PARA EL SIGLO XXI*

Junio, 2000

* Texto ampliado de la Conferencia dictada en el Seminario sobre "Am ca Latina: Retos para la Constitución del Siglo XXI" con ocasión del ... *cuentro Anual de los Presidentes y Magistrados de los Tribunales Constitucionales y Salas Constitucionales de América Latina,* Corte Suprema de El Salvador, Federación de Asociaciones de Abogados de El Salvador y Fundación Konrad Adenauer, San Salvador, 8 de junio de 2000. Este trabajo ha sido publicado en *Revista Politeia (Constitución y Constitucionalismo hoy. Bicentenario del Derecho Constitucional Comparado de Manuel García Pelayo),* I--tituto de Estudios Políticos, UCV, Caracas 2001, pp. 47 a 68.

La Revolución de Independencia Hispanoamericana de principios del Siglo XIX, puede decirse que fue el primer campo de ensayo del constitucionalismo moderno que tuvo sus raíces en las Revoluciones Norteamericana y Francesa de fines del Siglo XVIII.

Ha sido ese constitucionalismo el que ha enmarcado durante los últimos 200 años, el régimen político de todos los Estados del mundo y, particularmente, el de los Estados Latinoamericanos, caracterizado por los siguientes siete principios esenciales: la idea de Constitución y su supremacía; la soberanía del pueblo, el republicanismo y la democracia representativa como régimen político; la distribución vertical del Poder Público, el federalismo, el regionalismo político y el municipalismo; la separación orgánica de poderes y los sistemas presidencial y parlamentario de gobierno; la declaración constitucional de los derechos del hombre y sus garantías; el rol del Poder Judicial como garante del Estado de Derecho y del principio de legalidad; y el control jurisdiccional de la constitucionalidad de las leyes.

Sin embargo, la verdad es que fue realmente a partir de la Segunda Guerra Mundial cuando esos principios llegaron efectivamente a afianzarse en el mundo contemporáneo. No olvidemos que en Europa, con anterioridad, la Constitución no siempre se consideró como norma suprema de efectos directos; el centralismo signó la configuración de los Estados, impidiendo en gran medida el desarrollo de la democracia; la soberanía parlamentaria atentó contra los derechos humanos, cuyo reconocimiento y garantía no constituían un valor esencial; y el control judicial de la constitucionalidad de las leyes constituía una rareza inaceptable, propia del derecho americano.

En consecuencia, fue durante la segunda mitad del siglo pasado que la Constitución, efectivamente, se convirtió en norma suprema; que la democracia representativa comenzó a funcionar realmente; que la descentralización política se convirtió en instrumento de democratización; que los sistemas de gobierno comenzaron a desarrollar sus mecanismos de balance; que los derechos humanos adquirieron real efectividad y protección; que el Poder Judicial encontró mecanismos de garantía de su independencia y autonomía, y que se desarrolló mundialmente un verdadero sistema de control jurisdiccional de la constitucionalidad de las leyes.

En las últimas décadas todos los países de América Latina han reformado sus Constituciones, y en todas ellas se puede encontrar la consolidación de todos esos principios. Hemos llegado, así, al Siglo XXI, con un conjunto de Constituciones que contienen un arsenal de instituciones que recogen lo mejor de dos siglos de constitucionalismo.

La pregunta que ahora debemos formularnos, sin embargo, es si las mismas satisfacen efectivamente las exigencias constitucionales del nuevo Siglo; es decir, ¿La Constitución del Siglo XXI está ya elaborada? Y si no, ¿cuáles son los retos de América Latina para constitucionalmente enfrentar el nuevo milenio?.

Nuestro propósito es, precisamente, referirnos a estas preguntas y tratar de darles respuestas, para lo cual analizaremos las diez cuestiones constitucionales que consideramos más importantes en el momento actual, y que conforman las nuevas tendencias del constitucionalismo para enfrentar el Siglo que estamos iniciando.

## I. LA REFORMULACIÓN DEL CONCEPTO DE SOBERANÍA PARA ASEGURARLA EN EL MARCO DE COMUNIDADES SUPRANACIONALES

En *primer lugar* está el tema de la soberanía o del poder superior que existe en todo Estado, sobre el cual, en principio, no podría existir otro.

La soberanía fue la que permitió al Estado ser Estado y, además, luego, el republicanismo. Con las Revoluciones del Siglo XVIII la soberanía pasó del Monarca absoluto al pueblo o a la Nación en los términos de la Revolución Francesa, y este comenzó a ejercerla mediante representantes. De allí, incluso, la idea de la democracia representativa como régimen político.

Un Estado, por tanto, no puede tener un poder superior a sí mismo, pues entonces, este último poder superior sería el soberano y el Estado.

Este principio, esencial de la construcción del Estado Moderno, sin embargo, ha comenzado a ser efectivamente trastocado imponiéndose su reformulación. Cincuenta años de experiencia en la construcción de la ahora Unión Europea desde la suscripción de los Tratados de París de 1951, pusieron en evidencia que, precisamente para afianzar la soberanía de los Estados Europeos y hacerlos efectivamente más soberanos, había que limitar dicha soberanía; y que el reconocimiento constitucional de un poder superior a los propios Estados Nacionales en un marco comunitario de Estados, no necesariamente conducía a reconocer a la Comunidad como soberana, negando la soberanía de aquellos. Se llegó, así, a la conclusión de que la supranacionalidad no implicaba ni implica terminar con la soberanía nacional; pero para ello fueron precisamente las Constituciones nacionales y no el derecho internacional, las que encontraron el camino.

Por ello, no hay que perder de vista que el esquema de integración regional europeo fue, ante todo, una creación del constitucionalismo. Ni un paso se dio en la limitación de la soberanía nacional y en la transferencia de poderes de los órganos constitucionales de los Estados a la comunidad supranacional, que no estuviese previamente prevista y autorizada en las Constituciones respectivas. Por ello, la integración regional se desarrolló fundada sobre disposiciones constitucionales expresas y no sobre interpretaciones. En las Constituciones fue que se previó la limitación de los poderes soberanos de los órganos de los Estados y, por tanto, de los pueblos, y allí fue que se le dio valor de fuente del derecho interno, de aplicación inmediata y prevalente, al derecho comunitario emanado de los órganos supranacionales.

En el mundo actual, sin duda, América Latina tiene el mismo reto que se plantearon los países europeos después de la Segunda Guerra Mundial, de renunciar al concepto cerrado de soberanía para la construcción de relaciones interestatales en un marco de paz, lo que en definitiva condujo, al final, a la creación de la Unión Europea.

En el futuro, para sobrevivir en la civilización contemporánea unipolar y globalizante, tendremos que asumir la integración como política continental y ello tiene que permitirlo, expresamente, la Constitución del Siglo XXI.

La orientación, en esta materia, puede derivarse por ejemplo, de las recientes Constituciones de Colombia, Argentina, Paraguay y Venezuela y de algunos de los países centroamericanos, como El Salvador, en las cuales se le ha dado solución constitucional a un problema que, de otra forma, sería insoluble, que es la limitación de la soberanía de los Estados en beneficio de un poder supranacional, sin que esté expresamente previsto y autorizado en la Constitución.

Insistimos, la solución que compatibilice la soberanía de los Estados Nacionales con Comunidades de Estados que tengan carácter supranacional sólo la pueden dar las Constituciones y en tal sentido la más reciente de las Constituciones de América Latina, la de Venezuela de 1999, es un ejemplo, al establecer en su artículo 153, no sólo que la República "promoverá y favorecerá la integración latinoamericana y caribeña, en aras de avanzar hacia la creación de una comunidad de naciones", sino que "podrá atribuir a organizaciones supranacionales, mediante tratados, el ejercicio de las competencias necesarias para llevar a cabo estos procesos de integración"; previendo expresamente que "Las normas que se adopten en el marco de los acuerdos de integración serán consideradas parte integrante del ordenamiento legal vigente y de aplicación directa y preferente a la legislación interna".

La soberanía, dice la Constitución venezolana de 1999, reside en el pueblo, quien la ejerce directamente mediante referendos o indirectamente mediante el sufragio, por los órganos de los Poderes Públicos (art. 5). Pero como se dijo, la misma Constitución limita la soberanía al prever la supraconstitucionalidad y así, incluso, poder apuntalar la soberanía nacional con la creación de una Comunidad de Estados que asuma poderes que tradicionalmente estaban en las manos aisladas de estos. Incluso, para reforzar la propia soberanía popular en un proceso de integración y supranacionalidad, se destaca la posibilidad de que los Tratados Internacionales en los cuales se pueda comprometer la soberanía nacional o se transfieran competencias a órganos supranacionales (art. 73), se sometan a referendo aprobatorio.

En todo caso, la idea de la supranacionalidad y la consecuente transformación de la soberanía como poder cerrado, es uno de los grandes retos en América Latina para la Constitución del Siglo XXI.

## II. LA REFORMULACIÓN DE LA FORMA DE EJERCICIO DE LA DEMOCRACIA PARA HACERLA MÁS REPRESENTATIVA

En *segundo lugar* está el tema de la democracia, que tiene que llegar a ser más representativa.

No hay duda de que la democracia como régimen político, está basada en la idea de la representación, al punto de que la historia no conoce de experiencias de democracias ejercidas por el pueblo exclusivamente en forma directa, sin representantes. Aún en la democracia griega gobernaban Magistrados escogidos por sorteo.

No tienen sentido, por tanto, los planteamientos que con motivo de los vicios de la representatividad en las democracias de partidos, pretenden sustituir la democracia representativa por una supuesta democracia directa. La democracia, en las complejas sociedades contemporáneas, tiene que ser representativa y, en realidad, lo que hay que perfeccionar es esa representatividad, precisándose a quién, efectivamente, es que tiene que representarse.

Definitivamente es al pueblo, por lo que el reto constitucional de nuestros países, en el futuro, está en diseñar un esquema de efectiva representación popular y superar aquellos sistemas políticos en los cuales los partidos políticos monopolizaron toda la representación, desligándose del pueblo. Los partidos, en una democracia, son instrumentos esenciales de intermediación entre el pueblo y el gobierno del Estado; pero no por ello deben confiscar la propia soberanía y asumir el monopolio de la representación, muchas veces de espaldas al propio pueblo. Las comunidades, los pueblos, las regiones deben tener representantes y los partidos no pueden sustituirse en aquellos, sino contribuir y orientar para que realmente encuentren representación en los órganos representativos.

Pero ello sólo es posible cuando la democracia llegue a ser una forma de vida político-social y no sólo un mecanismo eleccionario, donde el Poder, lejos de estar concentrado, este desparramado en el territorio, ubicándose cerca del ciudadano y sus organizaciones comunales. Ello tiende, a la vez, a garantizar que las sociedades intermedias, como los gremios profesionales o los sindicatos, respondan a la organización democrática.

Ahora bien, la representación democrática y su reforma, para sacarla de las exclusivas manos de los partidos políticos exige, por supuesto, la reforma del sistema electoral. Si este, con un método como el de representación proporcional, tiende a asegurar la representación de los partidos políticos, se llegará ineludiblemente a una democracia de partidos. De lo contrario, si de lo que se trata, particularmente a nivel regional y local, es lograr la representatividad de la comunidad, entonces la uninominalidad como sistema de escrutinio debe imponerse, y con ella, el sistema mayoritario. La Constitución de América Latina para el Siglo XXI, en esta materia tiene que optar por más representatividad democrática, y estructurar el sistema electoral acorde con ello.

Otro aspecto que debe enfrentar la Constitución de América Latina para el Siglo XXI, es el del régimen mismo de los partidos políticos, para hacerlos, internamente, entidades democráticas, cuyas autoridades deben ser el resultado de elecciones libres internas, como lo ha regulado la Constitución venezolana (art. 67); y, además, el del régimen de financiamiento de los partidos políticos y, consecuentemente, de las campañas electorales. Los grandes males de la política contemporánea en América Latina pasan por este tema.

Pero además de la transformación del principio de la representatividad democrática, por supuesto que tienen que establecerse mecanismos de democracia directa, no como sustitutivos de la democracia representativa, sino como medios para asegurar la participación directa del pueblo en ciertos asuntos públicos. En el futuro, por tanto, la figura de los referendos tendrá que encontrar cabida en los textos constitucionales, como ha sucedido, precisamente, en algunas Constituciones recientes de América Latina como las de Colombia y Venezuela. En esta última, por ejemplo, se prevén los referendos como "medios de participación y protagonismo del pueblo en ejercicio de su soberanía" (art. 74) en todas sus manifestaciones: los consultivos, tanto nacionales, estadales y municipales, sobre materias de trascendencia en los diversos niveles territoriales; los revocatorios, respecto de todos los cargos y magistraturas de elección popular; los aprobatorios, de leyes y tratados; y los abrogatorios, de leyes y decretos leyes (art. 71 a 74).

## III. LA REFORMULACIÓN DE LA DISTRIBUCIÓN VERTICAL DEL PODER Y DE LA DESCENTRALIZACIÓN POLÍTICA PARA PERFECCIONAR LA DEMOCRACIA

En *tercer lugar* está el tema de la distribución territorial del Poder y de la descentralización política para perfeccionar la democracia.

En efecto, el gran aporte del constitucionalismo moderno a la organización del Estado y que implicó el desmantelamiento del Estado Absoluto, fue la distribución vertical del Poder. Ello se inició con el ejercicio democrático de la soberanía mediante el federalismo norteamericano y el municipalismo francés. Después de doscientos años de experiencia, hoy el municipalismo es el signo de la organización territorial del Poder en el más bajo nivel; y el federalismo o las otras formas de unidades político territoriales regionales o intermedias entre el Poder Central y el Poder Local, también se han generalizado en el mundo contemporáneo.

No hay país democrático en el mundo occidental, desarrollado y consolidado después de la Segunda Guerra Mundial, cuyo Estado no este montado sobre la distribución vertical del Poder en dos niveles. Ya no hay Estados democráticos centralizados. En todas partes existen Federaciones (Alemania, Suiza, Canadá, EEUU) o esquemas regionales de carácter político, como las Regiones en Italia, Francia o Bélgica, o las Comunidades Autónomas en España. Incluso en el Reino Unido, la *devolution* o descentralización del Poder constituye la gran reforma política del laborismo desde los años noventa, reflejada en la elección de Parlamentos en Escocia y Gales y del Alcalde del Gran Londres. Y en cuanto al municipalismo, es en el nivel local donde la democracia realmente existe.

Cuántas veces no nos hemos preguntado los latinoamericanos, por ejemplo, por qué los países europeos y de norteamérica tienen democracias funcionales auténticas y por qué, en nuestros países, la democracia no ha llegado a funcionar, salvo formalmente. La respuesta, tan simple, es que en aquellos países la democracia, por sobre todo, es vida local, lo que significa gobierno local y, en definitiva, municipalismo. Ello lo descubrió Alexis De Tocqueville hace casi 200 años cuando se topó con "la democracia en América", y ello es lo que ha caracterizado la democracia en el mundo desarrollado de la post guerra. No se olvide, por ejemplo, que en Francia hay más de 36.000 comunas, las cuales, después de las reformas políticas impulsadas a partir de 1982, son, además, autónomas; que en Alemania hay más de 16.000 gobiernos locales y que en España hay más de 8.000 municipios.

Pero lo importante no es tanto el número de entidades locales autónomas políticamente hablando, sino la relación entre ellas y la población. En todo el mundo democrático desarrollado contemporáneo, esa relación oscila entre aproximadamente 6.000 habitantes por autoridad local, como sucede en los Estados Unidos y Canadá, independientemente de la extensión del territorio y la densidad de población, y aproximadamente 1.500 habitantes por Municipio, como sucede en Francia. Entre esos dos extremos, están, por ejemplo, Suiza, España y Alemania.

Eso es precisamente lo que nos hace falta en América Latina: vida local, la cual no se puede lograr cuando el Municipio está lejos del ciudadano como en Venezuela, que por más verbalismo constitucional que haya sobre democracia, participación, descentralización y protagonismo del pueblo, hay sólo 332 Municipios en un territorio que tiene el doble de superficie del de Francia. Por eso, en Venezuela, la relación población-gobierno local es más de 66.000 habitantes por Municipio, lo que definitivamente no permite que la vida local sea la escuela de la libertad y el campo propicio del juego democrático. Una relación similar, quizás menor, existe en todos nuestros países de América Latina.

Es cierto que el municipalismo es parte de nuestra historia política y constitucional, al punto de que los Cabildos fueron los que hicieron la Revolución de Independencia. Pero en la realidad democrática contemporánea no logran ser la cuna del ejercicio democrático, porque están demasiado lejos del ciudadano; lo que en muchos casos, también los hace inservibles para la adecuada gestión de los intereses locales.

En cuanto al Federalismo, este ha sido consustancial al constitucionalismo latinoamericano; pero la verdad es que nuestras Federaciones, como las de México, Venezuela, Brasil y Argentina y las que fueron y ya no son en otros países, como por ejemplo en los de Centroamérica y en Colombia; todas han sido Federaciones centralizadas, muy poco propicias para una efectiva distribución vertical del Poder. En los otros países de dimensión territorial importante, por lo demás, no se han logrado implantar niveles políticos intermedios.

La Constitución de América Latina del Siglo XXI, por tanto, para perfeccionar y arraigar la democracia, tiene que impulsar la descentralización política, tanto a nivel intermedio como a nivel local, desparramando efectivamente el Poder en el territorio. Como lo dice la Constitución de Venezuela de 1999,

> La descentralización, como política nacional, debe profundizar la democracia, acercando el poder a la población y creando las mejores condiciones tanto para el ejercicio de la democracia como para la prestación eficaz y eficiente de los cometidos estatales (art. 158).

## IV LA REAFIRMACIÓN DE LA SEPARACIÓN ORGÁNICA DE PODERES PARA ENFRENTAR EL AUTORITARISMO

En *cuarto lugar* está el tema de la separación de poderes.

Desde que la Declaración francesa de los Derechos del Hombre y del Ciudadano de 1789 proclamó que "toda sociedad en la cual la garantía de los derechos no esté asegurada, ni la separación de poderes determinada, no tiene Constitución" (art. XVI); el principio de la separación orgánica de poderes, como manifestación de la distribución horizontal del Poder, ha sido y continúa siendo el signo más arraigado del constitucionalismo contemporáneo para garantizar la libertad.

Por ello, toda vez que se ha conculcado la libertad y desconocido los derechos humanos, se ha comenzado por concentrar el Poder. Esa fue la experiencia de los países de Europa oriental, en los cuales durante el Siglo XX, frente a la distribución horizontal del Poder propia de las democracias occidentales, se erigió el principio de la Unicidad del Poder, ubicándolo, todo, en una Asamblea popular que lo concentraba, de la cual dependía toda la organización del Estado y que controlaba todo. Esa estructura unitaria del Poder estalló en mil pedazos ante nuestros ojos, quedando sus escombros enterrados en las ruinas del muro de Berlín. Por ello, en nuestra América Latina, el caso de la Constitución de Cuba, con su Asamblea Popular que concentra todo el Poder, ha quedado como un fósil político.

En contraste, la Constitución de América Latina para el Siglo XXI tiene que arraigar el principio de la separación orgánica de poderes, como antídoto efectivo frente al autoritarismo. Incluso debe consolidar la separación de Poderes más allá del Legislativo, del Ejecutivo y del Judicial y hacer partícipes efectivos del Poder Público, con rango constitucional como lo tienen desde hace décadas, a los órganos de control, como las Contralorías Generales, el Ministerio Público, los Defensores del Pueblo o de los Derechos Humanos y los órganos electorales. Un ejemplo de ello es la nueva estructura del Poder Público en la Constitución de Venezuela, en cuyo artículo 136 se establece que "El Poder Público Nacional se divide en Legislativo, Ejecutivo, Judicial, Ciudadano y Electoral". En este contexto, el llamado Poder Ciudadano comprende a la Contraloría General de la República, a la Fiscalía General de la República y al Defensor del Pueblo.

Pero por elemental que sea el planteamiento no debemos dejar de insistir en la reafirmación del principio de la separación de poderes. No pasemos por alto que los fracasos de la representatividad y participación democráticas, por los abusos de los partidos políticos, han hecho surgir en América Latina la tentación autoritaria que, precisamente, se monta sobre el concepto de la concentración del Poder, lo que se agrava aún más si al Poder Militar se lo erige como Poder no subordinado. Ya en el Perú se han visto manifestaciones en esta orientación, incluso con carta de naturaleza constitucional; pero las más graves se están viendo en Venezuela, implantadas en la propia Constitución.

En efecto, a pesar de la antes mencionada flamante separación del Poder Público en cinco conjuntos de órganos del Estado que deberían ser autónomos e independientes entre sí -de eso se trata la separación de poderes-, en la Constitución venezolana encontramos una absurda distorsión de dicha separación, que es necesario superar y evitar en América; y ello en tres sentidos: en *primer lugar,* en el otorgamiento a la Asamblea Nacional que como órgano político ejerce el Poder Legislativo y de control, del poder de remover de sus cargos -léase bien, *remover-* a los Magistrados del Tribunal Supremo de Justicia, al Fiscal General de la República, al Contralor General de la República, al Defensor del Pueblo y a los Miembros del Consejo Nacional Electoral (arts. 265, 279 y 296); en algunos casos, por simple mayoría. En *segundo lugar,* en la previsión de la delegación legislativa por parte de la Asamblea Nacional al Presidente de la República, mediante una ley habilitante, para regular mediante Decreto-Ley cualquier materia (arts. 203, y 236, ord. 8), lo que puede dar al traste, incluso, con la garantía de la reserva legal respecto de los derechos humanos. Y en *tercer lugar,* con la eliminación del Senado, no sólo como Cámara Federal para balancear la Cámara de representantes, sino como instrumento para garantizar la participación igualitaria de los Estados en la elaboración y control de las políticas nacionales.

Con estos tres atentados al principio de la separación de poderes, Venezuela con su nueva Constitución, no sólo entró en el libro de récord de las contradicciones constitucionales (una Federación sin Senado; una delegación legislativa ilimitada; y una concentración inusitada del poder en el órgano político representativo), sino que ha abierto el camino constitucionalizado al autoritarismo; sobre todo si a ello se agrega el acentuado militarismo, también constitucionalizado.

No hay que perder de vista que en la nueva Constitución venezolana desapareció el principio de la subordinación de la autoridad militar a la civil, así como la prohibición tradicional del ejercicio simultáneo de mando militar con autoridad civil; desapareció el carácter no deliberante y apolítico de la Fuerza Armada e, incluso, su obligación tradicional de velar por la estabilidad de las instituciones democráticas. La Institución militar, así, adquiere casi la característica de un Poder más autónomo dentro del Estado, cuyo único vínculo con los demás Poderes es que tiene como Comandante en Jefe al Presidente de la República.

En contraste con la incubadora autoritaria que en este aspecto constituye la Constitución de Venezuela, la Constitución de América Latina para el Siglo XXI, al contrario, tiene que montarse en un auténtico sistema de separación, balance y contrapeso de poderes, para garantizar la libertad. En el constitucionalismo, ciertamente, aún no hemos inventado otro sistema más efectivo de garantía de la libertad y contra el abuso del poder, que no sea su efectiva separación orgánica.

## V. LA NECESARIA CONCEPTUALIZACIÓN DEL SISTEMA DE GOBIERNO PRESIDENCIAL LATINOAMERICANO

En *quinto lugar* está el tema del sistema de gobierno y particularmente del sistema presidencial, que es endémico de América Latina.

Ciertamente, en toda la historia republicana nunca en nuestro Continente hemos tenido algún ejemplo de sistema parlamentario de gobierno. Así como el parlamentarismo es propio de Europa, el presidencialismo, desde que se inició el republicanismo, se propagó por todo el Continente Americano.

Pero el presidencialismo "puro" como lo suelen definir los constitucionalistas europeos al estudiar el sistema norteamericano para contrastarlo con el sistema parlamentario, sin duda que no existe en América Latina, como tampoco existe el federalismo "puro" en ninguna parte del mundo.

La verdad es que progresivamente se ha venido configurando un sistema de gobierno presidencial latinoamericano, en el cual se han incrustado todo tipo de elementos clásicos del parlamentarismo. Por ello hemos hablado del sistema presidencial con sujeción parlamentaria o de presidencialismo intermedio, moderado, modificado, atenuado o racionalizado.

No se olvide, por ejemplo, que en el sistema latinoamericano en general y muy lejos del sistema norteamericano, no se concibe al Ejecutivo como unipersonal, pues el Presidente de la República en general actúa con el refrendo de los Ministros o en Consejo de Ministros; y con responsabilidad política solidaria ante la Asamblea. Por ello, el Ejecutivo tiene iniciativa legislativa y los Ministros no sólo pueden ser interpelados por la Asamblea, sino que tienen derecho de palabra en ellas, y varias Constituciones ya establecen el voto de censura a los Ministros, originando su remoción.

Recientemente, incluso, como ha sucedido en Argentina con el Jefe de Gabinete y en la reciente Constitución de Venezuela, con el Vicepresidente Ejecutivo, de designación exclusivamente ejecutiva, se han incorporado otros elementos al sistema de gobierno latinoamericano que sin tener nada que ver con la figura parlamentaria del Primer Ministro, buscan establecer un puente expedito entre el Ejecutivo y la Asamblea y hacer más efectivo el funcionamiento de la Administración del Estado. Todo ello, sin embargo, sin deslindar la jefatura del Estado de la jefatura del Gobierno, las cuales continúan coincidiendo en el Presidente de la República.

A estas reformas se agrega la figura del *ballottage* en la elección presidencial directa, ya generalizada en toda América Latina, con muy contadas excepciones como el penoso caso de Venezuela, en cuya novísima Constitución, al contrario, se siguió la tradición de la elección presidencial por mayoría relativa. A esto se agrega que la reelección inmediata del Presidente de la República, contrariamente a la tendencia en otros países, se introdujo por primera vez en muchas décadas, en la Constitución venezolana.

En todo caso, la Constitución de América Latina para el Siglo XXI tiene que terminar de encuadrar o conceptualizar el sistema de gobierno latinoamericano, deslastrándose de la comparación con los presidencialismos o parlamentarismos "puros" que, como se dijo, por lo demás no existen; y ello tienen que hacerlo nuestros países, alertando respecto del principal problema que históricamente hemos tenido y que parece comenzar a revivir en algunas Constituciones como la venezolana: el autoritarismo constitucional, que conduce al ejercicio del poder en forma unipersonal, sin partidos políticos que sirvan de intermediarios entre la sociedad civil y el poder, sin controles ni contrapesos efectivos y con un poder militar autónomo. He allí el reto para el Siglo XXI: identificar el sistema de gobierno latinoamericano con sus orígenes presidenciales, vacunándolo contra el autoritarismo constitucional; para lo cual, entre otros factores, es indispensable establecer un verdadero control parlamentario, que no se quede en la obstrucción gubernamental, y que garantice el balance entre los Poderes del Estado.

## VI. LA REFORMULACIÓN DEL SISTEMA DE JUSTICIA PARA LOGRAR SU INDEPENDENCIA Y AUTONOMÍA EFECTIVAS

En *sexto lugar* está el tema del Poder Judicial y, en particular, el de su independencia y autonomía efectivas.

De la esencia misma del principio de la separación de poderes surge la necesidad de un Poder Judicial autónomo en el sentido de que para decidir sólo debe estar sujeto a la ley; e independiente, particularmente de los otros Poderes del Estado y de los grupos de intereses, de presión política o de cualquier otra naturaleza.

Hacia la preservación de la independencia judicial es que se han movido todos los sistemas constitucionales en todos los tiempos del constitucionalismo; y la opción tradicional ha estado en hacer participar o no al Poder Ejecutivo en la designación de los jueces.

Ha sido precisamente la tendencia a neutralizar la injerencia del Poder Ejecutivo en la Administración del sistema judicial, lo que ha hecho florecer en América Latina, a una institución de origen europeo y con antecedentes en Italia desde 1907, que es el Consejo de la Judicatura o de la Magistratura. Este órgano ha sido concebido con rango constitucional, con autonomía funcional respecto de los tres clásicos poderes, al cual se le ha atribuido en general la función de velar por la independencia del Poder Judicial, desarrollar la carrera judicial comenzando por la designación de los jueces y ejercer la función disciplinaria judicial.

Esta figura se ha generalizado completamente en América Latina, al punto de que se puede considerar ya como propia del constitucionalismo latinoamericano.

Todo comenzó con la creación en la Constitución de Venezuela de 1961 del Consejo de la Judicatura, que comenzó a funcionar en 1970, lo cual fue seguido en el Perú en 1979 con la creación del Consejo Nacional de la Magistratura. En la década de los ochenta la institución se estableció en El Salvador, Panamá y Brasil, y en los noventa en Colombia, Paraguay, Ecuador, Bolivia, Costa Rica, Argentina y México. Con la creación de esta institución, por supuesto se ha producido un vaciamiento de competencias de las Cortes o Tribunales Supremos en materia de administración del sistema judicial, lo cual comienza ahora a ser evaluado con la experiencia.

Y no podemos dejar de destacar en este campo, de nuevo, la experiencia venezolana, que habiendo sido el primer país de América Latina en introducir la institución con rango constitucional, también, ahora, es el primer país en desaparecerla, al establecer la nueva Constitución que "Corresponde al Tribunal Supremo de Justicia la dirección, el gobierno y la administración del Poder Judicial, la inspección y vigilancia de los tribunales de la República y de las Defensorías Públicas", así como "la elaboración y ejecución de su propio presupuesto y del presupuesto del Poder Judicial.... Para el ejercicio de estas atribuciones, el Tribunal Supremo en pleno creará una Dirección Ejecutiva de la Magistratura, con sus oficinas regionales" (art. 267).

Esta norma, al ser de carácter orgánico, como lo ha decidido la Sala Constitucional del Tribunal Supremo de Justicia, debió ser de aplicación inmediata, por lo que a partir del 1° de enero de 2000 el Tribunal Supremo debió haber asumido tal competencia, absorbiendo la estructura administrativa y burocrática del antiguo Consejo de la Judicatura. Lamentablemente, sin embargo, incurrió en una omisión constitucional y en su lugar continuó actuando por muchos meses una "Comisión de Reestructuración y Funcionamiento del Poder Judicial" creada por la Asamblea Nacional Constituyente antes de la entrada en vigencia de la nueva Constitución. Esta Comisión ejerció las competencias que correspondían al Tribunal Supremo, particularmente en cuanto a la disciplina de los jueces (que constitucionalmente es una función atribuida a los jueces y no a un órgano administrativo), y al nombramiento de jueces provisionales, que terminaron siendo la mayoría. Incluso la Comisión pretendió convocar concursos para designación de jueces, lo cual es competencia exclusiva del Tribunal Supremo.

De ello resulta que el remedio que se quiso introducir a los males derivados de la actuación del Consejo de la Judicatura, que originó una nueva dependencia del sistema judicial inicialmente de los partidos políticos y luego de grupos de jueces que se enquistaron en la Judicatura, deformando y corrompiendo el sistema de justicia; ha causado otro mal, y es otra dependencia respecto del Poder. Algo similar, pero mediante la deformación del Consejo de la Magistratura a través de leyes sucesivas, ocurrió desde 1994 en el Perú, con la consecuencia de que la mayoría de los jueces han terminado siendo suplentes o provisionales y, por tanto, con dependencia del Poder. Ello, al final, originó la renuncia masiva de los Consejeros del Consejo Nacional de la Magistratura en 1998, denunciando las violaciones constitucionales cometidas por el Congreso.

Por todo ello, el tema de la independencia del Poder Judicial sigue siendo otro de los grandes retos de América Latina para la Constitución del Siglo XXI. Todo se ha ensayado, pero aún carecemos del modelo adecuado para asegurar dicha independencia respecto de los otros poderes del Estado.

En todo caso, también están pendiente de solución los mecanismos legales para la protección de los jueces. Si queremos que sean autónomos e independientes, hay que protegerlos frente a las presiones indebidas, provengan del Poder o de los intereses privados. Definitivamente estamos en un círculo vicioso que tiene que romperse: no se protege a los jueces porque se desconfía de su autonomía e independencia, pero nunca lograrán ser autónomos e independientes, si no se les protege de presiones.

Pero además del tema de la independencia judicial, en relación con la actuación de los jueces y con su autonomía está el conflicto entre el formalismo y la justicia, respecto del cual, en muchos casos, los procedimientos legales inclinan la balanza a favor de la formalidad de la ley sacrificando la justicia. Hay que hacer esfuerzos porque la justicia, en su forma más elemental de dar a cada quien lo que le corresponde, pueda actualizarse independientemente de las formas, y a ello es que tiene que apuntar, por ejemplo, la nueva Constitución venezolana de 1999, al establecer expresamente que el Estado de Derecho es además un Estado de Justicia (art. 22); que el Estado debe garantizar una "justicia gratuita, accesible, imparcial, idónea, transparente, autónoma, independiente, responsable, equitativa y expedita, sin dilaciones indebidas, sin formalismos o reposiciones inútiles" (art. 26); que en materia de la acción de amparo el procedimiento debe ser "oral, público, breve, gratuito y no sujeto a formalidad" (art. 27); y que, en general, en el proceso "No se sacrificará la justicia por la omisión de formalidades no esenciales" (art. 257).

Pero una cosa en el imperio de la justicia sobre los formalismos no esenciales, cuya observancia ciega no puede sacrificar la primera; y otra es pretender dar al juez libertad absoluta respecto de su sujeción al derecho positivo. Su autonomía consiste en sujeción a la ley, y sólo a la ley; lesionaría la propia autonomía y la seguridad jurídica si el juez, respecto de normas sustantivas, pudiera apartarse de ellas so pretexto de aplicar su concepción subjetiva y temporal de la justicia. Así, el derecho quedaría sustituido por la anarquía.

Pero en todo caso, el juez, precisamente por su autonomía e independencia, es responsable de sus decisiones. De allí que deba destacarse la previsión expresa de la responsabilidad del Estado y de los Jueces por las actuaciones judiciales, particularmente por error judicial, retardo u omisiones injustificadas (art. 49, ord. 8); y en particular de los jueces, además, por la inobservancia sustancial de las normas procesales, por denegación y parcialidad, y por los delitos de cohecho y prevaricación en que incurran en el desempeño de sus funciones (art. 255).

## VII. EL REDIMENSIONAMIENTO DE LA DECLARACIÓN DE LOS DERECHOS HUMANOS Y DE SU PROTECCIÓN JUDICIAL

En *séptimo lugar* está el tema de los derechos humanos.

La batalla por su reconocimiento universal que comenzó con el constitucionalismo moderno desde la Revolución Norteamericana en 1776, sólo comenzó a cristalizar efectivamente, con su Declaración Universal por todos los países civilizados, después de la segunda guerra mundial, lo cual ha venido progresivamente dando sus frutos en las Constituciones contemporáneas.

No sólo en todos los textos constitucionales se han incorporado declaraciones de derechos, tanto individuales como sociales, culturales, económicos, políticos, ambientales e incluso de los pueblos indígenas; sino que también se han regulado sus garantías fundamentales como la igualdad ante la ley, su irretroactividad, la reserva legal, el acceso a la justicia, el debido proceso y la protección judicial inmediata por la vía del amparo o la tutela.

El amparo a los derechos humanos, así, puede decirse que es una institución propia del constitucionalismo latinoamericano, que si bien tiene su antecedente en la institución mexicana del juicio de amparo adoptada a mitades del Siglo XIX, en las últimas décadas se ha configurado en la mayoría de los países latinoamericanos como un derecho constitucional de todos a ser amparados por los Tribunales, mediante mecanismos o acciones judiciales mucho más protectivos que la propia institución original mexicana, entre los cuales está la acción de amparo, la de *habeas corpus* y la de *habeas data* ya bastante generalizada. La Constitución de América Latina del Siglo XXI, por supuesto, tiene que continuar esta línea de afianzamiento de la acción de amparo o tutela de todos los derechos constitucionales, no sólo frente a los Poderes Públicos sino también ante los particulares que los violen.

Pero en esta materia, el más grande reto de la Constitución de América latina del Siglo XXI es la constitucionalización de la internacionalización de la protección de los derechos humanos. En efecto, el régimen de los derechos inicialmente de origen constitucional, se ha ido internacionalizando progresivamente con las Declaraciones Americana y Universal de 1948, los Pactos Internacionales de 1966 y la Convención Americana de los Derechos Humanos de 1969, además de los múltiples tratados multilaterales protectivos de los mismos; hasta el establecimiento de sistemas internacionales de protección.

Toca ahora la retroalimentación del constitucionalismo, con la incorporación, en los Textos Fundamentales, de los progresos logrados en esta materia en el ámbito internacional.

La dirección en este sentido se ha venido conformando en los últimos años al dársele rango constitucional, por ejemplo en la Constitución de Guatemala de 1985 y de Argentina de 1994, a tratados y convenciones sobre derechos humanos, lo cual se ha perfeccionado en la reciente Constitución de Venezuela de 1999, que no sólo establece la obligación del Estado de garantizar a toda persona "conforme al principio de la progresividad y sin discriminación alguna, el goce y ejercicio irrenunciable, indivisible e interdependiente de los derechos humanos" (art. 19); sino que precisa que:

> *Artículo 23:* Los tratados, pactos y convenciones relativos a derechos humanos, suscritos y ratificados por Venezuela, tienen jerarquía constitucional y prevalecen en el orden interno, en la medida en que contengan normas sobre su goce y ejercicio más favorables a las establecidas en esta Constitución y en las leyes de la República, y son de aplicación inmediata y directa por los tribunales y demás órganos del Poder Público.

En esta forma, todos los instrumentos internacionales en la materia tienen no sólo rango constitucional, sino incluso supraconstitucional, cuando contengan normas más favorables para el goce y ejercicio de los derechos respecto de las previstas en la Constitución.

Además, la Constitución de Venezuela, al establecer la cláusula abierta de protección de los derechos y garantías inherentes a la persona, no enunciados expresamente en la Constitución, no sólo se refiere a estos sino también a los no enumerados en los propios instrumentos internacionales sobre derechos humanos (art. 22).

Pero la Constitución venezolana, en esta materia, además, no sólo establece la imprescriptibilidad de los delitos de lesa humanidad, de violaciones graves de los derechos humanos y de crímenes de guerra, los cuales en todo caso deben ser juzgados por los tribunales ordinarios quedando excluidos de los beneficios que puedan conllevar a su impunidad, como el indulto y la amnistía (art. 29); sino que prescribe expresamente que el Estado tiene "la obligación de indemnizar integralmente a las víctimas de violaciones de los derechos humanos que le sean imputables o a su derechohabientes, incluido el pago de daños y perjuicios", debiendo adoptarse "las medidas legislativas y de otra naturaleza" para hacer efectivas tales indemnizaciones (art. 30).

En esta forma puede decirse que se ha constitucionalizado la obligación que deriva de la Convención Americana sobre Derechos Humanos, como resultado de las sentencias de la Corte Interamericana; estableciéndose, además, en la propia Constitución el derecho ciudadano de acceso a la justicia internacional, así:

> *Artículo 31:* Toda persona tiene derecho, en los términos establecidos por los tratados, pactos y convenciones sobre derechos humanos ratificados por la República, a dirigir peticiones o quejas ante los órganos internacionales creados para tales fines, con el objeto de solicitar el amparo a sus derechos humanos;

Agregándose además, en la norma, la obligación del Estado de adoptar "conforme a procedimientos establecidos en esta Constitución y en la ley, las medidas que sean necesarias para dar cumplimiento a las decisiones emanadas de los órganos internacionales".

Este marco de constitucionalización de la internacionalización de la protección de los derechos humanos, en nuestro criterio, también debe orientar la formulación de la Constitución de América Latina para el Siglo XXI.

## VIII. EL REDIMENSIONAMIENTO DEL ESTADO SOCIAL PARA ABRIRLO A LA PARTICIPACIÓN

En *octavo lugar* está el tema del Estado Social y su redimensionamiento.

Debemos destacar, por ejemplo, que la Constitución de Colombia de 1991 (art. 1) y la reciente de Venezuela de 1999 (art. 2), quizás sin tener en cuenta las transformaciones del Estado contemporáneo en las últimos 30 años, y siguiendo la terminología de la Constitución alemana de 1949 (art. 20,1) y de la española de 1978 (art. 1) han calificado al Estado como Estado Democrático y Social de Derecho.

La idea del Estado Social, en efecto, apareció precisamente a partir de la Segunda postguerra como consecuencia de la transformación social provocada por la urbanización o la desruralización en gran escala, con la consecuente concentración de la población en las ciudades. Ello provocó en todo el mundo y especialmente en Europa, la aparición de una masa enorme de nuevos actores políticos, identificados con el proletariado urbano e industrial, en gran parte marginal, que comenzó a reclamar la protección del Estado y, además, el acceso al Poder. La presión social fue tan real que el Estado tuvo que asumir un rol protector y benefactor, en definitiva social, lo cual luego resultó inevitable ante la quiebra generalizada de las economías después de la Segunda Guerra Mundial.

Surgió así el Estado Social, en muchos casos rico y todopoderoso (como en Venezuela, por ser Estado petrolero), el cual asumió para sí la justicia social. El Estado dejó de ser sólo regulador y se convirtió en gestor, asumiendo directamente la carga, *primero,* ni siquiera de redistribuir la riqueza sino de distribuirla directamente, subsidiándolo todo, sustituyendo al ciudadano contribuyente y ahuyentando toda idea de solidaridad social; y *segundo,* prestando toda clase de servicios públicos para asegurar el funcionamiento de la sociedad. El Estado Social se convirtió así, en el único responsable del bienestar de la colectividad, al cual se reclamaba todo y lo pretendía solucionar todo, con vistas a asegurarle a todos una existencia digna y provechosa. Ello lo llevó no sólo a prestar todos los servicios públicos, y tratar de suministrar a la población todos los beneficios sociales inimaginables; sino a asumir una intervención directa y activa en la economía, llegando a ser empresario de todo y, además, dirigiendo y ordenado la economía en su conjunto.

La consecuencia de todo ello fue una desatada inflación administrativa, surgiendo así una Administración Pública centralista y todopoderosa, que apagó progresivamente las autonomías territoriales y locales, y que originó empresas públicas de todo tipo.

Ese Estado Social, por cierto, desde hace 20 ó 30 años está en un proceso de observación y en plena transformación. Es decir, el Estado rico, todopoderoso, intervencionista, empresario, prestador de todos los servicios, asistencial, asegurador de los beneficios sociales, benefactor, paternalista y, por tanto, industrial, hotelero y hasta organizador monopólico de loterías y juegos; simplemente terminó en el mundo contemporáneo y ya no podrá ser más lo que fue. El Estado, hoy, con la complejidad creciente del mundo moderno y la quiebra generalizada de las finanzas públicas, es incapaz de seguir siendo el Estado Social benefactor de hace varias décadas, que todo lo daba, que todo lo aseguraba, que todo lo prestaba y que todo lo atendía.

No se olvide que ese Estado Social, ante todo, acabó con las iniciativas privadas y minimizó a la sociedad civil, la cual fue sustituida por la burocracia pública. Al controlar, dirigir, someter y regular todo, el Estado no ha dejado libre a la iniciativa privada, a la cual, por lo demás, no logra siquiera suplirla a medias pues no sólo no tiene recursos suficientes para ello, sino que se ha endeudado excediendo su capacidad de pago.

Ese Estado Social ineficiente y agobiado por tantas demandas, tiene que sufrir un proceso de racionalización definitiva, de desregulación y de privatización, para liberar la iniciativa privada y permitir la participación privada en las tareas públicas, y así poder ocuparse de las funciones básicas que ha descuidado. Basta del Estado que todo lo pretende hacer y controlar, mediante funcionarios controladores que no tienen la capacidad y la experiencia de los ciudadanos controlados; pues, en definitiva, aquellos terminan no haciendo ni controlando nada, y estos también terminan haciendo lo que quieren, en muchos casos intermediando la corrupción.

La Constitución de América Latina para el Siglo XXI, sin duda, tiene que redefinir el papel del Estado Social, para asegurar los principios de justicia social del régimen económico, tanto público como privado; pero para ello tiene que deslastrarse de la imposición a los particulares de tantas limitaciones y controles –tiene que desregularse–; y tiene que salir de tantas empresas y actividades que tiene que privatizar, de manera que se liberen las iniciativas privadas, se asegure la participación de la sociedad civil y el sector privado en tantas tareas tradicionalmente públicas, y el Estado se concentre en la conducción y asunción de las políticas públicas que aseguren seguridad, salud, educación, infraestructura y servicios a todos y con la participación de todos.

En este aspecto, por ejemplo, el modelo que no se debe seguir es el de la reciente Constitución de Venezuela de 1999, que plantea un esquema de organización del Estado Social montado en el estatismo, el paternalismo y el populismo más tradicionales, con la consecuente minimización de las iniciativas privadas, que hace responsable al Estado de casi todo, pudiendo regularlo todo. Dicha Constitución no asimiló la experiencia del fracaso del Estado regulador, de control, planificador y empresario de las últimas décadas, ni entendió la necesidad de privilegiar las iniciativas privadas y estimular la generación de riquezas y empleo por la sociedad. El resultado de dicho texto constitucional en materia económica, visto globalmente y en su conjunto, es el de una Constitución hecha para la intervención del Estado en la economía y no para el desarrollo de la economía bajo el principio de la subsidiariedad de la intervención estatal.

En materia social, por otra parte, el texto de la Constitución venezolana pone en evidencia un excesivo paternalismo estatal y la minimización de las iniciativas privadas, por ejemplo, en materia de salud, educación y seguridad social. La regulación de estos derechos en la Constitución no sólo ponen en manos del Estado excesivas cargas, obligaciones y garantías, de imposible cumplimiento y ejecución en muchos casos, sino que minimiza al extremo de la exclusión, a las iniciativas privadas. En esta forma, servicios públicos esencial y tradicionalmente concurrentes entre el Estado y los particulares, como los de educación, salud y seguridad social, aparecen regulados con un marcado acento estatista y excluyente.

## IX. LA REAFIRMACIÓN DEL SISTEMA LATINOAMERICANO DE CONTROL DE LA CONSTITUCIONALIDAD DE LAS LEYES

En *noveno lugar* está el tema del control jurisdiccional de la constitucionalidad de las leyes que, por sobre todo, también es un tema del constitucionalismo latinoamericano.

No se olvide que la cláusula de supremacía que tenía la Constitución de los Estados Unidos de América fue adoptada, ampliada, en América Latina, a partir de la Constitución Federal para los Estados de Venezuela de 1811, en la cual, además, se estableció en forma expresa la garantía objetiva de la Constitución, declarándose nulas y sin valor, las leyes y actos estatales contrarios a la Constitución. Se constitucionalizó, así, en América Latina, ocho años después lo que la Corte Suprema de los Estados Unidos de Norteamérica había deducido, en forma pretoriana, a partir del caso *Marbury vs. Madison* de 1803.

El llamado control difuso de la constitucionalidad de las leyes, por tanto, se instaló en América Latina desde del Siglo XIX y así sucedió en Argentina, a partir de 1887, con el caso *Sojo*; en México, a partir de 1847, con la introducción en la Constitución del juicio de amparo; en Brasil, a partir de su previsión expresa en la Constitución de 1891; y en Venezuela, a partir de su consagración expresa en el Código de Procedimiento Civil de 1897.

La tendencia siguió durante en el Siglo pasado con la constitucionalización del control difuso, en Colombia, a partir de su consagración expresa en la reforma constitucional de 1910; en Guatemala, en la Constitución de 1921, y luego más recientemente en las Constituciones de Honduras (1982), Perú (1993), Bolivia (1994) y Ecuador (1996).

La última de las constituciones latinoamericanas en constitucionalizar en forma expresa, el control difuso de la constitucionalidad de las leyes y demás actos normativos, ha sido la Constitución de Venezuela de 1999, en la cual se estableció no sólo que "La Constitución es la norma suprema y el fundamento del ordenamiento jurídico" de manera que "Todas las personas y los órganos que ejercen el Poder Público están sujetos a la Constitución" (art. 7), sino que se reguló expresamente la garantía judicial de dicha supremacía, al establecerse que:

> *Artículo 334:* Todos los jueces de la República en el ámbito de sus competencias y conforme a lo previsto en esta Constitución y en la ley, están en la obligación de asegurar la integridad de la Constitución.
>
> En caso de incompatibilidad entre esta Constitución y una ley u otra norma jurídica, se aplicarán las disposiciones constitucionales, correspondiendo a los tribunales en cualquier causa, aún de oficio, decidir lo conducente.

La Constitución de América Latina para el Siglo XXI, en nuestro criterio, tiene que reafirmar este control difuso de la constitucionalidad de las leyes como mecanismo de garantía judicial de la Constitución, conforme al cual todos los jueces, en los casos concretos que deban decidir, son jueces de la constitucionalidad de las leyes y normas, al punto de que pueden desaplicarlas al caso concreto cuando las juzguen inconstitucionales, aplicando con preferencia la Constitución.

Pero no sólo el control difuso de la constitucionalidad de las leyes es consustancial al constitucionalismo latinoamericano y debe ser afianzado en el futuro, sino que también, el control concentrado de la constitucionalidad de las leyes por un Tribunal Supremo también debe ser afianzado en la Constitución para el Siglo XXI, pues incluso tuvo su origen en nuestros países.

En efecto, no hay que dejar de mencionar que ochenta años antes de que Hans Kelsen ideara el control concentrado de la constitucionalidad de las leyes el cual, por la tradicional desconfianza europea respecto de los tribunales y la vigencia en la época del principio de la soberanía parlamentaria, fue atribuido a un Tribunal Constitucional separado del Poder Judicial; a partir de 1858, en América Latina, ya se había establecido en la Constitución venezolana de la época la competencia anulatoria de la Corte Suprema, por razones de inconstitucionalidad, de determinadas leyes.

Este método de control que atribuye a una Jurisdicción Constitucional el poder anulatorio respecto de las leyes inconstitucionales, se caracteriza precisamente por esto último, y no por el órgano que conforma la Jurisdicción constitucional, que puede ser sea la Corte Suprema o un Tribunal Constitucional especializado. Por ello, el órgano estatal dotado de este poder de ser el único juez constitucional con poder anulatorio respecto de las leyes, en el caso de México, Brasil, Panamá, Honduras, Uruguay, Paraguay, El Salvador, Nicaragua, Costa Rica y Venezuela, es la Corte Suprema aún cuando en estos cinco últimos países, sea a través de una Sala Constitucional; pero también puede tratarse de una Corte o Tribunal Constitucional creado especialmente por la Constitución, dentro o fuera del Poder Judicial, como sucede en Colombia, Chile, Perú, Guatemala, Ecuador o Bolivia.

En Venezuela, por ejemplo, la reciente Constitución de 1999 precisa que:

> *Artículo 334:* ...Corresponde exclusivamente a la Sala Constitucional del Tribunal Supremo de Justicia como jurisdicción constitucional, declarar la nulidad de las leyes y demás actos de los órganos que ejercen el Poder Público dictados en ejecución directa o inmediata de la Constitución o que tengan rango de ley.

De esta norma resulta claro, por tanto, que lo que caracteriza a la Jurisdicción constitucional es el objeto del control (leyes, actos de rango legal o de ejecución inmediata o directa de la Constitución), más que el órgano o el motivo de control.

De lo señalado resulta que el control de la constitucionalidad de las leyes ha sido una tradición constitucional de América Latina, cuya implantación se remonta al Siglo XIX, pudiendo decirse, incluso, que ha sido en nuestro continente donde se ha originado el sistema mixto o integral de control de la constitucionalidad, que combina el método difuso con el método concentrado de control de la constitucionalidad que se ha desarrollado, por ejemplo, en Colombia, Venezuela, El Salvador, Guatemala, Brasil, México, Perú y Bolivia; siendo incluso de origen Latinoamericano, la institución de la acción popular de inconstitucionalidad que existe en Colombia y Venezuela.

En el futuro, por tanto, la Constitución de América Latina para el Siglo XXI tiene que reafirmar estos métodos de control de la constitucionalidad, por lo demás de origen o carácter latinoamericano.

## X. LA REFORMULACIÓN DE LOS MÉTODOS DE REVISIÓN CONSTITUCIONAL

Por último, en *décimo lugar,* está el tema de la revisión constitucional, que incide en uno de los principios más clásicos del constitucionalismo moderno, como es el de la rigidez.

Todas las Constituciones latinoamericanas han sido y son rígidas, en el sentido de que su revisión no puede hacerse mediante los métodos ordinarios de formación o reforma de la legislación ordinaria, sino que, al contrario, son especialmente establecidos para ello con un mayor grado de complejidad. En la generalidad de los casos, en nuestros países se atribuye al órgano legislativo del Estado, mediante un procedimiento específico y quórum calificado, la potestad de revisar la Constitución como sucede en Bolivia, Costa Rica, Cuba, Chile, El Salvador, Honduras, Perú, México, Panamá y República Dominicana. En otros casos, además de la intervención del órgano legislativo, se exige la aprobación popular de la reforma, como sucede en Ecuador, Guatemala, Paraguay, Uruguay y Colombia. En otros países se exige la intervención adicional de una Asamblea Nacional Constituyente, institución que encuentra regulación expresa en las Constituciones de Colombia, Costa Rica, Nicaragua y Paraguay. En otros países se distingue el procedimiento de la Enmienda del de la Reforma Constitucional.

En todo caso, un aspecto fundamental que debe desarrollar la Constitución de América Latina del Siglo XXI, es el de conciliar las exigencias de las mutaciones constitucionales con los procedimientos propios de la rigidez constitucional para la revisión de las Constituciones y, en todo caso, resolver expresamente el conflicto que puede presentarse entre la soberanía popular y la supremacía constitucional.

En este aspecto, la recién experiencia venezolana puede servir de estudio de caso a los efectos de asimilar su experiencia. La Constitución de 1961 establecía dos métodos de revisión constitucional: la Enmienda y la Reforma General, con procedimientos diferenciados según la importancia de la revisión, en los cuales la parte preponderante estaba en el Congreso Nacional, exigiéndose referéndum aprobatorio sólo para las Reformas Generales. En la Constitución, a pesar de la importante experiencia histórica del país en la actuación de Asambleas Constituyentes, sin embargo, no estaba prevista la posibilidad de convocar alguna para que pudiera asumir la tarea de revisar el Texto Fundamental y reformular el sistema político en crisis.

En 1999, sin embargo, el entonces recién electo Presidente de la República planteó la necesidad de convocar una Asamblea Nacional Constituyente, con lo cual muchas personas y sectores ajenos al Presidente estábamos de acuerdo, y decretó convocar un referéndum consultivo para tal fin. La discusión constitucional que se produjo sobre dicha posibilidad, sin previsión constitucional, finalmente terminó con una ambigua decisión e interpretación de la Corte Suprema de Justicia que, fundada en el derecho a la participación como inherente a las personas, abrió el camino para la elección de la Asamblea Constituyente, al aprobarse la iniciativa mediante referéndum en abril de 1999.

La Asamblea se eligió en julio de 1999, pero en lugar de concentrarse en la revisión constitucional, pretendió asumir poderes constituyentes originarios y colocarse por encima de los poderes constituidos, cuyos titulares habían sido electos meses atrás. Por supuesto, los conflictos constitucionales y políticos no se hicieron esperar y se sucedieron durante todo el segundo semestre de 1999, concluyendo el proceso, en principio, con la aprobación de la nueva Constitución la cual fue sometida a referendo aprobatorio en diciembre de 1999. La Asamblea Nacional Constituyente, sin embargo, e incluso al margen tanto de la nueva Constitución, como de la anterior, asumió poderes constitucionales paralelos, dictando normas de rango constitucional que, sin embargo, no fueron aprobadas por el pueblo, lo cual lamentablemente así fue aceptado por el nuevo Tribunal Supremo de Justicia, en marzo de 2000.

El resultado del proceso constituyente venezolano, en todo caso, ha sido la regulación en el texto Constitucional, de todas las modalidades de revisión constitucional (arts. 340 y sigts): en *primer lugar,* la Enmienda Constitucional destinada a adicionar o modificar uno o varios artículos de la Constitución, sin alterar su estructura fundamental, la cual luego de aprobada mediante un procedimiento especial por la Asamblea Nacional, debe someterse a referéndum aprobatorio; en *segundo lugar,* las Reformas Constitucionales con el objeto de revisar parcialmente la Constitución y sustituir una o varias de sus normas sin alterar los principios fundamentales del Texto, la cual también tiene un procedimiento algo más complicado y la necesidad de aprobación mediante referendo; y en *tercer lugar,* la Asamblea Nacional Constituyente para transformar el Estado, crear un nuevo ordenamiento jurídico y redactar una nueva Constitución. Por supuesto, a partir de la Constitución de 1999, y estando expresamente previsto en su texto, como un mecanismo para su revisión, esa Asamblea -al contrario de lo que ocurrió con la de 1999- no podría pretender asumir un poder constituyente originario, sino que para cumplir su misión, debe actuar en paralelo con los órganos de los Poderes constituidos.

El artículo 349 de la Constitución, sin embargo, establece que "los poderes constituidos no podrán en forma alguna impedir las decisiones de la Asamblea Nacional Constituyente", lo que podría conducir a que la Asamblea acuerde, por ejemplo, la cesación del mandato de los órganos de los poderes constituidos. El asunto, en todo caso, lo resuelve expresamente, la Constitución de Paraguay con una luminosa previsión:

> *Artículo 291:* La Convención Nacional Constituyente es independiente de los poderes constituidos. Se limitará, durante el tiempo que duren sus deliberaciones, a sus labores de reforma, con exclusión, de cualquier otra tarea. No se arrogara las atribuciones de los poderes del Estado, no podrá sustituir a quienes se hallen en ejercicio de ellos, ni acortar o ampliar su mandato.

Una norma como esta, de haber existido en la Constitución venezolana de 1961, ciertamente nos hubiera ahorrado no sólo un año de conflictos políticos y constitucionales, sino el conjunto de "interpretaciones" constitucionales que la antigua Corte Suprema y el actual Tribunal Supremo tuvieron que hacer para justificar lo injustificable.

La Constitución de América Latina para el Siglo XXI, sin duda, debe nutrirse de conflictos vivos como el de Venezuela, para prevenirlos o encauzarlos en su propio texto, y permitir las revisiones constitucionales necesarias e indispensables, particularmente en momentos de crisis del sistema político.

En América Latina, sin duda, tenemos suficiente experiencia constitucional como para poder aprender de nosotros mismos. Como dijimos al inicio, fue en nuestros países donde se comenzaron a ensayar todos los principios del constitucionalismo moderno, pues aquí fue que penetraron, en paralelo, las ideas y aportes de la Revolución Norteamericana de 1776 y de la Revolución Francesa de 1789. América Latina fue así un campo de ensayo de esos principios desde que se inició su Independencia a comienzos del Siglo XIX y, por supuesto, mucho antes que en la mayoría de los países europeos.

Aquí hemos probado de todo, y tenemos experiencia propia en todo lo que tenga que ver con la organización del Poder. Nuestra Constitución para el Siglo XXI, por tanto, tiene que surgir de nuestras propias experiencias, para lo cual, por supuesto, tenemos que pasar por conocerlas, porque la verdad es que muchas veces los latinoamericanos no nos conocemos a nosotros mismos. De allí, a veces, la inadecuada importación de tantas instituciones de otras latitudes, que a veces se enquistan en nuestros sistemas constitucionales, y no terminan ni siquiera de latino americanizarse.

# II

# *Reflexión en La Romana:*

# LA OPCIÓN ENTRE DEMOCRACIA Y AUTORITARISMO*

Julio, 2001

---

* Texto de la Conferencia Inaugural dictada en la ***XV Conferencia de la Asociación de Organismos Electorales de Centroamérica y del Caribe,*** Centro de Asesoría y Promoción Electoral (CAPEL), Instituto Interamericano de Derechos Humanos, La Romana, República Dominicana, 27 de julio de 2001.

El más importante y esencial de los debates políticos que seguimos teniendo los latinoamericanos en estos comienzos del siglo XXI, no es otro que el de la democracia, es decir, confrontar criterios sobre qué es lo que debemos hacer para perfeccionar y profundizar la democracia y asegurar su efectiva gobernabilidad; pues, sin duda, hay muchos que plantean que hay que sustituirla por un régimen político autoritario, militarista e impositivo, fundamentado en la centralización y la concentración del Poder.

En definitiva, es el debate de siempre, que origina la opción entre democracia y autoritarismo, el cual no puede tener otro resultado que no sea el de diseñar un sistema político que asegure que nuestras democracias, en las próximas décadas, sean más participativas y más representativas.

Y no basta, para que una democracia sea tal, que sólo se cumplan los requisitos que enumera el artículo 3 del Proyecto de Resolución sobre la Carta Democrática Interamericana, adoptado por la Asamblea Nacional de la OEA celebrada en San José de Costa Rica el 5 de junio de 2001, y que dice:

> *Artículo 3:* Son elementos esenciales de la democracia representativa la celebración de elecciones libres y justas como expresión de la soberanía popular, el acceso al poder por medios constitucionales; el régimen plural de partidos y organizaciones políticas, y el respeto a los derechos humanos y libertades fundamentales.

Recientemente, un Embajador de Venezuela, glosando -sin decirlo ni citarlo- esa norma del Proyecto de Carta Democrática Interamericana, en un artículo periodístico publicado dos semanas después de la celebración de la Asamblea General de la OEA, se preguntaba en el título de su trabajo sobre ¿Autoritarismo en Venezuela?, señalando que:

> Son fundamentos de la democracia la celebración de elecciones libres y justas; el acceso al poder por medios constitucionales; el régimen plural de partidos y organizaciones políticas; y el respeto a los derechos humanos[1].

Con base en ello, dicho Embajador, refiriéndose a la situación de Venezuela, afirmó -lo que evidencia la insuficiencia del texto del Proyecto de Carta Democrática Interamericana-, que supuestamente en mi país (Venezuela) "experimentamos un verdadero proceso democrático que es, en esencia, antiautoritario".

Aparte de que esto no se lo cree casi nadie, la verdad es que en su análisis al Embajador se le olvidó mencionar o tener en cuenta para identificar un verdadero régimen democrático, como también quedó olvidado en el Proyecto de Carta Democrática Interamericana, lo que consideramos que es lo más importante para que, incluso, los otros factores por él mencionados puedan ser efectivos. Ese factor no es otro que el orden institucional que debe existir, en toda democracia, para controlar y limitar el poder.

Y es que, en efecto, sin control institucional no hay democracia: sólo controlando al Poder es que podría haber elecciones libres y justas; sólo controlando al Poder es que podría haber efectivo respeto a la Constitución; sólo controlando al Poder es que podría haber pluralismo; y sólo controlando al Poder es que podría haber garantía de respeto a los derechos humanos.

Es falso, por tanto, que para que haya democracia basta que existan sólo los factores mencionados por el referido Embajador, pues como hemos dicho, la democracia es, ante todo, un sistema institucional para controlar el ejercicio del poder político; lo que implica, ineludiblemente, su distribución o separación. Por tanto, demasiada concentración del Poder, si no hay controles efectivos sobre los gobernantes, y peor aún, si estos tienen o creen tener apoyo popular, conduce al autoritarismo y, en definitiva, a la tiranía. No olvidemos que la historia de la humanidad durante el siglo pasado, nos muestra, precisamente, a tiranos que usaron el voto de la mayoría para acceder al poder y desde allí aplicaron el autoritarismo para acabar con la democracia y todos sus elementos, comenzando por los derechos humanos.

---

1 Jorge Valero, Embajador ante la OEA, *El Nacional*, Caracas 16-7-01, p. A-5.

# I. PROBLEMAS DE LAS DEMOCRACIAS LATINOAMERICANAS

Me imagino que muchos de Uds. pensarán, como yo, que parece mentira que hoy, cincuenta años después del derrumbe de los sistemas fascistas, basados en concepciones holísticas o totalitarias del poder, nuestras reflexiones tengan que estar marcadas por el mismo dilema y el mismo debate entre democracia y autoritarismo. Pero no hay mas remedio, tenemos que hacerlas, pues en nuestra América Latina se están oyendo demasiados cantos de sirena autoritarios, que cada vez con más fuerza están emanando de ciertos neo críticos de la democracia, que pretenden basarse en un supuesto apoyo popular para, precisamente, acabar con la democracia.

Enfrentar este dilema, que es el de siempre, sin embargo, exige ante todo, que estemos conscientes de la crisis de gobernabilidad que presentan buena parte de las democracias en nuestros países, y que están afectando sus cimientos. ¿Qué pasa con nuestras democracias que son menos democratizadas que las de otros países mas desarrollados del mundo universal, a pesar de tener factores aparentemente comunes?.

Una característica general de muchas de nuestras democracias, es que en ellas, los partidos políticos organizados conforme al principio del centralismo democrático, con demasiada frecuencia han asumido y ejercido el monopolio de la participación y de la representatividad políticas, cerrando el espacio para la emergencia de distintos y nuevos liderazgos fuera de los propios partidos. En esa forma, en muchos casos, sólo se ha podido participar a través de los partidos, y éstos solos, han sido los que han obtenido representación en los cuerpos representativos, donde muchas veces se sigue eligiendo a ciegas a los candidatos de los partidos, que han terminado sustituyendo al pueblo. Los sistemas electorales, con gran frecuencia se han diseñado para ello, y no para hacer realidad una auténtica democracia representativa.

Este es un problema que tenemos que superar desesperadamente, para que no se siga tratando de desprestigiar a la misma democracia representativa.

Pero a la democracia de partidos o partidocracia, se ha agregado el centralismo político del Estado y del gobierno, que en muchos casos ha concentrado todo o casi todo el poder en el nivel nacional, vaciando políticamente de poder a las provincias y localidades. Adicionalmente, en muchos casos, el poder se ha concentrado en el órgano ejecutivo del Estado, reforzándose al presidencialismo o a los propios partidos que controlan los demás órganos estatales; y lo cierto es que la mezcla de centralización del Poder del Estado y de los partidos políticos, es lo más antidemocrático que puede existir en los sistemas políticos. Así como no hay ni ha habido jamás autocracias descentralizadas, tampoco una democracia puede funcionar, en el largo plazo, en un sistema de Poder centralizado.

En el corto plazo, sin embargo, sobre todo durante los procesos de transición democrática que hemos tenido en nuestros países, puede decirse que el sistema ha funcionado pues los proyectos políticos que los motivaron se han logrado y los países se democratizaron progresivamente. Pero después, en gran parte, la incomprensión del liderazgo partidista respecto de la propia realización del proyecto democratizador, -que ha comenzado en muchos países a exigir la apertura de la misma democracia, para permitir nuevas formas de participación y de representatividad políticas-, en muchos casos ha conducido al deterioro del sistema y a su crisis.

Todo esto lo hemos presenciado en muchos países durante los últimos lustros, con el consiguiente desprestigio y desmoronamiento de los partidos que todo lo han controlado y monopolizado; y, adicionalmente, el desprestigio de la propia democracia, lo que ha sido aprovechado por los autoritarismos emergentes que, precisamente, pretenden asentarse sobre la crítica al funcionamiento de la democracia. De todo ello ha surgido un vacío de liderazgo, muchas veces copado por pseudo demócratas autoritarios que han aparecido, y lo mas grave aún, con apoyo popular y militar, como pasó en el Perú en la última década y como está pasando en Venezuela. Todo ello, ciertamente, es para que todos los demócratas nos preocupemos, y mucho.

Lo importante, en todo caso, es no confundir a la democracia como régimen político, con el sistema de centralismo de Estado y de partidos y de concentración del Poder Público, que ha estado conspirando contra la propia democracia. Es ese sistema el que puede estar en crisis, pero no la democracia misma; es el sistema político el que tenemos que buscar cambiar para, precisamente, perfeccionar y profundizar la democracia, pero no para acabar con ella. Y en democracia ello sólo se puede lograr estableciendo un sistema de control institucional del Poder, una de cuyas piezas esenciales es la descentralización y la participación política.

Precisamente por ello, este es el dilema que tenemos por delante. No hay otra alternativa, ni términos medios. No hay regímenes políticos medio democráticos o medio autoritarios; o lo son o no lo son.

Es decir, en este campo, insisto, no hay otra opción: o democracia o autoritarismo. La primera exige controlar el Poder y, en particular, distribuirlo territorialmente para que haya más participación; la segunda, necesariamente conduce a la concentración y centralización del poder, lo que es incompatible con la democracia. Y lamentablemente, a esto último es que ha apuntado el discurso que pretende establecer una supuesta legitimidad para gobernar derivada de la sola relación entre un líder y el pueblo e, incluso, el ejército, basada en la simple popularidad.

Por otra parte, tenemos que estar conscientes de que la crisis de la democracia que nos esta afectando en muchos países latinoamericanos, muchas veces ha tenido su origen en la incomprensión del liderazgo partidista, que todo lo ha controlado, en introducir a tiempo las reformas necesarias para permitir la evolución de la misma, sin traumas, rupturas o quiebras del régimen constitucional. No hay que llegar a la incomprensión que tuvieron los partidos políticos en Venezuela en reformar a tiempo el sistema político, lo que condujo, en definitiva, a la producción de un golpe de Estado por una Asamblea Nacional Constituyente, que si bien fue electa, no tenía poder legítimo alguno para violar la Constitución, como lo hizo.

Por eso, las reformas que muchas veces hay que hacer, deben realizarse precisamente a tiempo, no después, cuando sea demasiado tarde, y para ello, en todo caso, hay que comenzar por identificar el precio que hay que pagar por asegurar la continuidad del régimen constitucional democrático, y que no es otro, invariablemente, que la pérdida de áreas de poder que en general los partidos han controlado férreamente.

## II. LA DESCENTRALIZACIÓN POLÍTICA PARA HACER LA DEMOCRACIA MÁS REPRESENTATIVA Y PARTICIPATIVA

Por ello, el perfeccionamiento y profundización de la democracia tiene que apuntar al diseño de un sistema político que necesariamente tiene que estar montado sobre la *descentralización del poder del Estado,* para acercarlo al ciudadano, con nuevas formas de representatividad y de participación políticas.

En América Latina no podemos seguir con un sistema centralizado de Estado de Partidos, sólo cambiando unos partidos por otros. No se trata de sustituir partidos políticos tradicionales por nuevos partidos que sigan las mismas tácticas exclusivistas y exclusionistas. Ello es lo que atenta contra la democracia que, al contrario, para sobrevivir, requiere precisamente deslastrarse del férreo control tanto de los viejos como de los nuevos partidos.

Más democracia implica, invariablemente, abandonar la autocracia partidista, que tantos de nuestros países tienen; agravada en muchos casos por la aparición de supuestos nuevos partidos más débiles que los tradicionales, y que a veces ni siquiera tienen ideología y conducción propias, sino que aparecen sujetos a un jefe, obedeciendo ciegamente lo que diga o imponga.

En todo caso, para captar la esencia del régimen democrático no olvidemos que ninguna sociedad democrática occidental consolidada después de la II Guerra Mundial, ha sobrevivido como democracia sin haber descentralizado el Poder como mecanismo institucional para su efectivo control. Por ello, sin duda, puede decirse que la descentralización política es un fenómeno de las democracias, consecuencia de la democratización y condición para su sobrevivencia.

En consecuencia, en nuestro criterio, el debate contemporáneo en nuestros países por más democracia, tiene que centrarse en el rescate del proceso de descentralización política. Perfeccionar la democracia exige hacerla más participativa y más representativa, para lo cual la única vía posible que existe es acercando el Poder al ciudadano, y ello sólo puede lograrse descentralizando territorialmente el Poder del Estado y llevarlo hasta la más pequeña de las comunidades; es decir, distribuyendo el Poder en el territorio nacional.

Por supuesto, para asumir esta indispensable tarea democrática, que pueda permitir sustituir el sistema político centralizante de partidos por un sistema político descentralizado y participativo, debe recurrirse a los esquemas de autonomías territoriales más adecuados, conforme a la tradición constitucional de cada uno de nuestros países, descentralizando los viejos Estados Unitarios e, incluso, Federales y, en todo caso, municipalizando los territorios.

De todo ello lo que deriva es que cualquiera que sea la forma de descentralización política, se trata de proyectos y propuestas contrapuestos radicalmente al centralismo de Estado y a la concentración del Poder, que son esencialmente antidemocráticos.

La propuesta política que formulamos, por tanto, busca el diseño, en nuestros países, de un nuevo sistema político que la democracia exige, y que sólo puede tener por objeto hacerla más participativa, con gran presencia de la sociedad civil, y más representativa de las comunidades. Ello implica desparramar el poder en todo el territorio, hasta la última de las comunidades, para que el ciudadano y sus sociedades intermedias puedan realmente participar.

Por supuesto, esto no es nada nuevo en la historia del constitucionalismo. La democracia comenzó, efectivamente, con motivo de las Revoluciones Norteamericana (1776) y Francesa (1789), cuando la soberanía, como supremo poder de decisión en una sociedad determinada, dejó de ser el poder absoluto de un Monarca, sin límites, de la cual era titular por la gracia de Dios, y comenzó a ser el poder del pueblo, ejercido mediante representantes. Por ello, durante más de 200 años, el constitucionalismo moderno ha estado signado por el principio de la democracia representativa, es decir, que residiendo la soberanía en el pueblo, éste la ejerce mediante representantes electos; y es que si el pueblo es el titular de la soberanía, en democracia, éste sólo puede ejercerla directamente o a través de representantes; de allí la distinción que usualmente se hace entre democracia directa y democracia representativa.

La primera, la democracia directa, es aquella en la cual el pueblo supuestamente ejercería directamente su poder en asambleas, sin intermediación de representantes, lo cual es absolutamente imposible en sociedades complejas como las contemporáneas. Incluso, en los propios ejemplos históricos que nos han llegado respecto de su existencia en las ciudades griegas, por ejemplo, lo que hacen es confirmar su imposibilidad, pues incluso en dichas Ciudades-Estado el gobierno se ejercía mediante Magistrados designados *por sorteo* en las asambleas del pueblo.

Además, no puede confundirse la democracia directa con la democracia participativa, y menos aún, con la supuesta democracia de los Comités de Defensa de la Revolución que, como centros de control político vecinal se establecieron en cada barrio o localidad de Cuba, con la tarea, incluso, de influir en los Comités de postulaciones de candidatos electorales. Eso no es participación, es imposición hegemónica y totalitaria. Y no pensemos que se trata de fantasmas del pasado: el Presidente de Venezuela viene de anunciar muy recientemente uno de sus tantos proyectos: la constitución de unos fantasmagóricos Círculos Bolivarianos con los cuales algunos pretenden en cada esquina, barrio o pueblo controlar políticamente a la sociedad.

En todo caso, lo cierto es que la democracia directa ni ha existido ni puede existir en el mundo contemporáneo, y es un engaño pretender formularla como solución alternativa frente a la democracia representativa, la cual, lejos de desaparecer, lo que debemos es corregirla. Este es uno de los tantos cantos de sirena autoritarios que en nombre de una supuesta democracia directa, que se confunde con la participativa concebida como relación líder-pueblo y reducida a consultas o mesas de diálogo, pretende sustituir a la democracia representativa.

No tengo dudas en afirmar que la democracia representativa, en la cual el pueblo ejerce el gobierno indirectamente a través de representantes que elige con toda libertad e igualdad, es la única forma posible de operatividad de la democracia, como gobierno del pueblo. Sus defectos, vicios, problemas o deformaciones, lo que tienen es que provocar su perfeccionamiento y transformación para hacerla más representativa del pueblo, sus comunidades y vecindades, y para permitir que éste pueda participar más y efectivamente en los asuntos públicos. Pretender sustituirla por una supuesta democracia directa, con el nombre de "democracia participativa" simplemente es una ilusión. Lo que tenemos es que hacerla más representativa, y no sólo representativa de los partidos políticos como la hemos conocido en muchos de nuestros países en las últimas décadas; en la cual los partidos políticos han confiscado la representación y participación populares. Es ese sistema el que en muchos de nuestros países está en crisis; pero no la democracia en sí misma, la cual tenemos que perfeccionar.

Una democracia más representativa implica organizar el Poder de manera que estando más cerca de los ciudadanos, éstos directamente o a través de sociedades intermedias, puedan encontrar representación en los cuerpos representativos. Para ello tendrían que diseñarse, por ejemplo, nuevos sistemas electorales, más uninominales y personalizados, pues el sistema de representación proporcional de las minorías que durante tantas décadas hemos aplicado en muchos países, sólo ha conducido a la exclusiva representatividad de los partidos políticos.

Por otra parte, igualmente, más participación democrática sólo es posible acercando el poder al ciudadano, es decir, distribuyendo el Poder Público en el territorio, de manera que en cada comunidad y en cada localidad territorial, exista una forma de gobierno local en la cual se pueda participar políticamente.

## III. EL FEDERALISMO, EL REGIONALISMO POLÍTICO Y LA MUNICIPALIZACIÓN

Esta distribución territorial del Poder en el mundo contemporáneo democrático, se ha desarrollado, invariablemente, en dos niveles territoriales: un nivel intermedio, de Estados en las Federaciones, o de Regiones o Departamentos autónomos en los viejos Estados Unitarios; y un nivel territorial inferior, local, de municipalidades autónomas en todo el territorio de los Estados. Por ello, independientemente de la forma del Estado que se haya adoptado históricamente, puede decirse que en el mundo occidental democrático, el Estado contemporáneo es un Estado descentralizado o en vías de descentralización; es decir, un Estado en el cual las fuerzas centrífugas en la distribución territorial del Poder Público, están más activas que las fuerzas centrípetas.

La descentralización política, por tanto, implica, por una parte, la municipalización, pero además, la creación de niveles intermedios de gobierno que permitan realmente acercar el Municipio al ciudadano.

Para que el Municipio sea la escuela de la libertad y de la democracia, como lo descubrió Alexis de Tocqueville cuando ilustró a Europa sobre *La Democracia en América,* por sobre todo tiene que estar cerca del ciudadano. Un Municipio lejos de las comunidades y vecindades, como es en general el Municipio en nuestros países latinoamericanos, materialmente no sirve para nada, ni para la participación política ni para la gestión eficiente de los asuntos locales.

Acaso nos hemos preguntado, ¿por qué, realmente, las democracias consolidadas de Occidente son tales democracias? ¿Cómo es que en ellas la participación del ciudadano en la gestión de los intereses locales forma parte de la cotidianidad de la vida democrática?

Es cierto que todas las democracias tienen ciclos electorales, donde se vota con regularidad y tienen sistemas institucionales que son propios del Estado de Derecho. Pero unos países son efectivamente más democráticos que otros. Y la respuesta del por qué esto es así, está precisamente en la municipalización o, si se quiere, en la efectiva fragmentación de las instituciones locales.

Para darnos cuenta de ello, basta hacer algunas comparaciones. Venezuela, con casi un millón de kilómetros cuadrados de superficie y más de 24 millones de habitantes, tiene sólo 338 Municipios. Francia, en cambio, con la mitad de dicha superficie y 59 millones de habitantes, tiene 36.559 Municipios o Comunas; es decir, cien veces más. Pero lo importante, ciertamente, no es el número de municipios que tenga un país, sino la relación que tiene que existir entre la autoridad local y el número de habitantes. En tanto que en Venezuela es de 71.715 habitantes por Municipio, en Francia, en cambio es de 1.613 habitantes por Municipio, es decir, cuarenta veces menos.

Cualquier revisión de esta relación que se haga en los países democráticos, da cifras sorprendentes, sobre todo cuando las comparamos con las nuestras en América Latina. España tiene 8.082 Municipios con un promedio de población de 4.825 habitantes; en Austria hay 2.353 Municipios, con un promedio de población de 3.400 habitantes. Los 8.104 Municipios de Italia tienen un promedio de 7.157 habitantes. En Suiza hay 3.000 Municipios con un promedio de población de 2.333 habitantes; y en Alemania hay 16.121 Municipios, con un promedio de población de 5.086 habitantes.

En Europa continental, además, debe destacarse que los Municipios de menos de 2000 habitantes representan un porcentaje elevadísimo en relación con los muy poblados, por ejemplo, el 40% en Italia y el 89% en Francia.

En nuestro Continente Americano, se destaca, además, el caso de los Estados Unidos y Canadá que tienen territorios casi iguales de casi 10 millones de kilómetros cuadrados, pero una población muy disímil: 30 millones en Canadá y más de 250 millones en los Estados Unidos. Pero en Canadá hay 4.507 Municipios, con un promedio de 6.878 habitantes por Municipio; y en los EE.UU., hay 70.500 Municipios, con un promedio de 3.872 habitantes por Municipio.

En definitiva, en el mundo de los países con democracias más desarrolladas, el promedio de habitantes por Municipio varía entre 1.600 y 7.000 habitantes. En contraste, en nuestros países de América Latina el panorama es diferente: en Brasil, por ejemplo, hay 5.581 Municipios pero con un promedio de 30.100 habitantes; en Colombia hay 1.068 Municipios, con un promedio de 39.325 habitantes. En México hay 2.418 Municipios, con un promedio de 40.000 habitantes; en Argentina hay 1.617 Municipios con 22.800 habitantes de promedio, y como dijimos, en Venezuela hay sólo 337 Municipios con 71.715 habitantes por Municipio. Pero en República Dominicana hay 120 Municipios con 75.000 habitantes de promedio; y en Uruguay hay 19 Municipios con un promedio de 157.000 habitantes.

De lo anterior deriva que la clave de la democracia de participación está, precisamente, en acercar el Poder al ciudadano, para que pueda efectivamente participar. Por ello, en nuestros países, mientras la autoridad local esté tan alejada del ciudadano, no llegaremos a ser efectiva y cotidianamente democráticos.

La gran reforma democrática en nuestros países, por tanto, está en la Municipalización, pero sin uniformismo, pues no podemos multiplicar al gran Municipio burocratizado de las áreas urbanas y trasladarlo a las rurales. La diferenciación de regímenes municipales es una de las primeras necesidades de la vida local.

En todo caso, mientras más se municipalice un país, y se transfieran poder y competencias propias de la vida local a las pequeñas organizaciones primarias autogestionadas, más necesaria entonces será la estructuración de poderes descentralizados a niveles intermedios entre el Poder Central y el Municipio. Por ello, hay una relación directa y paralela entre la descentralización local y la descentralización nacional a niveles intermedios.

Al señalar esto, por supuesto, tampoco estamos descubriendo nada nuevo. Todos los Estados contemporáneos han experimentado la misma crisis derivada de la consolidación de la democracia. Por ello, en Europa, por ejemplo, como consecuencia de la reimplantación y desarrollo de la democracia, para asegurar su sobrevivencia y establecer canales de participación política, durante los últimos cincuenta años ha seguido un proceso de descentralización política. Así sucedió con los viejos Estados Unitarios que sobre la base de estructurar regiones políticas, se han venido organizando territorialmente en forma descentralizada, dando incluso origen, en algunos casos, a una nueva forma de Estado, la del "Estado Regional", más descentralizado, a veces, que las viejas Federaciones. Así sucedió en España, al surgir como país democrático después del franquismo, con el Estado de Comunidades Autónomas; y con las Regiones Políticas que por ejemplo, se han establecido en Italia, Francia, Bélgica y Portugal. La reforma constitucional en Inglaterra también ha conducido a la creación o reaparición de parlamentos regionales, como en Escocia y Gales, mediante la *devolution* o descentralización política, que ha formado parte importante de la política actual del laborismo.

En cuanto a las viejas Federaciones, estas han sido recompuestas o reforzadas redistribuyéndose el Poder hacia los Estados miembros o cantones, como ha sucedido en Alemania o Suiza. Lo mismo puede decirse del federalismo norteamericano o canadiense y, en general, de las nuevas fórmulas de distribución del Poder Público en las federaciones. De ello resulta, por supuesto, que el proceso de descentralización política no puede identificarse con el solo federalismo. En la actualidad, como indicamos, hay "Estados Unitarios descentralizados" como España y Colombia que, incluso, son relativamente más descentralizados políticamente, que muchas viejas Federaciones, como la de Venezuela.

En todo caso, lo importante a destacar aquí es que este proceso de descentralización que también se está llevando a cabo, en una u otra forma, en todos los países de América Latina, también está condicionado y es producto del proceso de democratización que han experimentado nuestros países, como consecuencia del afianzamiento del régimen democrático y, además, como condición necesaria para que perdure y sobreviva.

## IV. LA REAFIRMACIÓN DE LA DEMOCRACIA REPRESENTATIVA Y LOS VALORES DE LA DEMOCRACIA

El debate sobre la descentralización en América Latina por ello, en definitiva, es un debate sobre la democracia y sobre el fin de más de un siglo de centralismo, que si bien contribuyó a la consolidación de los Estados Nacionales y a la implantación de la propia democracia por los partidos organizados bajo el esquema del centralismo democrático, hoy es el principal elemento que está conspirando contra la propia democracia y, que, además, impide la efectividad de las tareas del sector público.

En definitiva, no se trata de sustituir la democracia representativa por una supuesta e ilusoria democracia directa, que es de imposible existencia, sino de sustituir el sistema político de centralizando partidos por un sistema descentralizado y participativo, haciendo la democracia más participativa y más representativa, lo que sólo puede lograrse distribuyendo efectivamente el Poder en el territorio, de manera que esté cerca de los ciudadanos, de sus comunidades y organizaciones.

Pero en todo caso, ese Poder en el cual debe participarse, sólo puede ejercerse mediante representación, por funcionarios electos.

Pensar sustituir la democracia representativa, que necesariamente hay que perfeccionar, por esquemas ilusos y autoritarios de asambleas de barrios con votación pública, a mano alzada, controladas por supuestos defensores de una causa política determinada, a la cual se denominaría "democracia directa", no es más que un salto al vacío que conduce inexorablemente al ahogamiento de la propia democracia y del pluralismo, y a la prohibición del disenso. Una supuesta democracia lineal, uniforme, prescrita por algunos iluminados, es un fraude contra la cual debemos reaccionar todos, pues nos impediría disentir y cuestionar; es decir, nos impediría ejercer las más elementales virtudes de la democracia.

Por todo lo dicho, una de las manifestaciones más perversas de la crisis del sistema político de centralismo de Estado y partidocracia que se han evidenciado en algunos de nuestros países durante las últimas décadas, ha sido la emergencia del discurso antidemocrático que critica a la democracia misma, identificándola sólo con los mecanismos procesales de voto para la conformación del Poder. En esta forma, se pretende reducir la democracia a una democracia formal, como si la elección por partidos realizada cíclicamente la hubiera agotado.

Ante ello, es necesario revalorizar a la democracia como gobierno del pueblo, por el pueblo y para el pueblo, destacándose los valores que conforman este régimen político y que son mucho más que la elección regular de representantes. Cuando estos valores se identifican, queda entonces clara la necesaria condena al discurso antidemocrático. No es superfluo, por tanto, recordarlos en este foro.

El primero de los valores de la democracia es la *igualdad,* lo que políticamente se concreta en la igualdad de voto en los procesos electorales. Todos los votos valen lo mismo y nadie tiene voto preferencial en relación a los otros ciudadanos. Políticamente, por tanto, no hay distinción alguna en el valor de la manifestación de voluntad de cada ciudadano, y nadie puede arrogarse la representación de todo el pueblo, por más popularidad que esgrima.

El segundo de los valores que sólo la democracia representa, es la *libertad,* lo que implica políticamente no sólo el derecho de hacer todo lo que la ley no prohíbe, sino el derecho a escoger pluralmente las alternativas de gobierno; en definitiva, la libertad de autodeterminación, sin uniformismos ni imposiciones. Por ello, el pluralismo político es de la esencia de la democracia, lo que implica el rechazo de todo esquema único con el cual se pretenda organizar el Poder e imponerle a los ciudadanos una particular concepción de la organización social.

La libertad, por otra parte, implica *tolerancia.* Si todos los hombres son libres, el límite a la libertad es el derecho de los demás y el orden público y social, lo que implica el respeto de las opiniones y posiciones de todos. En la democracia, por tanto, deben regir el diálogo, la concertación, los acuerdos, todo basado en tolerar la disidencia, rechazando toda sociedad en la que sólo algunos pretenden tener la verdad oficial.

El tercer valor de la democracia es la *dignidad de la persona humana,* que no puede ser desconocida ni despreciada ni siquiera por las mayorías, por más abrumadoras que sean; ni por quienes se dicen sus representantes. Todo ser humano es igual y tiene derecho a que se respete su dignidad y personalidad, sin más limitaciones que las que deriven del derecho de los demás. En libertad, la persona humana es ciudadano, no es súbdito ni vasallo ni está sujeto a obediencia ciega; sólo está sometido a la Constitución y la ley.

Por ello, el cuarto valor de la democracia es el *sometimiento al derecho,* es decir, la democracia es un régimen de gobierno de la ley, no de los hombres. Estos sólo pueden gobernar conforme a la ley, siendo la legalidad el límite de los gobiernos y la garantía de la igualdad. Sólo la ley y su acatamiento por todos, gobernantes y gobernados, asegura que el hombre digno y ciudadano sea igual. La revalorización de la legalidad, además, hace realidad la noción de Estado de Derecho, es decir, del Poder sometido al derecho, sea quien sea quien lo ejerza. Ninguna mayoría ni popularidad que tenga un gobernante o un órgano de representantes, puede justificar la violación de la Constitución.

Pero el quinto valor de la democracia es el de la necesaria *limitación y control del Poder,* sobre lo que ya he insistido. Ningún Poder puede ser ilimitado; lo tiene que limitar la ley y la organización misma del Poder mediante su distribución y separación. Ello implica que en democracia no puede haber concentración del poder político ni en unas solas manos ni en un grupo de personas. El Poder, en la democracia, esencialmente tiene que estar distribuido y separado de manera que el Poder sea quien frene al Poder. La concentración del Poder y el centralismo, en consecuencia, son esencialmente contrarios a la democracia. Ello, por supuesto, tampoco es nada nuevo en el constitucionalismo. Hace más de dos siglos Carlos Secondat, Barón de Monstesquieu, decía:

> Es una experiencia eterna que todo hombre que tiene poder tiende a abusar de él; y lo hace hasta que encuentra límites... Para que no

> se pueda abusar del poder es necesario que por disposición de las cosas, el poder limite al poder[2].

Y agregaba:

> Los Príncipes que han querido volverse déspotas siempre han comenzado por reunir en su persona todas las Magistraturas[3].

De allí la afirmación tajante de John Madison, al construir el sistema constitucional americano:

> La acumulación de todos los poderes... en las mismas manos... puede considerarse justamente, como la definición de la tiranía[4].

Por todo ello, la democracia tiene que conducir a un esquema de Estado que garantice la libertad, la dignidad, la igualdad, la legalidad, lo que implica el rechazo tanto al centralismo y concentración del Poder como a la penetración del Estado en los campos de la sociedad civil. El intervencionismo de Estado, por tanto, al ser concentrador del poder económico en pocas manos, en definitiva, también es esencialmente antidemocrático.

Teniendo en cuenta estos valores de la democracia, por supuesto, ella, como régimen político, es mucho más que una formalidad de elecciones cíclicas.

Por ello hay que preservarla y revalorizarla, repudiando el discurso autoritario que pretende sustituirla por un régimen político donde no existan los valores mencionados. La crítica, que compartimos, a la exclusiva representatividad de partidos que hemos tenido en muchos de nuestros países y al procedimiento formal de elección regular, no puede transformarse en un rechazo a la democracia en si misma y a sus valores, sino en un esfuerzo por profundizarla.

Por ello, para enfrentar el discurso antidemocrático, hay que machacar una y otra vez los valores de la democracia que sólo en democracia se pueden realizar.

No olvidemos que los esfuerzos por cambiar el sistema electoral y hacerlo más representativo de las comunidades y de la ciudadanía, y no sólo de los partidos, que se han realizado en

---

2. *De l'Esprit des lois,* (ed. G. Tunc), París 1949, Vol. I, Libro XI, Cap. IV, págs. 162-163
3 *Idem,* p. 169.
4 *The Federalist,* (ed. B.F. Wright), Cambridge 1961, N° 47, p. 361.

muchos de nuestros países, no siempre han logrado su objetivo. Por ejemplo, la forma del voto en las elecciones, por más intentos parciales de implantar la uninominalidad que se han hecho, en muchos casos ha sido diseñada para que, en definitiva, prevalezca el voto por partidos y no por individuos. Un gran esfuerzo hay que hacer para sustituir el voto por partidos por un voto uninominal, por personas, elegidas por nombre y apellido y que representen a las comunidades y a los ciudadanos, lo que no excluye, por supuesto, que sean postulados o apoyados por partidos políticos que, en definitiva, son de la esencia de toda democracia.

Por otra parte, debemos insistir en que cuando se habla de democracia directa como contrapuesta a la democracia representativa, debe tenerse claro que un Estado no puede funcionar con base en decisiones adoptadas en Asambleas públicas y populares, como consecuencia de iniciativas populares, o mediante referendos consultivos, aprobatorios, autorizatorios o revocatorios.

Con todos esos instrumentos de participación o de democracia directa, sin duda, se puede perfeccionar el régimen democrático, pues se permite al pueblo reaccionar directamente contra o en relación con las decisiones políticas que adopten los representantes, incluso con resultados contrarios a las mismas, dado que estos con frecuencia tienen intereses, incluso partidistas, distintos a los de los ciudadanos. Los referendos son así, mecanismos de control directo de los ciudadanos en relación a sus representantes políticos; pero en definitiva constituyen un complemento de los gobiernos representativos que caracterizan las democracias modernas, y no su sustitución.

Pero de nuevo debe constatarse que, por ejemplo, para que los referendos puedan efectivamente servir de instrumentos para perfeccionar la democracia, el Poder Público tiene que estar efectivamente descentralizado, es decir, exigen un sistema de distribución territorial o vertical del Poder Público, con autonomías político-territoriales y competencias propias sobre las cuales se pueda consultar a la ciudadanía.

Por eso decía al inicio, que además de todos los factores clásicos de la democracia, el que asegura su operatividad es el que postula un sistema institucional de control del poder, por su distribución, no sólo horizontal a través del clásico principio de la separación de poderes, sino vertical, en el territorio hasta llegar al Municipio.

Recordemos de nuevo, para terminar, lo que decía Alexis De Tocqueville en 1835:

> En el Municipio es donde reside la fuerza de los pueblos libres. Las instituciones locales son a la libertad lo que las escuelas primarias vienen a ser a la ciencia; la ponen al alcance del pueblo; le hacen paladear su uso pacífico y lo habitúan a servirse de ella[5].

Y terminaba con esta afirmación tajante: "La vida política ha nacido en el seno mismo de los Municipios"[6].

Por ello, incluso, la independencia de nuestros países latinoamericanos se inició en el seno de los Cabildos.

Por tanto, aprovechemos no sólo las enseñanzas de nuestra propia historia, sino de la historia de las democracias, para que definitivamente la democracia se instale en nuestros países. En esta tarea, sin duda, los organismos electorales, que Uds. representan, tienen todo que decirnos.

5. *Democracy in America,* (ed. JP. Meyer y M. Lerner), London, 1969.
6. *Idem.*

# III

## *Reflexión en San José:*

# EL FORTALECIMIENTO DE LAS INSTITUCIONES DE PROTECCIÓN DE LOS DERECHOS HUMANOS EN EL ÁMBITO INTERNO*

Junio, 2001

*. Texto ampliado de la Conferencia dictada en el *XIX Curso Interdisciplinario de Derechos Humanos*, Instituto Interamericano de Derechos Humanos, San José, Costa Rica, 20 de junio de 2001.

Si algo caracterizó al constitucionalismo latinoamericano de la segunda mitad del Siglo pasado fue el progresivo proceso de fortalecimiento de las instituciones de protección de los derechos humanos en el ámbito interno y su constitucionalización. Ello, en definitiva, es la muestra más explícita de los esfuerzos por la consolidación del Estado de derecho en nuestros países, concepto que, por lo demás, históricamente se montó en sustitución del Estado absoluto, precisamente para la garantía y la protección de los derechos y libertades públicas.

Ese Estado de derecho, por otra parte, derivó de una serie de principios cruciales que se cristalizaron en las tres grandes revoluciones de hace dos siglos: la Revolución norte-americana, la Revolución francesa y la Revolución latinoamericana, la cual hay que mencionar, pues lamentablemente, y con mucha frecuencia, los propios latinoamericanos nos olvidamos de ella, a pesar de que fue precisamente en su ámbito, a comienzos del siglo XIX, donde cristalizó todo el aporte de las dos primeras, al constitucionalismo moderno[1].

Por ello puede decirse, incluso, que fue en nuestros países donde por primera vez se concretó formalmente, en el constitucionalismo moderno, todo el modelo del Estado de derecho que se había ido formulando, tanto en Francia como en los Estados Unidos. La simbiosis de todos los principios de dicho modelo se produjo, precisamente, en Latinoamérica donde se recogieron, en conjunto, los aportes de aquellas dos Revoluciones.

Esos principios cruciales pueden ser reducidos a tres[2].

1. Allan R. Brewer-Carías, *Reflexiones sobre la Revolución Americana (1776) y de la Revolución Francesa (1789) y sus aportes al constitucionalismo moderno*, Caracas 1992.
2. Allan R. Brewer-Carías, *Evolución Histórica del Estado. Instituciones Políticas y Constitucionales*, Tomo I, Caracas 1996, pp. 47 a 256.

En primer lugar, el principio de la limitación al Poder, que es la base del Estado de derecho con el objeto de garantizar la libertad. Eso es lo que distingue al Estado de derecho del Estado absoluto. Esta limitación se concretó en las Constituciones modernas mediante la distribución del poder para que, como lo decía Montesquieu, el poder limite al poder[3], lo que se logra al distribuirlo y al separarlo. De allí han surgido los dos grandes esquemas de organización del Estado basados, por una parte, en la distribución vertical del poder, que dio origen a los sistemas de Estados descentralizados, al federalismo o a los nuevos esquemas de Estados regionales; y por la otra, en la separación horizontal del poder o separación orgánica de poderes, producto directo, también, de aquellas dos Revoluciones.

El segundo de los principios es el de la legalidad, es decir, el principio conforme al cual todos los órganos del Estado deben estar y actuar sometidos a la ley. Este, justamente, es el otro elemento diferenciador del Estado de derecho con el Estado absoluto, en el cual el Monarca no estaba sometido a ley superior alguna.

Además, dentro del principio de la legalidad, como aporte de las tres Revoluciones mencionadas, está la idea misma de la Constitución como ley suprema, a la cual tienen que someterse todos los órganos del Estado, incluyendo el Parlamento. Fue precisamente contra la soberanía del parlamento inglés que se produjo la Revolución Americana; y fue contra la soberanía parlamentaria como en las Constituciones de los países europeos después de la Segunda Guerra Mundial, se incorporaron por primera vez en los textos constitucionales, declaraciones efectivas de derechos humanos.

Bien sabemos que antes de la Segunda Guerra Mundial y a pesar de la Declaración francesa en 1789, en Europa no había declaraciones similares a las que desde 1811 se conocen en Latinoamérica sobre derechos humanos[4]. Recuérdese incluso, que en España,

---

3. "Es una experiencia eterna que todo hombre que tiene poder tiende a abusar de él; y lo hace hasta que encuentra límites... Para que no se pueda abusar del poder es necesario que por la disposición de las cosas, el poder limite al poder", Carlos Secondat, Barón de Montesquieu, *De l'Espirit des lois* ( ed. G. Tunc), Paris 1949, Vol. I, Libro XI, Cap. 4, pp. 162-163.
4. La primera de estas declaraciones en América Latina fue la "Declaración de los Derechos del Pueblo", adoptada por la sección de Caracas del Congreso General de las Provincias de Venezuela, el 1-5-1811. Véase en Allan R. Brewer-Carías, *Las Constituciones de Venezuela,* Caracas 1997, pp. 279-281.

sólo fue en 1978, con motivo de la última Constitución democrática cuando se incorporó al texto fundamental una declaración de derechos. Con estas declaraciones de derechos de rango constitucional, en Europa, las mismas adquirieron ese rango supremo que las impone, incluso, a los Parlamentos, los cuales en el universo constitucional dejaron ser soberanos. Queda a salvo, por supuesto, la excepción de siempre en estas materias constitucionales, respecto al sistema británico, donde no hay Constitución escrita y, por tanto, lo único soberano sigue siendo el Parlamento y lo que el Parlamento diga.

El tercero de los principios del Estado de derecho que se montó para la protección de los derechos fundamentales, es justamente el de la declaración de estos derechos. Por ello, el Estado no sólo se ha construido sobre el principio de la limitación al poder para asegurar la libertad y sobre el principio de la legalidad y del respeto de la Constitución; sino, además, sobre el principio de la declaración o del reconocimiento de los derechos fundamentales con rango constitucional.

Todas las Constituciones del mundo en los últimos doscientos años, en una forma u otra, más tarde ó más temprano, han venido adoptando estos principios constitucionales y, progresivamente, han venido consolidando en el orden interno mecanismos de perfeccionamiento y fortalecimiento de instituciones destinadas a la protección de los derechos humanos.

Además, ello se ha producido respondiendo al mismo principio que reconoció la Declaración francesa de los derechos del hombre y del ciudadano de 1789, la cual, interpretada, doscientos años después sigue siendo válida, en el sentido de que "toda sociedad en la cual no está asegurada la garantía de los derechos, ni determinada la separación de los poderes, no tiene Constitución" (art. 16).

Por ello, hoy día puede todavía afirmarse que la esencia misma de la Constitución, como texto de organización política, siempre radica en la limitación al poder por su separación y en la declaración de los derechos fundamentales, garantizados por la propia sociedad.

Ahora bien, partiendo de estos tres principios del Estado de derecho, nos referiremos al tema del fortalecimiento de las instituciones de protección de los derechos humanos en el ámbito interno, para lo cual trataremos los siguientes tres aspectos: en primer lugar, al proceso de universalización o ampliación progresiva de las declaraciones de derechos; en segundo lugar, al fortalecimiento de las garantías judiciales de protección de los derechos y libertades públicas, y, en tercer lugar, la introducción progresiva, en tiempo reciente, de garantías institucionales de los derechos fundamentales.

## I. LA UNIVERSALIZACIÓN Y AMPLIACIÓN DE LAS DECLARACIONES DE DERECHOS HUMANOS

Ante todo debe destacarse el fenómeno de la universalización y ampliación de las declaraciones de derechos, el cual puede analizarse, haciendo referencia a cuatro aspectos: en *primer lugar,* la ampliación nacional que han venido experimentando las declaraciones de derechos; en un *segundo lugar,* la constitucionalización de la internacionalización de las declaraciones de derechos; un *tercer lugar,* como corolario de lo anterior, el carácter enunciativo de los derechos y, por tanto, la incorporación progresiva en las Constituciones en un *numerus apertus* de derechos, no limitados a los que los textos constitucionales enumeran taxativamente; y en *cuarto lugar,* la alteridad, como característica de la regulación de los derechos.

### 1. *La ampliación nacional de las declaraciones de derechos y garantías constitucionales*

En efecto, el primer aspecto que debe mencionarse en cuanto las declaraciones de derechos, se refiere a la progresiva ampliación que las mismas han tenido en el mundo contemporáneo, en las respectivas Constituciones.

En efecto, se debe destacar ante todo el tránsito que se ha producido en las declaraciones desde los derechos de la primera generación del constitucionalismo clásico, reducidos a los derechos individuales, que más bien son libertades con su peculiar tratamiento; hacia los derechos de una segunda generación, de carácter económicos y sociales, en los cuales hay más bien obligaciones prestacionales del Estado; y el paso a la incorporación en las declaraciones de derechos, de los de la tercera generación, donde se ubican los derechos al desarrollo; a una determinada calidad de vida; a la protección del medio ambiente; a gozar de un patrimonio cultural; e incluso, a la paz, como recientemente ha sido consagrado expresamente en la Constitución de Colombia, y que van caracterizando el constitucionalismo latinoamericano.

Esta ampliación progresiva de derechos se ha plasmado, en nuestro continente, en tres grandes ejemplos de una enumeración extensísima de derechos, como es el caso, inicialmente, de la Constitución de Brasil, y luego, de las Constituciones de Colombia y de Venezuela, las cuales destinan muchos artículos a la regulación de los derechos individuales, políticos, económicos, sociales y de los de la tercera generación.

Debe destacarse, en este sentido, como ejemplo, el aporte que ha significado al constitucionalismo de los derechos humanos, las previsiones de la reciente Constitución de Venezuela de 1999[5], que es la última de las Constituciones sancionadas en América Latina, que destina su Título IV a regular los deberes, derechos humanos y garantías (arts. 19 a 128), los cuales el Estado debe garantizar a toda persona conforme al principio de progresividad y sin discriminación alguna (art. 19).

En la Constitución Venezolana además, se pueden distinguir un conjunto de regulaciones muy importantes, relativas a las garantías constitucionales de los derechos humanos, es decir, a los instrumentos que permiten hacer efectivo el ejercicio de los derechos. En tal sentido, se regula ampliamente las garantía de la libertad (art. 20); de la irretroactividad de la ley (art. 24); de la nulidad de los actos violatorios de derecho y de la responsabilidad de los funcionarios (art. 25); de la igualdad ante la ley (art. 21); y la de orden judicial con el derecho de acceso a la justicia que tiene toda persona para hacer valer sus derechos e intereses, incluso los colectivos o difusos, a la tutela efectiva de los mismos y a obtener con prontitud la decisión correspondiente (art. 26). La Constitución regula, además, la garantía de protección inmediata de los derechos mediante recursos efectivos: el derecho y la acción de amparo y la acción de habeas data (art. 27).

Por otra parte, también se regula expresamente la más importante de las garantías constitucionales, además del acceso a la justicia, la cual es que ésta se imparta de acuerdo con las normas establecidas en la Constitución y las leyes, es decir, en el curso de un debido proceso. Este se ha establecido detalladamente en el artículo 49 que exige que "el debido proceso se aplicará a todas las actuaciones judiciales y administrativas", regulándose las siguientes garantías en forma específica: el derecho a la defensa; la presunción de inocencia; el derecho a ser oído; el derecho al ser juzgado

5. Véase Allan R. Brewer-Carías, *La Constitución de 1999*, 3ª edición, Caracas 2001.

por su juez natural, que debe ser competente, independiente e imparcial; las garantías de la confesión; el principio *nullum crimen nulla poena sine lege*; el principio *non bis in idem* y la garantía de la responsabilidad estatal por errores o retardos judiciales.

Pero entre las garantías constitucionales de los derechos humanos, sin duda, la más importante es la garantía de la reserva legal, es decir, que las limitaciones y restricciones a los derechos sólo puedan establecerse mediante ley formal. De allí la remisión que los artículos relativos a los derechos constitucionales hacen a la ley. Pero ley, en los términos de la garantía constitucional, sólo puede ser el acto emanado de la Asamblea Nacional actuando como cuerpo legislador (art. 202). Este es el único acto que puede restringir o limitar las garantías constitucionales, como lo indica el artículo 30 de la Convención Americana sobre Derechos Humanos.

Frente a ello debe destacarse la potencial violación de esta garantía en el propio texto constitucional venezolano, al regular la figura de la "delegación legislativa" al Presidente de la República, mediante las llamadas "leyes habilitantes" (art. 203), para que pueda dictar actos con rango y valor de ley en cualquier materia (art. 236, ord. 8), lo cual contrasta con lo que establecía la Constitución de 1961, conforme a la cual sólo podían dictarse en materias económicas y financieras (art. 190, ord. 8).

Esto, lamentablemente, incluso ante un elenco tan importante de derechos y garantías, puede abrir la vía constitucional para la violación de la reserva legal que, como se dijo, es la garantía constitucional más importante en relación con la efectiva vigencia y ejercicio de aquellos.

Por último, entre las garantías constitucionales, en el artículo 29 de la Constitución se estableció expresamente la obligación del Estado de investigar y sancionar legalmente los delitos contra los derechos humanos cometidos por sus autoridades, y en el artículo 30 se estableció la obligación del Estado de indemnizar integralmente a las víctimas de violaciones a los derechos humanos que le sean imputables, incluido el pago de daños y perjuicios. El Estado, además, debe proteger a las víctimas de delitos comunes y debe procurar que los culpables reparen los daños causados.

El Capítulo IV del Título III de la Constitución venezolana, además, se destina a regular "los derechos civiles", los que, en realidad, en castellano y conforme a la tradición constitucional venezolana, son los *derechos individuales*. Se regula, así el derecho a la vida, como inviolable, con la prohibición de que se pueda establecer la pena de muerte (art. 43). Este derecho ha sido además, reforzado, obligándose al Estado a proteger "la vida de las personas que se encuentren privadas de su libertad, prestando el servicio militar o civil, o sometidas a su autoridad en cualquier otra forma".

La Constitución, además, reguló expresamente el derecho al nombre (art. 56); y el derecho a la inviolabilidad de la libertad personal (art. 44), con derechos y garantías en relación con el arresto o detención; la defensa y a no estar incomunicado; el límite personal de las penas; la identificación de la autoridad; la excarcelación; la protección frente a la esclavitud o servidumbre y la prohibición de la desaparición forzosa de personas (art. 45).

Se reguló, además, detalladamente, el derecho a la integridad personal (art. 46), con los siguientes derechos: el derecho a no ser sometido a torturas o penas degradantes; el derecho de los detenidos al respeto a la dignidad humana; el derecho a decidir sobre experimentos y tratamientos; y la responsabilidad de los funcionarios.

Adicionalmente, el texto constitucional, conforme a la tradición de los textos anteriores, consagró la inviolabilidad del hogar doméstico (art. 47); la inviolabilidad de las comunicaciones privadas (art. 48); la libertad de tránsito (art. 50); el derecho de petición y a la oportuna respuesta (art. 51); y el derecho de asociación (art. 52). Este último derecho sin embargo, encuentra limitaciones de rango constitucional, (art. 256) respecto de los jueces, a quienes se prohíbe asociarse; y en cuanto a la inherencia del Estado en las elecciones de los gremios profesionales, que deben ser organizadas por el Consejo Supremo Electoral, como órgano del Poder Público (Poder Electoral) (art. 294,6).

En relación con los derechos individuales, la Constitución garantiza, además, el derecho de reunión (art. 53); el derecho a la libre expresión del pensamiento (art. 57); y el derecho a la información "oportuna, veraz e imparcial", así como el derecho de réplica y rectificación cuando se vean afectados directamente por informaciones inexactas o agraviantes (art. 58). Además, encuentran regulación expresa la libertad religiosa (art. 59); el derecho a la protección del honor y la intimidad (art. 60); el derecho a la libertad de conciencia (art. 61); el derecho de protección por parte del Estado (art. 55).

En el campo de los derechos sociales y de las familias, la Constitución de 1999 contiene extensas y complejas declaraciones, muchas de las cuales no guardan relación con el principio de la alteridad, que atribuyen al Estado innumerables obligaciones y que, en gran parte, marginan a la sociedad civil, resultando un esquema que globalmente considerado es altamente paternalista.

En efecto, por una parte la Constitución reguló una serie de derechos sociales que pueden denominarse como derechos de protección, y que se refieren a de las familias (art. 75); a la maternidad (art. 76); al matrimonio "entre un hombre y una mujer", (art. 77); a los niños (art. 78) y a los jóvenes (art. 79); a los ancianos (art. 80); y a los discapacitados (art. 81); regulándose expresamente en el artículo 101, la obligación para los medios televisivos de incorporar subtítulos y traducción a la lengua de señas para las personas con problemas auditivos.

La Constitución reguló, además, expresamente, el derecho a la vivienda (art. 82), como una declaración; y el derecho a la salud y a su protección (art. 83), imponiendo al Estado la "obligación de crear, ejercer la rectoría y gestionar un "sistema público nacional de salud", de carácter intersectorial, descentralizado y participativo, integrado al sistema de seguridad social, regido por los principios de gratuidad, universalidad, integralidad, equidad, integración social y solidaridad (art. 84).

Es decir, el servicio de salud se concibe constitucionalmente como integrado al sistema de seguridad social (como un subsistema) y se lo concibe como gratuito y universal, lo que no guarda relación alguna con el sistema de seguridad social que se establece para los afiliados o asegurados. Se establece, además, con rango constitucional, que los bienes y servicios públicos de salud son propiedad del Estado y no pueden ser privatizados. Por último, se establece el principio de que la comunidad organizada tiene el derecho y el deber de participar en la toma de decisiones sobre la planificación, ejecución y control de la política específica en las instituciones públicas de salud.

En el artículo 85 de la Constitución se establece que es una obligación del Estado el financiamiento del sistema público de salud, que debe integrar los recursos fiscales, las cotizaciones obligatorias de la seguridad social y cualquier otra fuente de financiamiento que determine la ley. El Estado, además, debe garantizar un presupuesto para la salud que permita cumplir con los objetivos de la política sanitaria. Finalmente, el artículo 85 termina su normación indicando que el Estado "regulará las instituciones públicas y privadas de salud", en la única norma en la que se nombra a las instituciones privadas de salud, pero como objeto de regulación.

En cuanto al derecho a la seguridad social, el artículo 86 de la Constitución lo regula "como servicio público de carácter no lucrativo, que garantice la salud y asegure protección en contingencias de maternidad, paternidad, enfermedad, invalidez, enfermedades catastróficas, discapacidad, necesidades especiales, riesgos laborales, pérdida de empleo, desempleo, vejez, viudedad, orfandad, vivienda, cargas derivadas de la vida familiar y cualquier otra circunstancia de previsión social".

En el mismo Capítulo relativo a los derechos sociales y de la familia, la Constitución de 1999, en la misma orientación de la anterior Constitución de 1961, incorporó el conjunto de derechos laborales al texto constitucional, pero esta vez ampliándolos y rigidizándolos aún mas, llevando a rango constitucional muchos derechos que por su naturaleza podrían ser de rango legal. Se reguló, así, expresamente, el derecho y el deber de trabajar (art. 87); la igualdad en el trabajo (art. 88); la protección estatal al trabajo (art. 89); la jornada laboral y el derecho al descanso (art. 90); el derecho al salario (art. 91); el derecho a prestaciones sociales (art. 92); el derecho a la estabilidad laboral (art. 93); las responsabilidades laborales; el derecho a la sindicalización (art. 95); el derecho a la contratación colectiva (art. 96); y el derecho a la huelga (art. 97).

Sobre el derecho a la sindicalización, debe destacarse la injerencia del Estado en el funcionamiento de los sindicatos, al establecer el artículo 294,6 de la Constitución la competencia del Consejo Nacional Electoral, que es un órgano del Poder Público (Poder Electoral), para "organizar las elecciones de los sindicatos y gremios profesionales". En consecuencia, en Venezuela, los sindicatos no son libres de organizar la elección de sus autoridades y representantes, sino que las mismas deben ser organizadas por el Estado.

La Constitución, además, consagró una serie de derechos relativos a la cultura, como la libertad y la creación cultural y la propiedad intelectual (art. 98); los valores de la cultura y la protección del patrimonio cultural (art. 99); la protección de la cultura popular (art. 100) y a la información cultural (art. 101), estableciendo que el Estado debe garantizar la emisión, recepción y circulación de la información cultural. A tal efecto, se impone a los medios de comunicación el deber de coadyuvar a la difusión de los valores de la tradición popular y la obra de los artistas, escritores, compositores, cineastas, científicos y demás creadores y creadoras culturales del país.

En cuanto al derecho a la educación, el artículo 102 de la Constitución comienza estableciendo, en general, que "la educación es un derecho humano y un deber social fundamental, es democrática, gratuita y obligatoria". La consecuencia de lo anterior es la previsión del mismo artículo 102, que impone al Estado la obligación de asumir la educación como "función indeclinable" y de máximo interés en todos sus niveles y modalidades, y como instrumento del conocimiento científico, humanístico y tecnológico al servicio de la sociedad. En consecuencia, constitucionalmente se declara a la educación como un servicio público; precisándose, sin embargo, que "el Estado estimulará y protegerá la educación privada que se imparta de acuerdo con los principios contenidos en esta Constitución y en las leyes".

Se regula, además, el derecho a la educación integral, la gratuidad de la educación pública; y el carácter obligatorio de la educación en todos sus niveles, desde el maternal hasta el nivel medio diversificado. En cuanto a la educación impartida en las instituciones del Estado, se la declara gratuita hasta el pregrado universitario (art. 103). Además, se establece el régimen de los educadores; (art. 104); el derecho a educar (art. 106); y la educación ambiental e histórica (art. 107). En el artículo 108, se precisa, además, que los medios de comunicación social, públicos y privados, deben contribuir a la formación ciudadana. En la Constitución de 1999, además, se constitucionalizó el principio de la autonomía universitaria (art. 109); se reguló el régimen de las profesiones liberales (art. 105); el régimen de la ciencia y la tecnología (art. 110); y el derecho al deporte (art. 111).

En la Constitución de 1999 también constituye una novedad la regulación de los derechos relativos a los derechos ambientales, destinando normas a regular el derecho al ambiente (art. 127); la política de ordenación territorial (art. 128); los estudios de impacto ambiental y el régimen de los desechos tóxicos; y las cláusulas contractuales ambientales obligatorias (art. 129).

Otra de las innovaciones de la Constitución de 1999, fue la incorporación de un conjunto de normas sobre los derechos de los pueblos indígenas, respecto de los cuales sólo había una escueta norma de protección en la anterior Constitución de 1961 (art. 77), a cuyo efecto se reconoce constitucionalmente "la existencia de los pueblos y comunidades indígenas, su organización social, política y económica, sus culturas, usos y costumbres, idiomas y religiones, así como su hábitat y derechos originarios sobre las tierras que ancestral y tradicionalmente ocupan y que son necesarias para desarrollar y garantizar sus formas de vida" (art. 119).

El peligro que podría derivarse de esta regulación a los efectos de la integridad territorial, se buscó neutralizar en la misma Constitución al precisar que "los pueblos indígenas, como culturas de raíces ancestrales, forman parte de la Nación, del Estado y del pueblo venezolano como único, soberano e indivisible", no pudiéndose interpretar el término "pueblo" en el sentido que se le da en el derecho internacional (art. 126).

La Constitución, además, destinó un conjunto de normas relativas al aprovechamiento de los recursos naturales en los hábitat indígenas (art. 12); a los valores culturales indígenas (art. 121); al derecho de los pueblos indígenas a una salud integral (art. 122); al derecho de los pueblos indígenas a mantener y promover sus propias prácticas económicas (art. 123); y a la propiedad intelectual colectiva de los conocimientos, tecnológicas e innovaciones de los pueblos indígenas (art. 124). Por último, el artículo 125 de la Constitución consagra el derecho de los pueblos indígenas a la participación política; garantizando el artículo 182 de la Constitución, "la representación indígena en la Asamblea Nacional y en los cuerpos deliberantes de las entidades federales y locales con población indígena, conforme a la ley".

Por otra parte, en la Constitución de 1999 se incorporó un Capítulo que enumera los *derechos económicos* de las personas, en la siguiente forma: por una parte la libertad económica (art. 112); y por la otra el derecho de propiedad y la expropiación (art. 115). Esta norma sigue la orientación del constitucionalismo venezolano, aún cuando deben destacarse algunas variaciones en relación con su equivalente en la anterior Constitución de 1961 (art. 99), que son las siguientes: *primero,* no se establece que la propiedad privada tiene una función social que cumplir, como lo indicaba la Constitución de 1961; *segundo,* en la nueva Constitución se enumeran los atributos del derecho de propiedad (uso, goce y disposición) lo que era materia de rango legal (art. 545 del Código Civil); y *tercero,* en cuanto a la expropiación, se exige en el nuevo texto constitucional que el pago de la justa indemnización sea "oportuno". En esa forma, en general, la norma garantiza con mayor fuerza el derecho de propiedad.

La Constitución, además, prohíbe que se decreten o ejecuten confiscaciones de bienes salvo en los casos permitidos por la propia Constitución y, en particular, por vía de excepción, mediante sentencia firme, respecto de los bienes de personas naturales o jurídicas, nacionales o extranjeras, responsables de delitos cometidos contra el patrimonio público, o de quienes se hayan enriquecido ilícitamente al amparo del Poder Público y los provenientes de las actividades comerciales, financieras o cualesquiera otras vinculadas al tráfico ilícito de sustancias psicotrópicas y estupefacientes (art. 116 y 271).

El artículo 307 de la Constitución declara al régimen latifundista como contrario al interés social, y remite al legislador para disponer lo conducente en materia tributaria para gravar las tierras ociosas y establecer las medidas necesarias para su transformación en unidades económicas productivas, rescatando igualmente las tierras de vocación agrícola.

Por otra parte, la norma establece el derecho de los campesinos y demás productores agropecuarios a la propiedad de la tierra, en los casos y formas especificados por la ley respectiva. Esto implica el establecimiento de obligaciones constitucionales al Estado para proteger y promover las formas asociativas y particulares de propiedad para garantizar la producción agrícola, y para velar por la ordenación sustentable de las tierras de vocación agrícola con el objeto de asegurar su potencial agroalimentario.

Excepcionalmente dispone el mismo artículo constitucional, que el legislador creará contribuciones parafiscales con el fin de facilitar fondos para financiamiento, investigación, asistencia técnica, transferencia tecnológica y otras actividades que promuevan la productividad y la competitividad del sector agrícola.

Una innovación constitucional en materia económica es el derecho que regula el artículo 117, de todas las personas a disponer de bienes y servicios de calidad, así como a una información adecuada y no engañosa sobre el contenido y características de los productos y servicios que consumen, a la libertad de elección y a un trato equitativo y digno.

### 2. *La constitucionalización de la internacionalización de los derechos humanos*

Por supuesto, la ampliación progresiva de las declaraciones de los derechos en el derecho interno ha conducido a la incorporación al régimen constitucional de los países, de los derechos declarados internacionalmente, sobre todo en los Pactos Internacionales de las Naciones Unidas y en la Convención Americana de Derechos Humanos.

En este sentido, una de las grandes innovaciones de la reciente Constitución venezolana de 1999 ha sido el otorgarle rango constitucional a los Tratados internacionales sobre derechos humanos, siguiendo los antecedentes de la Constitución del Perú de 1979 (art. 105), y de la Constitución Argentina de 1994 (art. 75). En tal sentido, en Venezuela se incorporó un artículo 23 en el cual se declara que:

> Los tratados, pactos y convenciones relativos a derechos humanos, suscritos y ratificados por Venezuela, tienen jerarquía constitucional y prevalecen en el orden interno, en la medida en que contengan normas sobre su goce y ejercicio más favorable a las establecidas en esta Constitución y en las leyes de la República, y son de aplicación inmediata y directos por los tribunales y demás órganos del Poder Público.

De esta norma se destaca lo siguiente: *primero,* la jerarquía constitucional que se le otorga a los tratados, pactos y convenciones sobre derechos humanos ratificados por la República; *segundo,* la aplicación prevalente de los mismos en relación con la propia Constitución y las leyes, si establecen normas más favorables respecto del goce y ejercicio de los derechos; y *tercero,* la aplicación inmediata y directa de los instrumentos internacionales por los jueces y demás órganos que ejercen el Poder Público.

### 3. *El sentido de las declaraciones de derechos constitucionales*

Lo que es importante señalar es que, desde el punto de vista jurídico sea que las declaraciones de derechos estén incorporados en normas internacionales, sea que se hayan incorporado al derecho interno y que formen parte de las Constituciones, no son declaraciones constitutivas de los mismos sino, como lo dice su propia denominación, tienen carácter declarativo, de reconocimiento de derechos. En consecuencia, ni las Constituciones las Convenciones internacionales los crean o establecen, sino que los reconocen como inherentes a la persona humana.

Bajo este ángulo, el aspecto más importante del fortalecimiento de las instituciones de protección de los derechos en América Latina ha sido la incorporación progresiva y continua en las Constituciones, de la cláusula enunciativa de los derechos de las personas que proviene, también, de la influencia del sistema constitucional norteamericano. En esta forma podemos decir que, incluso, todas las Constituciones de América Latina, con muy pocas excepciones, (Cuba, Chile, México y Panamá), contienen una cláusula enunciativa de los derechos, conforme a la cual se indica expresamente que la declaración y enunciación de los derechos que se hace en los textos constitucionales, no se puede entender como negación de otros que no estando enumerados en ellos, son inherentes a la persona humana o a la dignidad de la persona humana. Cláusulas de este tipo se encuentran, por ejemplo en las Constituciones de Colombia (art. 94), Guatemala (art. 44), Paraguay (art. 45) y Venezuela (art. 22).

En el artículo 22 de la Constitución de Venezuela de 1999, por ejemplo, siguiendo la tradición constitucional anterior, se establece expresamente que:

> La enunciación de los derechos y garantías contenidos en esta Constitución y en los instrumentos internacionales sobre derechos humanos no debe entenderse como negación de otros que, siendo inherentes a la persona humana, no figuren expresamente en ellos.

Incluso, en la Constitución de Costa Rica se hace referencia a los derechos inherentes o que deriven del principio cristiano de la justicia social (art.74), en el mismo sentido de la dignidad de la persona humana. En otras Constituciones se hace referencia a la soberanía del pueblo y la forma republicana de gobierno, con lo cual en la enunciación se hace énfasis en el tema de los derechos políticos, como sucede en Argentina (art. 33) y Bolivia (art. 35). Otras Constituciones hacen referencia a los derechos que deriven tanto de la forma republicana y de la forma representativa de gobierno, como de la dignidad del hombre, como sucede en Uruguay (art. 72) y Honduras (art. 63), de lo que resulta una ampliación enorme de esta cláusula de enunciación de derechos. Puede decirse, en todo caso, que este es un signo muy característico del constitucionalismo latinoamericano, los que lo distingue, sobre todo, del constitucionalismo europeo.

Por supuesto, la enunciación de derechos abiertos en las Constituciones, implica que la falta de reglamentación, por ley, de los mismos, no puede ser invocada para negar ni menoscabar el ejercicio de los derechos por las personas, como lo expresan muchas de nuestras Constituciones (Paraguay, Venezuela).

Ahora bien, una consecuencia jurídica fundamental en el ámbito de la protección de los derechos que deriva de la declaración de derechos, incorporadas en los textos fundamentales, incluso en esta forma enunciativa, es la llamada garantía objetiva de la Constitución; principio que para el constitucionalismo europeo contemporáneo descubrió Hans Kelsen[6], pero que en el constitucionalismo latinoamericano está incorporado en nuestras Constituciones, desde principios del siglo XIX como sucedió en la Constitución de Venezuela de 1811.

Este principio implica que toda decisión del Estado contraria a los derechos fundamentales establecidos en la Constitución es nula, con lo cual la garantía objetiva del propio texto constitucional deriva del mismo, declarando *expressis verbis* la nulidad de lo que sea contrario a los derechos; principio que tiene una larguísima tradición en el constitucionalismo latinoamericano. En tal sentido, por ejemplo, en el artículo 25 de la Constitución venezolana de 1999, se dispone que "todo acto dictado en ejercicio del Poder Público que viole o menoscabe los derechos garantizados por esta Constitución y la Ley es nulo; y los funcionarios públicos que lo ordenen o ejecuten incurren en responsabilidad penal, civil y administrativa, según los casos, sin que les sirvan de excusa órdenes superiores".

Por último debe mencionarse que esta enunciación de derechos, con toda la ampliación que hemos indicado, incluso con el señalado carácter enunciativo, se ha establecido, en paralelo, con la precisión del ámbito de las limitaciones a los derechos. Es cierto que hay derechos absolutos, es decir, derechos no limitables, como por ejemplo el derecho a la vida, el derecho a no ser torturado o el derecho a no sufrir penas infamantes; pero fuera de estos existe el principio de la limitabilidad de los derechos y libertades, que siempre tienen como frontera tanto el derecho de los demás como el orden público y social, porque, en definitiva, los derechos se ejercen en sociedad y tienen una pluralidad de titulares. Ello exige, por tanto, conciliar el ejercicio de los derechos, por todos, de manera que ello no signifique, en particular, la violación del derecho de los demás y, en general, del orden público y social.

Por supuesto, este principio puede conducir a situaciones extremas como la que lamentablemente todavía queda en alguna Constitución latinoamericana, como es el caso de la Constitución cubana, que deja abierto un campo "ilimitado" de limitaciones a los derechos fundadas en la conservación de unos principios que

---

6. Véase Hans Kelsen, «La garantie jurisdictionnelle de la Constitutionn (La justice constitutionnelle)», *Revue du droit public et de la science politique en France et à l'étranger,* Paris 1928, p. 250.

sólo el poder puede determinar, con lo cual se hacen nugatorios los derechos. Pero salvo este caso, en general, la limitación a los derechos que permiten las Constituciones está vinculada a las exigencias del orden público y social y al ejercicio de los derechos por demás.

Todo esto plantea, en el campo jurídico, algunos temas importantes en relación al ejercicio de los derechos. En primer lugar, que toda limitación tiene una garantía fundamental que es la reserva legal, de manera que sólo por ley formal como acto que emana del cuerpo legislativo electo, es que pueden establecerse esas limitaciones, sea fundadas en el derecho de los demás o en el orden público y social. En esta materia, en Venezuela, como antes hemos dicho, a pesar de los avances que contiene la nueva Constitución, por ejemplo, en la enumeración de los derechos individuales y en la constitucionalización, con rango constitucional de los Tratados internacionales sobre derechos humanos a los cuales se les prescribió aplicación preferente cuando sean más favorables; consideramos que contiene un aspecto negativo específico, como la grave y potencial lesión a la garantía de la reserva legal que abre respecto de los derechos constitucionales, al regular la delegación legislativa al Presidente de la República en forma amplia.

En segundo lugar, que en la búsqueda progresiva del balance que debe existir entre los distintos derechos, este debe ser de tal naturaleza que el ejercicio de un derecho no implique que se conculquen otros derechos. Por eso el principio de la indivisibilidad e interdependencia en el goce y ejercicio de los derechos. Este es un tema, por supuesto, que no es totalmente resoluble a nivel de textos constitucionales, y que sólo la aplicación progresiva de los textos por un Poder Judicial efectivo y eficiente, es lo que puede ir clarificando cuándo debe primar el ejercicio de un derecho sobre otro. Ha habido muchos casos judiciales, por ejemplo y sobre todo en relación con la libertad de expresión, que han determinado hasta dónde la libertad de expresión puede significar, por ejemplo, conculcar los derechos del niño; o hasta dónde la libertad de expresión puede incidir sobre el derecho a la intimidad. En estos casos el juez es el que debe determinar qué derecho priva en un momento concreto o en qué circunstancias debe darse primacía a los derechos del niño, por ejemplo, como ha sucedido en casos judiciales en Venezuela, en relación al derecho a la libertad de expresión del pensamiento.

### 4. *El principio de la alteridad*

Ahora bien, cuando se analiza el tema de los derechos y libertades, debe tenerse en cuenta que estos, como derechos constitucionales, desde el punto jurídico constituyen básicamente situaciones jurídicas de poder que los individuos tienen en la sociedad y que siempre tienen alteridad con situaciones jurídicas de deber, que otros individuos tienen en la misma sociedad.

Por tanto, no hay sociedad que se conciba sin que existan situaciones de poder que son correlativas con situaciones de deber entre los sujetos que actúan en ella; es decir, no se concibe la sociedad sin esta interrelación entre sujetos en situación jurídica de poder de hacer, gozar, disfrutar o tener, y otros sujetos en situación jurídica de deber, de respetar, de abstenerse, de prestar o de dar, de manera que, siempre habrá una relación derecho-obligación o, en general, poder-deber.

Los derechos humanos, en definitiva, desde el punto de vista jurídico, son situaciones jurídicas de poder que son consustanciales a la naturaleza humana o a la calidad de ser humano, en definitiva, a la calidad de hombre y que tienen todos los hombres por igual; pero en cuyo régimen y en su declaración, por supuesto, el principio de la alteridad tiene que estar siempre presente. Así, si hay un sujeto activo o un titular del derecho, siempre tiene que haber alguien con una obligación (sujeto pasivo) frente a ese derecho; es decir, alguien obligado a cumplir determinadas actividades para satisfacer el goce de esos determinados derechos; de manera que, no hay derecho sin obligación.

No puede haber, en consecuencia, por ejemplo, un derecho humano "a no enfermarse"; ese es un deseo, pero no un derecho, porque frente a ese sueño no existe alteridad, es decir, no hay nadie que pueda estar obligado a asegurar a las personas que no se enfermen.

En el caso de Venezuela, por ejemplo, ante la amplísima y excelente enumeración de los derechos humanos que contiene la Constitución, el principal problema que surge de ella es la confusión entre las buenas intenciones y los derechos constitucionales y el engaño que pueden derivar de la imposibilidad de satisfacer algunos derechos sociales; en virtud de la consagración de supuestos derechos que no pueden originar obligaciones u obligados, por imposibilidad conceptual.

Así sucede, por ejemplo, con varios de los derechos y garantías sociales, tal y como se consagraron en la Constitución, cuya satisfacción es simplemente imposible. Constituyen, más bien, excelentes declaraciones de principio y de intención de indiscutible carácter teleológico, pero difícilmente pueden concebirse como "derechos" por no poder existir un sujeto con obligación de satisfacerlos. Es el caso, por ejemplo, del "derecho a la salud", que se consagra como "un derecho social fundamental obligación del Estado, que lo garantizará como parte del derecho a la vida" (art. 83). Lo cierto es que es imposible que alguien garantice la salud de nadie y que constitucionalmente se puede consagrar el "derecho a la salud". Ello equivaldría, como se dijo, a consagrar en la Constitución el derecho a no enfermarse, lo cual es imposible pues nadie puede garantizar a otra persona que no se va a enfermar.

En realidad, el derecho que se puede consagrar en materia de salud, como derecho constitucional, es el derecho a la protección de la salud, lo que comporta la obligación del Estado de velar por dicha protección, estableciendo servicios públicos de medicina preventiva y curativa. De resto, regular el "derecho a la salud", por imposibilidad de la alteridad, es una ilusión.

Lo mismo podría señalarse, por ejemplo, del derecho que se consagra en la Constitución de Venezuela a favor de "toda persona a una vivienda adecuada, segura, cómoda, higiénica, con servicios básicos esenciales que incluyan un hábitat que humanice las relaciones familiares, vecinales y comunitarias" (art. 82). Este "derecho", como está consagrado, es de imposible satisfacción; se trata, más bien, de una declaración de principios o de intención, bellamente estructurada, que no puede conducir a identificar a un obligado a satisfacerla, y menos al Estado. Se confundieron, en esta materia, las buenas intenciones y las declaraciones sociales con derechos y obligaciones constitucionales, que originan otro tipo de relaciones jurídicas, incluso con derecho de ser amparados constitucionalmente.

En todo caso, en la concepción inicial de la formulación de las declaraciones de derechos, el obligado era el Estado; es decir, inicialmente los derechos se formularon frente al Estado, de manera que siempre el sujeto activo era el hombre, el ciudadano, y el sujeto pasivo, el obligado, era el Estado. Esta concepción inicial de la formulación de los derechos, incluso, llevó a que los mecanismos de protección de los mismos (amparo o tutela), en su concepción también inicial, fueran mecanismos de protección *frente al Estado*.

Por supuesto, esto varió porque la relación de alteridad cambió; en el sentido de que el sujeto pasivo en los derechos no sólo es el Estado. Este lo sigue siendo, pero no en forma exclusiva, pues progresivamente, el campo del sujeto pasivo se ha universalizado, existiendo en la actualidad obligaciones, es decir, situaciones de deber en el campo de los derechos que corresponden, por supuesto, a los particulares, es decir, que corresponden a todos, que corresponden incluso a las colectividades, a las comunidades; y hasta a la comunidad internacional. Tal es el caso del derecho al desarrollo, como derecho que, incluso, no es sólo del hombre en particular sino de los pueblos y de las comunidades. Por ello, los obligados son algo más que los Estados, entrando en el campo de la comunidad internacional.

Por otra parte, si se presta atención al principio de la alteridad, es decir, a la relación entre situaciones de poder y situaciones de deber, se puede constatar que las situaciones de deber, es decir, del sujeto pasivo, no siempre son las mismas. Muchas veces las situaciones de deber se configuran como situaciones de prestación (obligación positiva); es decir, como obligaciones de prestar, de dar, o de hacer. Cuando se está, por ejemplo, en el campo de los derechos sociales, como el derecho a la educación o el derecho a la protección de la salud, el Estado está obligado a prestar un servicio; está obligado a realizar una actividad positiva. Desde el punto del sujeto activo, ahí se está, desde la perspectiva jurídica, en presencia de "derechos" en sentido estricto.

En otros campos se está en presencia de derechos fundamentales que son más bien "libertades", porque la situación del sujeto pasivo, por ejemplo del mismo Estado, no se corresponde con obligación alguna de hacer o de dar, sino que la obligación es, básicamente, de no hacer; es una obligación de abstención, de no molestar, de no lesionar, de no extinguir, de no privar. Por tanto, estos, desde el punto estrictamente jurídico, más que derechos, son libertades. Por ejemplo, la libertad de tránsito implica más la situación de deber de que no se impida la circulación; la libertad o el derecho a la libre expresión del pensamiento implica la situación de deber del Estado de no molestar, de no censurar, de no impedir la expresión libre.

Lo anterior, en relación con el tema de las situaciones de poder y de deber y de su alteridad, conduce a distinguir claramente entre libertades y derechos cuando la situación del sujeto obligado no es, en el caso de las libertades, una obligación de dar o de hacer, sino más bien de no hacer, de abstenerse. En cambio en los derechos propiamente dichos, sí hay una obligación de prestar, como sucede, por ejemplo, en general, en los servicios públicos y, particularmente, en los de carácter social (salud, educación).

## II. EL FORTALECIMIENTO Y DESARROLLO DE LAS GARANTÍAS JUDICIALES DE LOS DERECHOS CONSTITUCIONALES

El segundo aspecto que queríamos tratar se refiere al fortalecimiento y desarrollo de las garantías judiciales de los derechos. En efecto, de nada serviría una declaración de derechos, como las que hemos tenido durante casi doscientos años en América Latina, si no existiesen un conjunto de garantías judiciales de esos derechos.

Anteriormente hemos mencionado algunas de esas garantías, como la garantía objetiva que declara como nulos los actos contrarios a la Constitución; o la garantía de la reserva legal, a los efectos del establecimiento de las limitaciones a los derechos, que no pueden establecerse por cualquier autoridad sino por ley formal. Además está la garantía de la responsabilidad, por supuesto, que deriva de que todo acto contrario a los derechos constitucionales genera responsabilidad respecto de quien lo ejecute.

Además de todas las anteriores mencionadas garantías, por supuesto, la garantía fundamental de los derechos constitucionales es justamente la posibilidad de acudir ante los órganos judiciales para que estos aseguren que los derechos se hagan efectivos. Por tanto, la garantía fundamental de los derechos constitucionales, es la garantía judicial porque, en definitiva, el sistema judicial en cualquier país se establece precisamente para la protección de los derechos y garantías. Esto lo regulan, incluso, casi todas las Constituciones cuando se refieren al Poder Judicial o el derecho de acceder a la justicia, para la protección de los derechos y garantías. En esta forma, el sistema judicial es la garantía fundamental de los derechos humanos, pudiéndose distinguir dos tipos de garantías judiciales: las garantías genéricas y las garantías específicas.

### 1. *Las garantías genéricas de protección de los derechos humanos*

La garantía genérica judicial de los derechos fundamentales es, justamente, la organización del sistema judicial, porque su función esencial es la protección de los derechos y libertades. Sin embargo, en América Latina, en general, a pesar de las declaraciones constitucionales, hemos tenido y tenemos una situación bastante sombría sobre la efectividad del Poder Judicial en su conjunto, como mecanismo eficaz y justo de protección de los derechos fundamentales.

En Venezuela, por ejemplo, la nueva Constitución declara el Estado como "Estado democrático y social de derecho *y de justicia*", indicándose entre los valores superiores del ordenamiento jurídico y de la actuación del Estado, la justicia (art. 2). A tal efecto, se precisa en forma expresa que "El Estado garantizará la justicia gratuita, accesible, imparcial, idónea, transparente, autónoma, independiente, responsable, equitativa y expedita, sin dilaciones indebidas, sin formalismos o reposiciones inútiles" (art. 26).

Sin embargo, a pesar de declaraciones constitucionales como esta, el Poder Judicial, en general, se nos muestra en casi todos nuestros países como incapaz de asegurar la resolución eficiente de los conflictos, de manera que se respeten los derechos de los individuos y se proteja los derechos fundamentales. No siempre la justicia eficaz, ni rápida; al contrario, es lenta, y la lentitud en materia judicial conduce a lo contrario, es decir, a la injusticia.

Por ello, el primero y principal de los problemas del Estado de derecho en América Latina es el del funcionamiento de los sistemas judiciales. Esto ha llevado a que, incluso, los organismos internacionales multilaterales en los últimos años se hayan interesado por el tema de la reforma judicial, lo cual constituye una novedad frente a lo que hace algunos años eran los programas de asistencia multilateral. En los programas de asistencia multilateral, por tanto, se han venido incorporando componentes institucionales, entre los cuales se destaca el problema del Poder Judicial como un componente esencial para el desarrollo de nuestros países.

En la actualidad, por tanto, se plantea en todos los países de América Latina el reto de reconvertir al Poder Judicial y hacerlo efectivamente independiente; en definitiva, para hacer realidad la previsión de todas las Constituciones relativas a la autonomía e independencia del Poder Judicial. Esta que es la piedra angular del Estado de derecho, en el sentido de que el juez debe actuar sólo sometido a la ley, sin la influencia de los factores externos al Poder Judicial, sea de los otros Poderes Públicos, sea de factores políticos. Como lo establece la Constitución Venezolana de 1999, en el sentido de que con la finalidad de garantizar la imparcialidad y la independencia en el ejercicio de sus funciones, los funcionarios que conforman el sistema judicial "no pueden llevar a acabo activismo político partidista, gremial, sindical o de índole semejante, ni realizar actividades privadas lucrativas incompatibles con su función, ni por si ni por interpósita persona, ni ejercer ninguna otra función pública a excepción de actividades educativas" (art. 256).

Pero además de la independencia sustantiva, el Juez debe gozar de independencia personal en su actuación, lo que tiene que ver con su estabilidad como funcionario, con el régimen disciplinario, con la inamovilidad en el cargo y con el régimen de los nombramientos. En tal sentido, por ejemplo, la nueva Constitución venezolana ha establecido, con carácter general, el régimen de ingreso a la carrera administrativa y el ascenso "por concursos de oposición públicos que aseguren la idoneidad y excelencia", garantizándose la participación ciudadana en el procedimiento de selección y designación de jueces". La consecuencia es que éstos no pueden ser removidos o suspendidos de sus cargos sino mediante el procedimiento legal (art. 255).

Aparte de esto, además de lograr la independencia, el reto es asegurar la efectiva administración de justicia, es decir, lograr que los casos judiciales se decidan, y que no se produzcan las acumulaciones de casos rezagados, tan característica de América Latina y que originan la justicia lenta e injusta, que tenemos en general. Para eso, reformas como las que están en curso en muchos de nuestros países sobre el tema de los procedimientos, son esenciales; pues dichos procedimientos fueron concebidos en otras épocas y hoy sirven para la dilación, la obstrucción, la lentitud y, en definitiva, para que no se resuelvan las causas.

En consecuencia, el tema de la reforma procesal es un tema general de la reforma judicial, que ha conducido en muchos países, incluso, a buscar mecanismos alternos para la solución de disputas y de conflicto. En este sentido, se destaca el desarrollo de los sistemas de conciliación y de arbitramento que ha llevado, incluso, a que en algunos países se haya hablado de la "privatización de la justicia", para garantizar el derecho de los particulares de acudir a medios de arbitramento o de solución de conflictos, sin tener que acudir a los órganos judiciales ordinarios. En tal sentido, inclusive, no debe olvidarse que la Ley del Régimen de la Administración de Justicia de la República de Colombia, (Colombia, Venezuela y Ecuador) de 1824 declaraba como un derecho constitucional y fundamental de los ciudadanos, el poder resolver sus conflictos por la vía del arbitramento, estableciendo incluso, la obligación, antes de acudir a la vía judicial ordinaria, de tratar de resolver las causas por la vía de arbitramento o de la conciliación. Ahora buscamos volver a estos mecanismos que, insisto, funcionan adecuadamente en muchos países pero que en otros, simplemente no funcionan como mecanismos alternos de la administración de justicia. Se destaca, en tal sentido, la previsión en la Constitución de Venezuela de 1999, en el sentido de que la ley "debe promover el arbitraje, la conciliación, la mediación y cualesquiera otros medios alternativos para la solución de conflictos" (art. 258).

Por último, en este tema de la administración de justicia, el tema del acceso a la misma es otro de los grandes problemas relativos a la protección constitucional de los derechos en nuestros países. Tenemos consagrado en las Constituciones el derecho al acceso de la justicia; y el derecho a la tutela judicial efectiva. Así se prevé, expresamente, por ejemplo, en la Constitución de Venezuela de 1999: "Toda persona tiene derechos de acceso a los órganos de administración de justicia para hacer valer sus derechos e intereses, incluso colectivos o difusos; a la tutela efectiva de los mismos y a obtener con prontitud la decisión correspondiente" (art. 26); agregándose, en la Constitución, que "el proceso constituye un instrumento fundamental para la realización de la justicia", para lo cual "las leyes procesales establecerán la simplificación, uniformidad y eficacia de los trámites y adoptarán un procedimiento breve, oral y público" de manera que "no se sacrificará la justicia por la omisión de formalidades no esenciales" (art. 257).

Pero sin embargo, no tenemos realmente asegurado el acceso a la justicia de todos, y grandes capas de la población, simplemente, ignoran que existen mecanismos de tutela judicial porque no tienen posibilidad de acceder a ellos para la solución de los conflictos, por lo costoso y complicado que es; y porque el Estado no ha sabido establecer adecuados mecanismos de asistencia judicial, que se conocen y han sido desarrollados en los países europeos desde hace muchas décadas, pero que nosotros no hemos sido capaces de establecer, para permitir a todos la posibilidad de acceder a los órganos judiciales.

Por supuesto, en nuestros países, el deterioro del Poder Judicial es un deterioro de muchas décadas, de muchas generaciones, sobre lo cual incluso, hay crónicas desde siglo XIX. En Venezuela, por ejemplo, esas crónicas muestran la situación del deterioro del Poder Judicial que, cambiando la fecha, podrían perfectamente aplicarse a estos años en los cuales estamos viviendo.

Sin embargo, el programa de reforma del Poder Judicial, siendo el tema más importante para la efectiva protección interna de los derechos constitucionales, es de todos modos un tema que requiere ejecución por un largo plazo. El cambio sistemático del Poder Judicial y de la forma de administrar justicia, no es una tarea ni siquiera de una generación, sino de varias generaciones, siempre que se tenga conciencia de la necesidad de establecer estos mecanismos y de que se inicie su reforma.

## 2. *Las garantías judiciales específicas de los derechos constitucionales*

Aparte de las garantías genéricas de los derechos fundamentales de carácter judicial, en América Latina se han venido desarrollando un conjunto de garantías judiciales específicas expresamente destinadas a la protección de los derechos constitucionales, como es la institución del amparo, de la tutela o de la protección constitucional; y además garantías judiciales específicas de protección de toda la Constitución, incluyendo los derechos, que en muchos países se han venido desarrollando, como son los sistemas control de la constitucionalidad e incluso de establecimiento de una Jurisdicción Constitucional.

Nos referimos rápidamente a estos dos mecanismos y al desarrollo que han tenido en las últimas décadas en nuestros países.

### A. *El amparo a los derechos constitucionales*

#### a. *Una institución latinoamericana*

En primer lugar debe destacarse a la institución del amparo constitucional, o la tutela[7], como se le llama en la Constitución colombiana o al recurso de protección, como lo califica la Constitución chilena, que son las dos Constituciones que le dan una denominación distinta al resto en todos nuestros países, donde se habla del amparo.

Puede decirse, incluso, que el amparo, como medio específico de protección de los derechos fundamentales, es una institución latinoamericana. A pesar de ello no faltan quienes tienden a buscarle antecedentes en Europa, particularmente en el derecho español antiguo; pero la verdad es que allí lo que podremos conseguir son antecedentes de la institución de protección a la libertad personal,

7. Véase en general Allan R. Brewer-Carías, *El amparo a los derechos y garantías constitucionales (una aproximación comparativa)*, Caracas 1993.

como es el hábeas corpus, que sí tiene por supuesto antecedentes en la propia Carta Magna inglesa del Siglo XIII.

Pero la institución del amparo como mecanismo de protección específico de los derechos fundamentales, los latinoamericanos podemos reivindicarla como una institución propia, que se desarrolló en nuestros países y que existe en casi todos ellos. En efecto, además del habeas corpus como mecanismo de protección de la libertad personal, en general se ha establecido para la protección de todos los otros derechos e, incluso, en algunos países, de la propia libertad personal, el recurso o la acción de amparo o la acción de tutela. Como ejemplo, debe mencionarse la disposición del artículo 27 de la Constitución venezolana de 1999 que regula ampliamente el derecho de amparo, en la siguiente forma:

> *Artículo* 27: Toda persona tiene derecho a ser amparada por los tribunales en el goce y ejercicio de los derechos y garantías constitucionales, aun de aquellos inherentes a la persona que no figuren expresamente en esta Constitución o en los instrumentos internacionales sobre derechos humanos.
>
> El procedimiento de la acción de amparo constitucional será oral, público, breve, gratuito y no sujeto a formalidad, y la autoridad judicial competente tendrá potestad para restablecer inmediatamente la situación jurídica infringida o la situación que más se asemeje a ella. Todo tiempo será hábil y el tribunal lo tramitará con preferencia a cualquier otro asunto.
>
> La acción de amparo a la libertad o seguridad podrá ser interpuesta por cualquier persona, y el detenido o detenida será puesto bajo la custodia del tribunal de manera inmediata, sin dilación alguna.
>
> El ejercicio de este derecho no puede ser afectado, en modo alguno, por la declaración del estado de excepción o de la restricción de garantías constitucionales.

Pero además, en las últimas décadas varias Constituciones han incorporado a los mecanismos de protección de los derechos, además del amparo y del hábeas corpus, la acción de hábeas data, como un mecanismo específico de protección de las personas frente a los archivos y frente a los bancos de datos que lleva el Estado. En las Constituciones de Argentina (art. 96), Brasil (art.5, LXXII), Ecuador (art. 30), Paraguay (art. 135) y Perú (art. 208,3), expresamente se ha establecido como una acción de las personas para tomar conocimiento de los datos que sobre ellas puede haber en los archivos públicos o en los bancos de datos públicos y privados, configurándose incluso como una acción para exigir la rectificación, la confidencialidad, la actualización o la supresión de determinados datos que puedan estar en esos archivos y que violen los derechos y garantías de las personas.

La más reciente de las Constituciones de América Latina, la de Venezuela, resume la tendencia constitucional en esta materia al disponer en el artículo 28 lo siguiente.

> *Artículo 28:* Toda persona tiene derecho de acceder a la información y a los datos que sobre sí misma o sobre sus bienes consten en registros oficiales o privados, con las excepciones que establezca la ley, así como de conocer el uso que se haga de los mismos y su finalidad, y a solicitar ante el tribunal competente la actualización, la rectificación o la destrucción de aquellos, si fuesen erróneos o afectasen ilegítimamente sus derechos. Igualmente, podrá acceder a documentos de cualquier naturaleza que contengan información cuyo conocimiento sea de interés para comunidades o grupos de personas. Queda a salvo el secreto de las fuentes de información periodística y de otras profesiones que determine la ley.

Todos estos, mecanismos de protección los latinoamericanos los podemos reivindicar como de origen latinoamericano.

### b. *La definición del amparo en la Convención Americana sobre Derechos Humanos*

Debe señalarse, en todo caso, que la Convención Americana sobre Derechos Humanos establece lo que puede considerarse como un parámetro adecuado y bien importante sobre este mecanismo efectivo de protección, que es el amparo. El artículo 25 de la Convención, en efecto, precisa que toda persona tiene derecho a un recurso sencillo y rápido o a cualquier otro recurso efectivo ante los jueces o tribunales competentes, que la amparen contra actos que violen sus derechos fundamentales reconocidos en la Constitución, en las leyes y en la propia Convención Americana.

De esta norma, que sigue la misma línea de redacción del Pacto Internacional de los Derechos Civiles y Políticos el cual también utiliza, más o menos, el mismo lenguaje, se derivan los contornos que debería tener esta acción de protección de los derechos fundamentales, en el derecho interno y que caracterizan la institución en países como Venezuela.

En primer lugar, se concibe al amparo como un derecho fundamental, es decir, como un derecho en sí mismo. Se indica que toda persona tiene derecho a un recurso; no es que toda persona sólo tiene una garantía adjetiva concretizada en un recurso o a una acción de protección, sino que toda persona tiene derecho a la protección judicial. Por ello, en realidad, estamos es en presencia de un derecho fundamental de carácter constitucional de las personas, a tener a su disposición un medio judicial efectivo, rápido y eficaz de protección. Además, la Convención habla de "toda persona", es decir, sin distingo de ningún tipo: personas naturales, personas jurídicas, nacionales, extranjeras, hábiles, no hábiles; es decir, toda persona, en el sentido más universal.

En segundo lugar, los mecanismos pueden ser variados. La Convención habla de un medio efectivo, rápido, sencillo, de cualquier clase. Por ello, en realidad, puede ser cualquier medio judicial, y no necesariamente una sola y única acción de protección o de amparo, es decir, no necesariamente se refiere a un solo medio adjetivo sino que puede ser un conjunto de medios de protección, como por ejemplo sucede en el derecho angloamericano (*writs*).

Además, la Convención señala que la acción puede interponerse ante cualquier tribunal competente, de lo que resulta que la intención de la Convención es que no se trata de un solo tribunal el competente. Ello, por supuesto, lo establece el ordenamiento interno, pero la idea es que ésta sea esencialmente la función del Poder Judicial, como sucede por ejemplo, en Inglaterra, donde el amparo existe sin que se le llame "amparo". Allí todos los días los jueces dictan decisiones de *mandamus, injunctions, prohibitions*, órdenes, es decir, todos los tipos de decisiones judiciales que equivalen al amparo en América Latina. Sin embargo, esto es parte de la cotidianidad del juez, sin que tenga una característica adjetiva especial.

Por otra parte, en la Convención este derecho a un medio efectivo de protección ante los tribunales se establece para la protección de todos los derechos constitucionales que estén en la Constitución, en la ley, en la propia Convención o que sean inherentes a la persona humana. Por ello, aquí entra con todo su valor la cláusula enunciativa de los derechos, que los protege aun cuando no estén enumerados en los textos, pero que siendo inherentes a la persona humana, a la dignidad de la persona humana, son objeto de protección constitucional.

Además, la protección que regula la Convención, es contra cualquier acto, omisión, hecho o actuación que viole los derechos y, por supuesto, también que amenace violarlos, porque no hay que esperar la violación para poder acudir al medio de protección. Es decir, este medio de protección tiene que poder existir antes de que la violación se produzca, frente a la amenaza efectiva de la violación y, por supuesto, frente a toda violación o amenaza de violación de quien sea. Es decir, no hay acto ni actuación alguna excluidas del amparo, así emane de los particulares o de los poderes públicos, en cualquier forma, ley, acto administrativo, sentencia, vía de hecho, actuación u omisión. Ese es, en realidad, el parámetro de la Convención Americana.

### B. *Los casos de reducción de la amplitud del amparo*

Sin embargo, frente a este parámetro de universalización del amparo que consagra la Convención Americana, debe destacarse y constatarse, en América Latina, el lamentable proceso de restricción constitucional o legislativa del amparo; que teniendo una concepción amplísima en el texto de la Convención Americana, en general, en muchos casos ha sido restringida.

#### a. *La reducción respecto de los medios judiciales de protección*

En primer lugar, en muchos países se ha convertido el amparo, de un derecho constitucional que es, en una acción judicial, es decir, en un medio o remedio adjetivo específico; es decir, se ha reducido a una acción o a un medio judicial específico, sea recurso de protección, sea acción de tutela, sea acción de amparo o habeas corpus o habeas data. En realidad, la universalidad de los medios judiciales es la que tendría que prevalecer para la protección efectiva y rápida de todos los derechos como por ejemplo, insistimos, sucede en países donde no se conoce nada parecido a una "acción de amparo", como en Inglaterra, en Francia, o en Italia, donde si bien no existe un medio judicial que se llame "acción de amparo", sin embargo, hay mecanismos adecuados para la protección efectiva de los derechos en cualquier proceso. En algunos países de América Latina, si se concibe el amparo como un derecho y lo han desarrollado con estas características, como es el caso de México y de Venezuela e, incluso, en nuestro criterio, también es el caso de Colombia.

### b. *La reducción respecto a la legitimación activa*

Una segunda reducción del ámbito del amparo, puede constatarse en la legitimación activa, respecto de quiénes son las personas protegidas.

En general, el amparo se ha concebido como un medio de protección de carácter personalísimo, que beneficia al reclamante, y cuyos efectos no se extienden a terceros. De allí se plantea el problema de la protección de los derechos colectivos, cuya iniciativa de protección se atribuye, en general al Defensor del Pueblo. Sin embargo, la duda se plantea respecto a si pueden las propias colectividades ejercer la acción de protección. Por otra parte, está por clarificarse cómo quedan los intereses difusos sobre todo cuando se habla de derechos de tercera generación, como el derecho a la protección del medio ambiente. En esta materia, la legitimación tiene que irse construyendo. En la Constitución venezolana de 1999, como se ha dicho, ya está fuera de toda duda la posibilidad del ejercicio de la acción de amparo para la protección de derechos colectivos y difusos, lo cual ha sido ampliamente desarrollado por la jurisprudencia.

Otro aspecto relativo a la legitimación es la indicación de que la acción de amparo la tiene toda persona, lo que implica que también pueden ser accionantes, las personas de derecho público que también tienen derechos constitucionales, como el derecho a la igualdad, el derecho al debido proceso, o el derecho a la defensa. Por ello, las entidades públicas pueden ser perfectamente titulares de la acción, por lo cual el tema del amparo no se plantea sólo frente al Estado, sino que pueden ser los entes públicos los que lo exijan.

Incluso, en algunos países puede considerarse que existe un amparo constitucional de garantías constitucionales de carácter político territorial, que procede cuando las Constituciones garantizan, por ejemplo, la autonomía municipal. En estos casos se establece una "garantía constitucional", por lo que no habiendo en las Constituciones nada que reduzca el amparo sólo a los derechos humanos, también los derechos constitucionales y garantías constitucionales establecidas en los textos respecto de la autonomía territorial puede ser objeto de una acción de protección, por ejemplo, de un Estado de la Federación contra leyes federales. Esta situación se ha planteado en Venezuela donde se ha discutido ante los Tribunales, sobre la protección constitucional de la garantía a la autonomía municipal, como objeto de una acción de amparo; habiendo sido rechazada la protección, desafortunadamente, por la Sala Constitucional.

### c. *La reducción respecto a los derechos protegidos*

El tercer tema de reducción de la protección constitucional que a veces se encuentra, es la relativa a los derechos protegidos. De acuerdo a la Convención Americana todos los derechos son protegibles por la acción de amparo: los derechos del hombre (los derecho humanos), los derechos de las personas morales y los derechos, incluso, de las personas institucionales de carácter constitucional.

El elenco de los derechos es completo para su protección; sin embargo, en algunos casos, por la influencia del modelo europeo de acción de amparo, particularmente de Alemania y España, se ha reducido el objeto protegido en cuanto a los derechos protegidos sólo respecto a ciertos derechos enumerados en el texto constitucional. Así se constata, por ejemplo, en la Constitución alemana, donde sólo se admite la acción de amparo en relación con lo que en ella se denominan como "derechos fundamentales", que son una especie del género derechos constitucionales. En España también se enumeran, expresamente, cuales son los derechos que pueden ser protegidos por la acción de amparo. Nada de esto surge de la Convención Americana ni de la generalidad de las Constituciones de América Latina, donde todos los derechos son amparables.

Sin embargo, encontramos excepciones. Es el caso de Chile, donde la Constitución enumera cuales son los derechos objeto de la acción de protección, y es el caso de Colombia, cuya Constitución también trae una enumeración respecto de los "derechos fundamentales" objeto de la tutela, quizás por influencia europea. Sin embargo, afortunadamente, los tribunales de la República han venido corrigiendo esta restricción a través de una interpretación constitucional, de manera que en la actualidad, casi no hay derecho constitucional que no pueda ser tutelable, como se denomina en Colombia.

### d. *La reducción respecto de la competencia judicial*

Otra reducción que se ha venido constatando en algunos países respecto de la protección constitucional, se refiere a la reducción de los tribunales competentes para amparar o para tutelar. Hemos señalado que es una función esencial del Poder Judicial el proteger los derechos fundamentales; en ello consiste el derecho a la tutela judicial efectiva y el derecho al acceso a la justicia; de manera que todos los tribunales tendrían que tener competencia para poder amparar y proteger los derechos fundamentales.

Sin embargo, en algunos países de América Latina hemos visto la reducción del amparo al asignarlo sólo como una competencia de un solo tribunal, particularmente de las Cortes Supremas. Es el caso de Panamá, Costa Rica, El Salvador y Nicaragua donde sólo la Corte Suprema es competente para conocer de la acción de amparo. Quizás también en estos casos por una influencia del modelo europeo -Alemania, España- que atribuye el conocimiento de la acción de amparo a un sólo Tribunal Constitucional.

Sin embargo, en todos los otros países de América Latina, la acción de amparo tiene una característica difusa, en el sentido de que es un poder que se atribuye, en general, a los tribunales de primera instancia o a los tribunales de circuito, pero no se concentra en un solo órgano. La concentración en un solo órgano del conocimiento del amparo, como una acción específica, en definitiva, lo que hace es restringir el acceso a la justicia para la efectiva protección de los derechos.

#### e. *La reducción respecto de la legitimación pasiva*

Otro ámbito de reducción se refiere a la legitimación pasiva, es decir, contra quien se puede intentar la acción de amparo. Por supuesto, en su origen, como señalamos, la acción de protección, de amparo o de tutela se la concibió siempre como un mecanismo de protección frente al Estado. Sin embargo, la universalización progresiva de la institución del amparo ha venido admitiendo que pueda intentarse, también, contra los particulares, en el sentido de que no sólo procede frente a la lesión a los derechos que puede provenir de los entes públicos, sino también de los otros particulares. En esta forma, en América Latina se admite amplísimamente la acción de amparo contra los particulares, lo que no sucede en Europa, donde el amparo sólo se ejerce, básicamente, contra los poderes públicos.

Sin embargo, alguna restricción a este principio de la universalidad, característico de América Latina, se puede detectar a los efectos de su reforma o perfeccionamiento. Por ejemplo, la reducción de la posibilidad de la acción de amparo contra particulares, sólo respecto a ciertos particulares, como son aquellos que actúan por delegación ejerciendo funciones públicas, o que cumplen algún tipo de prerrogativa, o tienen una posición de dominio, por ejemplo, en la prestación de servicios públicos como son las empresas concesionarias. En este sentido, legislaciones, como las de Costa Rica, Guatemala y Colombia, admiten que se pueda intentar acción de amparo sólo contra esos determinados particulares.

Otros países simplemente excluyen totalmente la posibilidad del ejercicio de la acción de amparo contra particulares, siguiendo el modelo europeo, como es el caso de México, Brasil, Panamá, El Salvador y Nicaragua.

Pero aparte de estos casos de reducción, el resto de los países de América Latina tiene una amplísima admisión del amparo contra particulares; lo cual por lo demás se inició en América Latina, concretamente en Argentina a partir de los años 50, donde por vía pretoriana se admitió la posibilidad del ejercicio de la acción de amparo contra particulares.

#### f. *La reducción respecto de ciertas entidades y actos estatales*

Otro ámbito de reducción del amparo que contrasta con la universalidad que deriva de la Convención Americana, se refiere a los actos del Poder Público que puedan ser objeto de amparo. Conforme a la Convención y a la configuración universal de la acción de amparo, no puede ni debe existir ningún acto del Estado que escape de su ámbito. Si el amparo es un medio judicial de protección de los derechos, lo es y tiene que serlo frente a cualquier acción pública; por lo que no se concibe que frente a esta característica universal del amparo, pueda haber determinadas actividades del Estado que queden excluidas a la posibilidad del ejercicio de una acción de amparo.

Sin embargo, en América Latina puede detectarse una lamentable tendencia a exclusiones. En primer lugar, a excluir del amparo los actos de ciertas autoridades públicas. El caso, por ejemplo, de los organismos electorales, cuyos actos en algunos países como Perú, Costa Rica y Uruguay, se excluyen expresamente de la acción de amparo. En otros casos, por ejemplo, en el mismo Perú, se prevé una exclusión respecto a los actos del Consejo Nacional de la Judicatura.

También, hay otra tendencia a excluir del amparo respecto de ciertos actos estatales, lo que se ha planteado particularmente en relación a las leyes y las decisiones judiciales. Algunos países, como por ejemplo, Perú, Colombia, Brasil y Uruguay, excluyen la posibilidad de ejercer la acción de amparo contra leyes, es decir, contra normas.

En otros, en cambio, como en México donde tiene su inicio el amparo contra normas y en Venezuela, se admite ampliamente el ejercicio de la acción de amparo contra leyes, como una especie de control difuso de la constitucionalidad por vía de acción, no sin dudas jurisprudenciales.

En otros casos, la restricción se ha establecido en materia de amparo contra decisiones judiciales. También el juez, al dictar su sentencia, puede lesionar un derecho constitucional; ningún juez tiene poder para, en su sentencia, violar un derecho constitucional. Por tanto, también contra las sentencias debe admitirse la acción de amparo, la cual se admite, en efecto, en muchos países de América Latina. En otros, en cambio, se excluye expresamente la acción de amparo contra sentencias, como es el caso de Argentina, Uruguay, Costa Rica, Panamá, El Salvador, Honduras y Nicaragua. En otros países, como en Colombia, si bien se incorporó expresamente en el Decreto-Ley reglamentario de la acción de tutela su procedencia contra sentencias, en una desafortunada sentencia de la Corte Constitucional de 1992 se anuló el artículo del Decreto Ley que regulaba la acción de tutela contra sentencia. Sin embargo, posteriormente, la labor tanto de la propia Corte Constitucional como de la Corte Suprema, el Consejo de Estado y de los tribunales de instancia, a pesar de la anulación de la norma, ha sido progresiva en admitir, por vía de interpretación, la acción de tutela contra sentencias arbitrarias.

En todo caso, concebido como está la acción de amparo en la Convención Americana, es una institución de regulación universal, que por tanto, no puede ni debe admitir exclusiones de ningún tipo: nadie debería poder escapar a la protección constitucional del amparo o tutela y ningún acto del Estado podría quedar excluido de la acción de amparo.

### C. *La garantía judicial del control de la constitucionalidad*

La segunda de las garantías judiciales específicas, también de arraigo latinoamericano, aparte del amparo o tutela, es la garantía del control de la constitucionalidad de las leyes y que protege todo el texto de la Constitución, además de los derechos constitucionales garantizados en ella[8].

América Latina también puede mostrar al mundo y al derecho constitucional contemporáneo un modelo de justicia constitucional mucho más antiguo que el modelo que inventó Hans Kelsen en 1920, en Europa, al establecer en la Constitución austriaca y luego en la Checoslovaca, la figura del Tribunal Constitucional. Muchas décadas antes de las concepciones de Kelsen, la garantía efectiva de la Constitución y la garantía judicial de la supremacía de la Constitución se habían establecido en América Latina, donde en muchos países existe incluso una acción popular de inconstitucionalidad establecida, por ejemplo, desde 1858, como es el caso de Venezuela.

Lo fundamental es que el proceso de constitucionalización de la justicia, e incluso, de la Jurisdicción Constitucional tan característico de América Latina, ha sido consustancial al constitucionalismo moderno. En América Latina, nuestros constituyentes, desde el siglo XIX tomaron del constitucionalismo norteamericano el control difuso de la constitucionalidad de las leyes, que es uno de los principios fundamentales de nuestro constitucionalismo, el cual se fue incorporando progresivamente en muchas Constituciones como una institución de protección autóctona de América Latina, en paralelo al establecimiento, también desde el siglo pasado, de la acción directa de inconstitucionalidad para conocimiento por parte de un Tribunal Supremo. En esta forma, dentro de este proceso de garantías judiciales específicas de la Constitución y de los derechos que en ella están contenidos, se destacan los sistemas de control de constitucionalidad de las leyes[9].

### a. *El control difuso de la constitucionalidad como institución latinoamericana*

En primer lugar, se destaca el control de constitucionalidad de las leyes inspirado en el constitucionalismo norteamericano que, por deducción, se estableció en la famosa sentencia *Marbury* vs. *Madison* de 1803 de la Corte Suprema de los Estados Unidos. Pocas décadas después, dicho sistema de control difuso de la constitucio-

8. Véase en general, Allan R. Brewer-Carías, *El control concentrado de la constitucionalidad de las leyes (Estudio de derecho comparado),* Caracas 1994.
9. Véase en general Allan R. Brewer-Carías, *Judicial Review in Comparative Law,* Cambridge 1989.

nalidad se adoptó en América Latina, también por vía pretoriana. Fue el caso, por ejemplo, de Argentina y Brasil donde se siguió exactamente el modelo norteamericano.

Sin embargo, luego se incorporó a los propios textos constitucionales, siendo así una institución típicamente latinoamericana el hecho de que la Constitución establezca que cualquier juez, en el conocimiento de cualquier causa, puede decidir no aplicar al caso concreto que debe decidir, una ley que juzgue inconstitucional, aplicando preferentemente el texto constitucional. Esto no es sólo consecuencia de una deducción del principio de la supremacía constitucional, sino de una norma expresa en Constituciones o en leyes, adoptadas desde el siglo pasado, como es el caso de Colombia (1910) y Venezuela (1897). En textos expresos, en esos países se establece y permite a todo juez que al decidir un caso concreto, inclusive de oficio -esto lo distingue el sistema norteamericano-, puede resolver no aplicar una ley si considera que viola la Constitución o un derecho constitucional, declarándola así inconstitucional, por supuesto, con efectos en relación al caso concreto. Este es el sistema de control de la constitucionalidad que existe desde el siglo XIX en Argentina, Uruguay, Paraguay, Brasil, Colombia, Venezuela y Guatemala, el cual mezclado con otro sistema o aisladamente, tradicionalmente ha sido el sistema de control de constitucionalidad característico de América Latina.

Un ejemplo de este régimen constitucional se deriva de las normas de la Constitución de Venezuela de 1999, en la cual: en *primer lugar,* se declara expresamente que "la Constitución es la norma suprema y el fundamento del ordenamiento jurídico. Todas las personas y los órganos que ejercen el Poder Público están sujetos a esta Constitución" (art. 7); en *segundo lugar,* se precisa que "todos los jueces de la República, en el ámbito de sus competencias y conforme a lo previsto en esta Constitución y en la Ley, están en la obligación de asegurar la integridad de esta Constitución" (art. 334); y en *tercer lugar,* se indica que "en caso de incompatibilidad entre esta Constitución y una ley u otra norma jurídica, se aplicarán las disposiciones constitucionales, correspondiendo a los tribunales en cualquier causa, aún de oficio, decidir lo conducente" (art. 334).

### *b. El control concentrado de la constitucionalidad por las Cortes Supremas o Tribunales Constitucionales*

Paralelamente al sistema difuso de control, también han tenido gran arraigo en América Latina, los sistemas de control concentrado de constitucionalidad de las leyes, que se han establecido desde el siglo XIX, conforme al cual se ha atribuido a las Cortes Supremas de muchos de nuestros países, por ejemplo, Venezuela, Costa Rica, El Salvador, Honduras, México, Nicaragua, Panamá, Brasil, la competencia para conocer de las acciones de inconstitucionalidad de las leyes, con poderes anulatorios.

Las Cortes Supremas han sido así, en América Latina, la Jurisdicción Constitucional por excelencia. Y si bien en otros países, por influencia europea, a partir de la década de los sesenta, se han creado Tribunales Constitucionales, la experiencia ha demostrado que no es necesario crear un Tribunal Constitucional a la usanza europea, para tener una Jurisdicción Constitucional con los mismos poderes.

En todo caso, la idea de un Tribunal Constitucional, como se dijo, como institución aparte de la Corte Suprema de Justicia, también ha tenido acogida en América Latina, de manera que paralelamente a las Cortes Supremas que actúan como tribunales constitucionales, progresivamente desde la Constitución de Guatemala de los años 60, y luego en Bolivia, Colombia, Chile, Ecuador y Perú se han venido creando Tribunales Constitucionales especiales, aparte de la Corte Suprema de Justicia, para resolver sólo las cuestiones de constitucionalidad.

En algunos casos, en países como Colombia, se había creado una Sala Constitucional de la Corte Suprema que luego dio origen a la Corte Constitucional. Salas Constitucionales de la Corte Suprema también existen en Costa Rica, con una función muy activa, y en El Salvador. En Venezuela, la Constitución de 1999 creó una Sala Constitucional en el Tribunal Supremo a los efectos de agilizar los procesos constitucionales, estableciendo el artículo 334 que: "Corresponde exclusivamente a la Sala Constitucional del Tribunal Supremo de Justicia como jurisdicción constitucional, declarar la nulidad de las leyes y demás actos de los órganos que ejercen el Poder Público dictados en ejecución directa e inmediata de esta Constitución o que tenga rango de ley, cuando colidan con aquella".

La vía para que la Sala Constitucional del Tribunal Supremo de Venezuela ejerza el control de la constitucionalidad de las leyes con poderes anulatorios, es la acción popular que se estableció desde mitades del siglo XIX, previéndose en la Constitución de 1999, el carácter vinculante de las interpretaciones constitucionales que establezca la Sala así: "Las interpretaciones que establezca la Sala Constitucional sobre el contenido o alcance de las normas y principios constitucionales son vinculantes para las otras Salas del Tribunal Supremo de Justicia y demás Tribunales de la República" (art. 335).

Por otra parte, la Constitución de 1999, en su artículo 336, definió como competencia de la Sala Constitucional, las siguientes:

> 1. Declarar la nulidad total o parcial de las leyes nacionales y demás actos con rango de ley de la Asamblea Nacional que colidan con esta Constitución.
>
> 2. Declarar la nulidad total o parcial de las Constituciones y leyes estadales, de las ordenanzas municipales y demás actos de los cuerpos deliberantes de los Estados y Municipios dictados en ejecución directa e inmediata de la Constitución y que colidan con ésta.
>
> 3. Declarar la nulidad total o parcial de los actos con rango de ley dictados por el Ejecutivo Nacional que colidan con esta Constitución.
>
> 4. Declarar la nulidad total o parcial de los actos en ejecución directa e inmediata de la Constitución, dictados por cualquier otro órgano estatal en ejercicio del Poder Público.
>
> 5. Verificar, a solicitud del Presidente de la República o de la Asamblea Nacional, la conformidad con esta Constitución de los tratados internacionales suscritos por la República antes de su ratificación.
>
> 6. Revisar, en todo caso, aun de oficio, la constitucionalidad de los decretos que declaren estados de excepción dictados por el Presidente o Presidenta de la República.
>
> 7. Declarar la inconstitucionalidad de las omisiones del poder legislativo municipal, estadal o nacional, cuando haya dejado de dictar las normas o medidas indispensables para garantizar el cumplimiento de la Constitución, o las haya dictado en forma incompleta, y establecer el plazo y, de ser necesario, los lineamientos de su corrección.
>
> 8. Resolver las colisiones que existan entre diversas disposiciones legales y declarar cuál de éstas debe prevalecer.
>
> 9. Dirimir las controversias constitucionales que se susciten entre cualesquiera de los órganos del Poder Público.
>
> 10. Revisar las sentencias definitivamente firmes de amparo constitucional y de control de constitucionalidad de leyes o normas ju-

rídicas dictadas por los tribunales de la República, en los términos establecidos por la ley orgánica respectiva.

## III. EL DESARROLLO DE LAS GARANTÍAS INSTITUCIONALES DE LOS DERECHOS HUMANOS: EL DEFENSOR DEL PUEBLO O DE LOS DERECHOS HUMANOS

Por último y en tercer lugar, dentro de los mecanismos de fortalecimiento de los medios de protección de los derechos fundamentales, aparte del tema de la ampliación y universalización de las declaraciones de derechos y del tema de las garantías judiciales y de su expansión o restricción, debe destacarse la situación más reciente América Latina, respecto del desarrollo de garantías institucionales de los derechos humanos derivada de la creación de la institución de los Defensores del Pueblo o de los Defensores de Derechos Humanos, que progresivamente se han ido incorporando en muchas de nuestras Constituciones. Se trata de la idea de que en los sistemas constitucionales debe preverse la existencia de un alto funcionario del Estado, cuya misión esencial es la de velar por la efectiva vigencia de los derechos y garantías constitucionales.

En las últimas décadas esta figura comienza a ser tradicional en el constitucionalismo de América Latina. En efecto en la antigua Constitución de Venezuela de 1961, se incorporó dicha figura pero vinculada al Ministerio Público, atribuyéndose expresamente al Fiscal General de la República, la misión de velar por la vigencia y respeto de los derechos y libertades públicas. Sin embargo, dicha tarea no fue lo efectiva que podía haber sido, habiéndose hiperdesarrollado otras las tareas del Ministerio Público, en relación a las de específica protección de los derechos humanos.

En contraste, el progresivo desarrollo del constitucionalismo latinoamericano en las últimas décadas ha tendido hacia la creación de una institución aparte del Ministerio Público, para velar por la vigencia de los derechos humanos, dotada de autonomía funcional y de nombramiento parlamentario. En esta forma, actualmente tenemos el ejemplo de muchas Constituciones de América Latina, donde se consagra expresamente la figura del Defensor del Pueblo, del Defensor de los Derechos Humanos y, en otros casos, incluso sin previsión constitucional, como en Costa Rica, donde por ley se ha creado una figura similar. La tendencia también se siguió en la Constitución venezolana de 1999, separándose del Ministerio Público la protección institucional de los derechos humanos, tarea que se asignó al Defensor del Pueblo.

En todos esos casos, esta institución tiene una distinción respecto de lo que podría ser el modelo original que es el del Ombudsman escandinavo, el cual fue concebido como mecanismo parlamentario de protección de los derechos frente a la Administración, producto en cierta forma de la lucha entre el Ejecutivo y el Parlamento, lo que obligó a este último a establecer un Comisionado Parlamentario para vigilar la Administración del Estado. Sin embargo, en el caso de la institución latinoamericana, ya no se trata de un Ombudsman con la característica inicial, sino de un órgano con autonomía funcional que aun cuando es de nombramiento parlamentario, no está sometido al Parlamento ni responde a instrucciones parlamentarias. Tiene, por tanto, independencia frente a los Poderes del Estado en general y con lapso de duración generalmente coincidente con el período constitucional. Tiene, además, una característica importante en América Latina, y es que goza de legitimación para intentar acciones de protección de carácter procesal, es decir, acciones de amparo o acciones de inconstitucionalidad.

Sin embargo, en algunos países de América Latina puede decirse que sigue el modelo europeo vinculado a la Administración Pública. Es el caso de la Constitución de Argentina (art. 86), donde el Defensor del Pueblo es un Defensor frente a la Administración, que tiene por objeto la protección de los derecho humanos ante hechos, actos u omisiones de la administración pública y el control del ejercicio de las funciones administrativas públicas.

En el resto de los países donde se ha consagrado la figura del Defensor del Pueblo o del Procurador para Defensa de los Derechos Humanos, no se especifica en forma alguna que la tarea de protección se deba ejercer en relación con la administración del Estado o al Poder Ejecutivo, sino frente a la universalidad de actores que puedan atentar contra los derechos humanos. Es el caso de las Constituciones de Colombia, Ecuador, El Salvador y Paraguay, aún cuando en algunos países como en Colombia y El Salvador, el Defensor de los Derechos Humanos o Derechos del Pueblo se vincula al Ministerio Público. En otros casos, aún cuando independiente del Ministerio Público, el Defensor del Pueblo o Procurador de los Derechos Humanos, como sucede en Perú, Bolivia y Guatemala, además de la protección de los derechos en cualquier forma, tiene la tarea expresa de protegerlos frente a la Administración Pública, y de vigilar la actividad de esta.

En todo caso, como ejemplo de esta tendencia a institucionalizar un órgano independiente para la protección de los derechos humanos, debe destacarse la previsión de la Constitución Venezolana de 1999, que creó la figura del Defensor del Pueblo, como órgano del Poder Ciudadano, que es uno de los cinco órganos del Poder Público Nacional, el cual, el artículo 136 divide en "Legislativo, Ejecutivo, Judicial, Ciudadano y Electoral".

Conforme al artículo 380 de esta Constitución, el Defensor del Pueblo "tiene a su cargo la promoción, defensa y vigilancia de los derechos y garantías establecidos en esta Constitución y en los tratados internacionales sobre derechos humanos, además de los intereses legítimos, colectivos o difusos de los ciudadanos". Para el cumplimiento de tal misión, el artículo 281 asigna al Defensor del Pueblo, las siguientes atribuciones

1. Velar por el efectivo respeto y garantía de los derechos humanos consagrados en esta Constitución y en los tratados, convenios y acuerdos internacionales sobre derechos humanos ratificados por la República, investigando de oficio o a instancia de parte las denuncias que lleguen a su conocimiento.

2. Velar por el correcto funcionamiento de los servicios públicos, amparar y proteger los derechos e intereses legítimos, colectivos y difusos de las personas, contra las arbitrariedades, desviaciones de poder y errores cometidos en la prestación de los mismos, interponiendo cuando fuere procedente las acciones necesarias para exigir al Estado el resarcimiento a los administrados de los daños y perjuicios que les sean ocasionados con motivo del funcionamiento de los servicios públicos.

3. Interponer las acciones de inconstitucionalidad, amparo, habeas corpus, hábeas data y las demás acciones o recursos necesarios para ejercer las atribuciones señaladas en los numerales anteriores, cuando fuere procedente de conformidad con la ley.

4. Instar al Fiscal General de la República para que intente las acciones o recursos a que hubiere lugar contra los funcionarios públicos o funcionarias públicas, responsables de la violación o menoscabo de los derechos humanos.

5. Solicitar al Consejo Moral Republicano que adopte las medidas a que hubiere lugar respecto de los funcionarios públicos o funcionarias públicas responsables por la violación o menoscabo de los derechos humanos.

6. Solicitar ante el órgano competente la aplicación de los correctivos y las sanciones a que hubiere lugar por la violación de los derechos del público consumidor y usuario, de conformidad con la ley.

7. Presentar ante los órganos legislativos municipales, estadales o nacionales, proyectos de ley u otras iniciativas para la protección progresiva de los derechos humanos.

8. Velar por los derechos de los pueblos indígenas y ejercer las acciones necesarias para su garantía y efectiva protección.

9. Visitar e inspeccionar las dependencias y establecimientos de los órganos del Estado, a fin de prevenir o proteger los derechos humanos.

10. Formular ante los órganos correspondientes las recomendaciones y observaciones necesarias para la mejor protección de los derechos humanos, para lo cual desarrollará mecanismos de comunicación permanente con órganos públicos o privados, nacionales e internacionales, de protección y defensa de los derechos humanos.

11. Promover y ejecutar políticas para la difusión y efectiva protección de los derechos humanos.

La garantía constitucional de Defensor del Pueblo expresamente se regula en el artículo 282 de la Constitución, al disponer que "gozará de inmunidad en el ejercicio de sus funciones y, por lo tanto, no podrá ser perseguido, detenido, ni enjuiciado por actos relacionados con el ejercicio de sus funciones".

## APRECIACIÓN FINAL

Como puede apreciarse de todo este panorama de fortalecimiento de instituciones de protección a los derechos humanos, en el ámbito interno, América Latina, en general, muestra un elenco muy importante de instituciones de protección de los derechos humanos, muchas veces de carácter formal; muchas veces sin la efectividad que todos queremos; muchas veces sin que se hayan podido usar adecuadamente; pero que comparativamente, muestra también uno de los sistemas de protección de los derechos humanos más completos del mundo occidental.

El tema pendiente, por supuesto, es el de que no necesariamente la amplitud del modelo ha sido equivalente a la efectividad en su cumplimiento. Tampoco podemos negar que si analizamos las etapas históricas de nuestros países, en muchos casos han cumplido funciones fundamentales, a pesar de los vaivenes de los regímenes políticos.

En todo caso, siempre hemos pensado que uno de los grandes motivos de la inefectividad de los mecanismos de protección de los derechos humanos en nuestros países, ha sido precisamente el desconocimiento de su existencia, y de sus posibilidades; tanto por parte de los abogados, como de las personas que tienen a su cargo aplicar estos mecanismos. Muchos desconocen su existencia y toda la riqueza que tienen y que, comparativamente, ponen en evidencia que en otros países donde no están establecidos en forma expresa, sin embargo, los jueces han demostrado una mayor iniciativa o activismo que, a veces, nuestros jueces formales, inmersos en tantos códigos obsoletos, no llegan a entender.

Por eso, conferencias como las que se dan en este Curso Interdisciplinario de Derechos Humanos, con la participación de personas interesadas y vinculadas al tema y que, por supuesto, tienen a su cargo seguir difundiendo estos medios de protección, son de la primera importancia.

Por eso, de nuevo, como en otras oportunidades lo he hecho, debemos felicitar al Instituto Interamericano de Derechos Humanos por la iniciativa de Cursos de esta naturaleza y desear que la labor fundamental de educación, difusión y promoción de los derechos humanos que tiene a su cargo, también tenga la efectividad necesaria, precisamente a través de quienes tienen que aplicar o velar por la aplicación de esos derechos en el derecho interno.

# IV

## *Reflexión en Lima y en Antigua Guatemala:*

# DEMOCRATIZACIÓN, DESCENTRALIZACIÓN POLÍTICA Y REFORMA DEL ESTADO*

Julio y Octubre, 2001

---

*. Texto de la exposición en la Mesa Redonda sobre "Nuevas corrientes y tendencias descentralizadoras en América Latina" del Seminario-Taller *Reforma del Estado y descentralización en el Perú. Tarea impostergable*, Parlamentarios de Perú Posible, Lima, Perú 13-14 de julio de 2001; y en la Mesa sobre "Descentralización y Reforma del Estado. Experiencias Latinoamericanas" del *XXII Congreso Latinoamericano de Sociología*, Asociación Latinoamericana de Sociología, Comisión Presidencial para la Modernización y Descentralización del Estado, Antigua Guatemala, 31 de octubre 2001.

La descentralización política del Estado contemporáneo es, ante todo, como lo indica el calificativo, un proceso de carácter político que implica y exige la distribución territorial del Poder Público entre entidades políticas dotadas de autonomía y gobierno propio.

Responde, así, a uno de los principios fundamentales del constitucionalismo moderno consistente en la distribución vertical o territorial del Poder Público, que caracterizó la formación de los Estados Unidos de Norteamérica como Estado Federal, producto directo de la autonomía y del asambleísmo que caracterizó la formación de las Colonias norteamericanas[1]; y también, el desarrollo del Municipalismo, consecuencia directa de la abolición de cartas y privilegios locales a raíz de la Revolución en Francia, imponiéndose el principio de la erección al rango de municipalidad de toda "villa, burgo, parroquia o comunidad campesina" con lo que se sembró el territorio francés de 44.000 comunas[2].

Dos siglos después, aquellos inventos del constitucionalismo moderno, el federalismo y el municipalismo, son los que de nuevo, están condicionando la organización política de los Estados contemporáneos occidentales.

La distribución territorial del Poder, por tanto, en el mundo democráticos contemporáneo se ha desarrollado, invariablemente, en dos niveles: un nivel territorial intermedio, de Estados en las viejas Federaciones o de Regiones o Departamentos políticos autónomos en los viejos Estados Unitarios; y un nivel territorial inferior, local, de municipalidades autónomas, en todo el territorio de los Estados.

---

1. Véase, en general, Allan R. Brewer-Carías, *Reflexiones sobre la Revolución Americana (1776) y la Revolución Francesa (1789) y sus aportes al Constitucionalismo Moderno,* EJV, Caracas, 1992.
2. *Idem,* pp. 204 y ss.

Este fenómeno de la distribución territorial del Poder, en esos dos niveles, sin embargo, tiene ahora una motivación concreta; es el producto o la consecuencia directa de la necesidad de perfeccionar el sistema democrático, para hacerlo más participativo, de manera que llegue al ciudadano y a sus organizaciones primarias. Para ello no hay otra fórmula que no sea acercarles el Poder, ponerlo cerca del hombre y de sus organizaciones comunales, lo cual exige su distribución territorial.

En el momento actual, por tanto, no se trata de la sola necesidad, obvia por lo demás, de que la actuación del Estado nacional centralizado tenga que llegar a toda la geografía de un país, cuya búsqueda fue lo que caracterizó las políticas de planificación regional, ordenación del territorio y regionalización económico-administrativa en los Estados europeos hasta la segunda mitad del Siglo pasado, pero que no dejaron nunca de ser actuaciones nacionales en el territorio[3].

Ahora se trata de un proceso político, es decir, de reforma del Estado y no sólo de reforma administrativa, que exige y está exigiendo que el Poder Público se distribuya y que, incluso, competencias del Poder Nacional se transfieran a nuevos centros de poder, configurados como entidades político-territoriales, nuevas. Además, la descentralización como fenómeno básicamente político, que responde a la necesidad de más acentuados niveles de autonomía en las sociedades modernas, incluso se ha expresado en algunos países, como Colombia, en el reconocimiento de autonomías político-territoriales a territorios indígenas.

Estas entidades político territoriales federales o regionales y municipales, por supuesto, y eso es lo que caracteriza el proceso contemporáneo, tienen que tener gobiernos democráticos; de lo contrario, no tendría sentido la fragmentación del Poder que exige la descentralización.

En definitiva, la descentralización, como proceso político contemporáneo, es un producto de la democratización política, al punto de que sin democracia como régimen político, no cabe hablar ni es posible la descentralización política. Por ello, no hay ni puede haber autocracias descentralizadas. En éstas, lo que puede haber son mecanismos de descentralización funcional del Poder Nacional, incluso de carácter territorial como las Corporaciones nacionales de

---

3. Véase, en general, Allan R. Brewer-Carías, "Regionalization in Economic Matters in Comparative Law" en *Rapports Généraux au IX Congrès International de Droit Comparé, Teheran 1974,* Bruxelles 1977, pp. 669-696

desarrollo regional, pero no de transferencia de poderes a entidades político territoriales autónomas, que son incompatibles con las autocracias. Por ello, la descentralización política es rechazada por los sistemas políticos montados sobre esquemas de concentración del poder propios de los "nuevos" autoritarismos seudo democráticos que comienzan a aparecer en América Latina, como sucedió recientemente en el Perú y como sucede actualmente en Venezuela.

La democratización política, al contrario, en los países occidentales con democracias consolidadas, lo que muestra es un proceso inverso, de desparramamiento del Poder Público en el territorio, en la forma de Estados Federales, de Estados Regionales o de Estados Unitarios Descentralizados, con autonomías político-territoriales intermedias y con la municipalización de todo el territorio.

## I. LA DESCENTRALIZACIÓN POLÍTICA EN EL MUNDO CONTEMPORÁNEO

### 1. *La universalización del fenómeno*

En la actualidad, independientemente de la forma del Estado que se haya adoptado históricamente, puede decirse que en el mundo occidental democrático, el Estado contemporáneo es un Estado descentralizado o en vías de descentralización; es decir, un Estado en el cual las fuerzas centrífugas en la distribución territorial del Poder Público, están más activas que las fuerzas centrípetas[4].

Después del proceso de consolidación definitiva del Estado Nacional Centralizado hasta la Segunda Guerra Mundial, la consolidación y perfeccionamiento de la democracia en la segunda mitad del siglo pasado, puede decirse que ha estado presionando tanto sobre los viejos Estados Unitarios como sobre las viejas Federaciones centralizadas, provocando o forzando por una efectiva distribución del Poder Público en el territorio.

Así, los viejos Estados Unitarios han venido evolucionando progresivamente dando paso en su seno a instancias o niveles político-territoriales intermedios, con el carácter de regiones políticas, con autoridades propias electas y autonomía que, en algunos casos, como

4. Véase Allan R. Brewer-Carías, "El proceso de descentralización política en América Latina: La perspectiva Federal" en *Revista Iberoamericana de Administración Pública,* N° 1, INAP, Madrid 1998, pp.69 a 96.

medio de distribución vertical del Poder Público, van más allá y han sido más efectivas que el esquema ideal del Estado Federal.

Los Estados Federales, por su parte, cada uno con su modalidad centralizante, si algo los caracteriza actualmente, es la tendencia a profundizar el federalismo para llenar de contenido el esquema de distribución del poder que teóricamente pueden permitir.

En esta forma, los Estados Unitarios y las Federaciones se han venido descentralizando, de manera que en la actualidad, como hemos señalado, resulta inútil la vieja y clásica división bipartita entre Estado Unitario y Estado Federal, la cual no sirve para calificar la forma real del Estado contemporáneo, caracterizado por adopción de nuevas formas de descentralización política. De allí, incluso, la nueva denominación de Estado Regional que se ha acuñado particularmente en Europa, para calificar la descentralización política de los viejos Estados Unitarios[5], en algunos casos, incluso, constitucionalmente configurados como "Estados Unitarios Descentralizados" (Colombia).

Pero por supuesto, hablar de descentralización política del Estado contemporáneo exige adaptar el esquema de distribución del Poder que exista en cada Estado a las exigencias de la democratización contemporánea, para que, efectivamente, sea una forma de distribución vertical del Poder. Ello exige, en todo caso, el refuerzo de los niveles intermedios del Poder, por lo que el proceso de descentralización política en la actualidad no puede reducirse al solo municipalismo o refuerzo del Poder Municipal, sino al fortalecimiento o creación de esos niveles intermedios. En otros términos, a mayor municipalización mayor necesidad de establecer los niveles intermedios de poder

La descentralización política, por tanto, implica, por una parte la municipalización, pero además la creación de niveles intermedios de gobierno que permitan realmente acercar el Municipio al ciudadano.

## 2. *La descentralización política como proceso de la Municipalización*

En efecto, los municipios, las municipalidades, las comunas, o en general, los gobiernos locales, siempre han existido en la organización de los Estados; son tan viejos como los Estados mis-

---

5. Véase Allan R. Brewer-Carías, "La Descentralización Territorial: Autonomía Territorial y Regionalización Político", en *Revista de Estudios de la Vida Local, IEAL,* N° 218, Madrid 1983, pp. 209-232.

mos; han coexistido con las autocracias; y han funcionado independientemente del régimen político imperante.

En una forma u otra, los municipios, comunas o gobiernos locales siempre han gozado de autonomía, aún cuando no siempre han sido gobernados por representantes electos ni han sido realmente parte de la distribución territorial del Poder. El municipalismo, sin duda, es parte del proceso de descentralización política, lo que en muchos casos ha implicado redotar de autonomía a los viejos Municipios o Comunas, eliminando el control de tutela que sobre ellos ejercía el Poder Central. Un claro ejemplo de ello en el constitucionalismo contemporáneo, fue la Ley de Libertad de las Comunas sancionada en Francia a comienzos de la década de los ochenta del siglo pasado, como parte importante de las reformas iniciadas por el Presidente Mitterand.

Pero sin embargo, para que el Municipio sea la escuela de la libertad y de la democracia, como lo descubrió Alexis de Tocqueville cuando ilustró a Europa sobre *La Democracia en América,* por sobre todo tiene que estar cerca del ciudadano. Un Municipio lejos de las comunidades y vecindades, como es en general el caso de latinoamericanos, materialmente no sirve para nada, ni para la participación política ni para la gestión eficiente de los asuntos locales.

Acaso nos hemos preguntado, ¿por qué, realmente, las democracias consolidadas de Occidente son tales democracias, donde la participación del ciudadano en la gestión de los intereses locales forma parte de la cotidianidad de la vida democrática? Todas las democracias tienen ciclos electorales, donde se vota con regularidad y tienen sistemas institucionales que son propios del Estado de Derecho. Pero unos países son más democráticos que otros. Y la respuesta del por qué esto es así, está en la municipalización o, si se quiere, en la efectiva fragmentación de las instituciones locales.

Para darnos cuenta de ello, basta hacer algunas comparaciones. Venezuela, con casi un millón de kilómetros cuadrados de superficie, cerca de 24 millones de habitantes, tiene sólo 338 Municipios. Francia, en cambio, con la mitad de dicha superficie y 59 millones de habitantes, tiene 36.559 Municipios o Comunas; es decir, cien veces más. Pero lo importante no es el número de municipios de un país, sino la relación entre la autoridad local y el número de habitantes. En tanto que en Venezuela es de 71.000 habitantes por Municipio, en Francia, en cambio es de 1.614 habitantes por Municipio, es decir, cuarenta veces menos.

Cualquier revisión de esta relación que se haga en los países democráticos, da cifras sorprendentes, sobre todo cuando las comparamos con las nuestras en América Latina. España tiene 8.082 Municipios con un promedio de población de 4.825 habitantes; en Bélgica hay 2.589 Municipios, con una población media de 16.978 habitantes; en un Estado tan pequeño como Luxemburgo hay 118 Municipios, con una población promedio de 2.700 habitantes. Los 8.104 Municipios de Italia tienen un promedio de 7.156 habitantes. En Suiza hay 3.079 Municipios con un promedio de población de 2.333; y en Alemania hay 16.121 Municipios con un promedio de población de 5.086.

En Europa continental, además, debe destacarse que los Municipios de menos de 2000 habitantes representan un porcentaje elevadísimo en relación con los muy poblados por ejemplo, el 40% en Italia y el 89% en Francia.

En nuestro continente Americano, a pesar de tener territorios casi iguales de casi 10 millones de kilómetros cuadrados, pero con densidad de población muy disímil, en Canadá hay 4.507 Municipios, con 6.878 habitantes de promedio, pero en los EEUU hay 70.500 Municipios, con igual promedio de 3.872 habitantes por Municipio.

En contraste, en nuestros países de América Latina el panorama es diferente: en México hay 2.418 Municipios con un promedio de 40.116 habitantes; en Brasil, por ejemplo, hay 5.581 Municipios con un promedio de 31.101 habitantes; en Colombia hay 1.068 Municipios, con un promedio de 39.326 habitantes; en Guatemala hay 324 Municipios con un promedio de 33.950 habitantes; en Argentina hay 1.617 Municipios con 22.882 habitantes, y como dijimos, en Venezuela hay sólo 338 Municipios con 71.000 habitantes por Municipio.

Ahora bien, la clave de la democracia de participación está, precisamente, en acercar el Poder al ciudadano, para que pueda efectivamente participar. Por ello, en nuestros países, mientras la autoridad local está tan alejada del ciudadano, no llegaremos a ser efectiva y cotidianamente democráticos.

La gran reforma democrática en nuestros países, por tanto, está en la Municipalización, pero sin uniformismo, pues no podemos multiplicar al gran municipio burocratizado de las áreas urbanas y trasladarlo a las rurales. La diferenciación de regímenes municipales es una de las primeras necesidades de la vida local.

En todo caso, mientras más se municipalice un país, y se transfieran poder y competencias propias de la vida local a las pequeñas organizaciones primarias autogestionadas, más necesaria entonces será la estructuración de poderes descentralizados a niveles intermedios entre el Poder Central y el Municipio. Como hemos dicho, hay una relación directa y paralela entre la descentralización local y la descentralización nacional a niveles intermedios.

Por ello, la descentralización política que está signando al Estado contemporáneo en este comienzo del siglo XXI, no puede, en ningún caso, reducirse al sólo municipalismo; sino que además, debe llevar a la autonomización de nuevos niveles territoriales intermedios de carácter regional o al reforzamiento de los viejos niveles territoriales de las Federaciones centralizadas. En tal sentido, por ejemplo, el proceso de descentralización fundado en la sola municipalización de actividades, como es el caso de Chile, donde solo hay 340 Municipios con un promedio de población de 44.117 habitantes; no puede identificarse con el proceso de descentralización política generalizado del mundo contemporáneo, caracterizado además de por el reforzamiento de las autonomías municipales, básicamente, por la estructuración o reforzamiento de niveles políticos territoriales intermedios entre el Estado Nacional y los gobiernos locales, que en las Federaciones son los Estados federados.

Lo cierto, en todo caso, es que la descentralización o transferencia territorial del Poder enfocado sólo hacia los Municipios, subestimando los niveles territoriales intermedios, puede provocar y de hecho ha provocado frustración en relación a las expectativas del proceso, centrado en mayor participación democrática y mayor eficiencia en la gestión pública. No en vano, tanto en Europa como en Latinoamérica, una de las banderas preferidas de las autocracias ha sido, necesariamente, un supuesto respaldo y reforzamiento del Poder Municipal; y en las Federaciones centralizadas, uno de los instrumentos más utilizados para minimizar el poder de los Estados federados, ha sido el sólo reforzamiento del Poder Municipal.

### 3. *La indispensable necesidad de estructurar gobiernos democráticos en los niveles intermedios producto de la descentralización política*

Ahora bien, los niveles territoriales intermedios que caracterizan el proceso de descentralización contemporánea, como se dijo, ante todo tienen que ser niveles políticos de gobierno, configurados por autoridades y representantes electos de carácter democrático. En las Federaciones, sin duda, ello implica la elección directa y popular de los Gobernadores de los Estados federados y de sus Asambleas Legislativas. Por eso la Federación venezolana sólo comenzó a ser totalmente democrática, a partir de 1989, cuando por primera vez en el siglo XX se comenzaron a elegir los Gobernadores de Estado[6].

En todo caso, nada tiene que ver con el proceso de descentralización política, el establecimiento de las regiones administrativas basadas en la creación de Corporaciones nacionales de desarrollo para cada región, incluso buscando crear Consejos Regionales de Gobernadores, como sucedió en Venezuela en los años setenta[7], o sucede con los denominados "Gobiernos Regionales" en Chile, que si bien se han establecido en niveles intermedios del territorio, de gobiernos sólo tienen el nombre, pues en realidad no son más que delegaciones más o menos desconcentradas del gobierno nacional en las regiones, y que recuerdan el proceso de regionalización económica y administrativa ensayado en muchos países en la década de los sesenta y de los setenta, inspirados en la experiencia de Francia. Ese proceso de regionalización económica y administrativa, en realidad, fue y es una manifestación más del centralismo.

En todo caso, si bien lo que caracteriza al proceso de descentralización política contemporáneo, es la estructuración de niveles político territoriales intermedios de gobierno electos popularmente en la organización del Estado, no existen ni pueden existir reglas o recetas uniformes aplicables a todos los países. Cada país, cada territorio, tiene su configuración regional que ha contribuido a su organización política peculiar, y ello ha de tomarse en cuenta para emprender cualquier iniciativa descentralizadora.

### 4. *La descentralización política como fenómeno del mundo contemporáneo*

En todo caso, nuestros países de América Latina, muchos ahora inmersos en procesos de reforma del Estado y descentralización política, no están descubriendo nada nuevo. En realidad, están experimentando la misma crisis derivada de la consolidación de la

---

6. Véase el *Informe sobre la Descentralización en Venezuela 1993, Memoria del Dr. Allan R. Brewer-Carías, Ministro de Estado para la Descentralización,* Caracas 1994.
7. Véase Allan R. Brewer-Carías y Norma Izquierdo Corser, *Estudios sobre la Regionalización en Venezuela,* Caracas 1977.

democracia por la que han pasado todos los Estados occidentales después de la Segunda Guerra Mundial.

En efecto, puede decirse que si el proceso de descentralización política es el signo más característico de las transformaciones del Estado en nuestros días, ello es producto precisamente de la democratización contemporánea; es, en definitiva, el fruto más destacado del afianzamiento de la democracia en todos los países occidentales.

La madurez política de las sociedades democráticas, por otra parte, ha provocado una toma creciente de conciencia sobre la necesidad de la participación política como derecho, no sólo indirectamente a través de representantes electos, sino directamente, mediante iniciativas, consultas populares, y otros mecanismos. Ese derecho a la "participación política", sólo se puede concretar, precisamente, a partir de los niveles locales e intermedios del Estado, producto de la descentralización del poder, donde se suelen afectar más inmediatamente los intereses ciudadanos. Hablar de democracia participativa como se está pregonando en América Latina por algunos liderazgos autoritarios sin una política de descentralización del Poder es simplemente, un contrasentido.

Puede decirse que en todos los países Europeos, como consecuencia de la reimplantación y desarrollo de la democracia, para asegurar su sobrevivencia y establecer canales de participación política, ha seguido un proceso de descentralización política. Eso sucedió con los viejos Estados Unitarios que sobre la base de estructurar regiones políticas, se han venido organizando territorialmente en forma descentralizada, dando incluso, origen a una nueva forma de Estado, la del Estado Regional, en algunos casos, incluso, más descentralizado que las viejas Federaciones. Así ha sucedido con España, al surgir como país democrático después del franquismo, como un Estado de Comunidades Autónomas; y con las Regiones Políticas que se han establecido en Italia, Francia, Bélgica y Portugal, por ejemplo. La reforma constitucional en Inglaterra, también ha conducido a la creación o reaparición de parlamentos regionales, como en Escocia y Gales, mediante la *devolution* o descentralización política, que ha formado parte importante de la política del Primer Ministro Blair. En cuanto a las viejas Federaciones, estas han sido recompuestas o reforzadas redistribuyéndose el Poder hacia los Estados miembros o cantones, como ha sucedido en Alemania o Suiza. Lo mismo puede decirse del federalismo norteamericano o canadiense y, en general, de las nuevas fórmulas de distribución del Poder Público en las federaciones. De ello resulta, por supuesto, que el proceso de descentralización política no puede identificarse con el solo federalismo. En la actualidad, como indicamos, hay Estados Unitarios descentralizados como España y Colombia, que incluso son relativamente más descentralizados políticamente, que muchas viejas Federaciones, como Venezuela y otras de América Latina, ahora en proceso de descentralizarse[8].

En todo caso, lo importante a destacar aquí es que este proceso de descentralización que está llevándose a cabo, en una u otra forma, en todos los países de América Latina, también está condicionado y es producto de la democratización generalizada de nuestros países, como consecuencia del afianzamiento del régimen democrático y, además, como condición necesaria para que perdure y sobreviva.

El debate sobre la descentralización en América Latina por ello, en definitiva, es un debate sobre la democracia y sobre el fin de más de un siglo de centralismo, que si bien contribuyó a la consolidación de los Estados Nacionales y a la implantación de la propia democracia por los partidos organizados bajo el esquema del centralismo democrático, hoy es el principal elemento que está conspirando contra la propia democracia y que impide la efectividad de las tareas del sector público.

## II. LA DESCENTRALIZACIÓN COMO PIEZA ESENCIAL DE LA REFORMA DEL ESTADO CONTEMPORÁNEO

### 1. *La descentralización política como programa prioritario de la reforma del Estado con las exigencias de privatización y desregulación*

Sin duda, puede decirse que además de la crisis de la democracia, ha sido el Estado omnipresente, planificador, regulador, de control, de fomento, de servicios públicos y empresario, que se consolidó después de la Segunda Guerra Mundial el que también ha entrado en crisis.

Por ello el clamor por la Reforma del Estado que en las últimas cuatro décadas ha tocado a todos los Estados contemporáneos, también ha sido provocado por esas crisis que han afectado a todos los Estados tradicionales, recargados de tareas y actividades, al

8. Véase en general Allan R. Brewer-Carías, "La Descentralización Territorial: Autonomía Territorial y Regionalización Política", *loc. cit.*, p. 218.

margen y sobrepuestos a la sociedad civil, sin participación o con participación marginal de la misma en el manejo de los asuntos públicos; inmersos en toda suerte de regulaciones y controles que progresivamente se han convertido en fines en sí mismos, manejados por una burocracia cada vez más separada de la sociedad con burócratas de doble personalidad y discurso que han aniquilado las iniciativas privadas; y sobrecargados de empresas de todo tipo y de tal magnitud y extensión que han provocado el olvido o marginamiento de los servicios públicos y funciones más elementales de toda organización política como son la justicia, la seguridad personal, la salud, la educación y la provisión de infraestructura[9].

En algunos casos, incluso, por la peculiar situación económica de algunos países como Venezuela, la crisis ha afectado profundamente al Estado distribuidor de la riqueza propia proveniente del ingreso petrolero, que todo lo proveía, dejando al descubierto cuando este disminuye por la caída de los precios del petróleo, que ni siquiera el Estado ha sido redistribuidor de riqueza alguna, pues nadie materialmente contribuye vía impuestos con el ingreso fiscal, que sólo proviene de la explotación de un bien del dominio público como es el petróleo. La crisis es de tal magnitud, que en ese caso, el Estado tiene que comenzar por el principio de toda organización política, que es crear la conciencia y el status del ciudadano contribuyente, en sustitución del habitante becado o subsidiado por el sector público.

La descentralización política, como proceso contemporáneo, por tanto, es una pieza esencial de la reforma del Estado -más motivada por las exigencias de la democratización que por la necesidad de lograr mayor efectividad y eficiencia del Estado en los asuntos públicos-, que por lo demás, está acompañada actualmente de otras piezas básicas como son la privatización y la desregulación o desburocratización. Se trata de tres políticas independientes, con motivaciones diferentes pero de carácter coincidente en las últimas décadas: la primera, la descentralización, como consecuencia y exigencia de la democratización de las sociedades contemporáneas; la segunda, la privatización, como consecuencia de la crisis del Estado empresario e interventor en todos los aspectos de la vida económica y social, y como exigencia de la redefinición de sus

9. Véase en general Allan R. Brewer-Carías, "Los problemas de la Administración Pública y la capacidad de acción del Estado en América Latina", en Manfred Molds y Josef Thesing (ed), *El Estado en América Latina* CIEDLA, Buenos Aires, pp. 175-248.

tareas y funciones esenciales y específicas; y la tercera, la desregulación o desburocratización, como consecuencia del fracaso del sector público por atender directamente todas las demandas sociales y como exigencia de liberación de las iniciativas privadas.

## 2. *La descentralización política como instrumento para el fortalecimiento del Estado Nacional*

Todos estos procesos políticos que en líneas generales caracterizan el proceso de reforma del Estado, al contrario de lo que pareciera a primera vista, lejos de significar un debilitamiento del Estado, tienden a su reforzamiento, deslastrándolo de tareas y funciones que no le corresponden ni tiene que asumir, y permitiendo, al contrario, que pueda ocuparse de lo que sí le corresponde efectivamente.

En particular, el Estado, al desarrollar una política de descentralización, transfiriendo poder y competencias hacia niveles intermedios de gobierno territorial y las que corresponda, hacia los gobiernos locales, lejos de debilitarse se fortalece, no sólo porque puede concentrar su actividad como Estado Nacional, a lo que tiene que ser verdaderamente de ese nivel nacional, sino porque pueden cumplirse las tareas públicas que le son propias, más eficientemente y con más presencia, en los niveles intermedios y locales de gobierno. Un Estado Nacional sobrecargado y sobrepasado en sus posibilidades, lejos de debilitarse con la descentralización política, logra su fortalecimiento al poder reconducir sus esfuerzos a atender los asuntos nacionales y poder prestar más eficientemente los servicios y tareas esenciales mediante su transferencia a los niveles político territoriales intermedios o locales.

Pero por supuesto, el fortalecimiento del Estado como consecuencia de la descentralización política, no tiene que entenderse como un proceso en el cual se persiga necesariamente retener todo el Poder en el Estado, en perjuicio de la sociedad civil. Por ello, junto con la descentralización del Poder hacia niveles políticos intermedios y locales, la democratización del Poder y del Estado también implica la transferencia de determinados roles y funciones a la sociedad civil.

## 3. *La distribución territorial de competencias públicas*

La descentralización política, como hemos dicho, como proceso de reforma del Estado, implica la necesaria distribución vertical del Poder Público, mediante la transferencia de competencias de los niveles centrales nacionales o federales de gobierno hacia los niveles intermedios de la organización político territorial e, incluso, hacia los niveles municipales. En este sentido es que también es una pieza esencial de la reforma del Estado.

Sin embargo, y ello es evidente, en los procesos de distribución vertical del poder, incluso cuando como en los sistemas federales se establecen cláusulas residuales de competencias a favor de los Estados Federados, no todas las competencias públicas pueden o deben descentralizarse. Por supuesto, en los sistemas federales, en la lucha entre las fuerzas centrífugas y las fuerzas centrípetas, estas han encontrado cláusulas constitucionales que han contrarrestado la cláusula residual, para concentrar en el nivel federal-nacional determinados poderes, como sucedió con la cláusula de comercio y la teoría de los poderes implícitos en los Estados Unidos de América. Con nombres parecidos, en todas las federaciones, sobre todo en materias económicas, determinadas cláusulas han llevado a la supremacía de los niveles federales siempre basado en poderes implícitos o que, como dice la Constitución de Venezuela, por "su índole o naturaleza" (art. 156, 33, Constitución de 1999), tienen que ser conducidas a nivel nacional-federal.

En todo caso, aún con la correcta depuración de la a veces excesiva concentración de poder a nivel nacional o federal, y aún bajo el principio del carácter residual de las competencias de los niveles político territoriales inferiores, lo cierto es que no todo es descentralizable en la organización territorial del Estado.

En la determinación del ámbito de la descentralización, por supuesto, ninguna lista o receta universal puede formularse; sin embargo, en la situación actual de los países de América Latina, por ejemplo, agobiados como están por una inmensa deuda pública interna y externa y enfrascados en un proceso de apertura económica de mercado y privatización, es evidente que todo lo que concierne o afecte la política macro-económica tiene y debe permanecer a nivel nacional o federal. En cambio, la descentralización de todas las competencias o actividades que no tienen que ser nacionales tiene por objeto, precisamente, que el Estado nacional pueda asumir la conducción política del mismo, incluso en los aspectos de la política macro-económica.

En este sentido, por ejemplo, en los países de América Latina se ha planteado el problema de la posibilidad y alcance del endeudamiento de las entidades descentralizadas, siendo la conclusión que esa política en ningún caso debería ser decidida descentralizadamente, por lo que el endeudamiento por parte de las entidades políticas descentralizadas debe ser limitado y sólo autorizado nacionalmente, pues de lo contrario, por sus efectos nocivos, incontrolados y dispersos, podría conspirar contra la propia descentralización. Es evidente que la política de descentralización, como toda política pública, tiene en sí misma semillas que son contrarias a la misma, por lo que tienen que tomarse previsiones para asegurar que no sea "autodestructiva". Una de esas previsiones es, precisamente, la limitación del endeudamiento local sobre todo cuando aún no se ha producido en muchos países, una autonomía tributaria efectiva de los entes regionales y locales.

## 4. *La descentralización política y los recursos financieros y tributarios*

La descentralización política, como se señaló, por sobre todo, es una política de distribución vertical del Poder Público, que implica transferencia de competencias y atribuciones que se han concentrado en el nivel central nacional o federal de gobierno, hacia los niveles intermedios de gobierno, incluso hacia los Municipios. Es, por tanto, una política centrada en la transferencia de poderes, competencias, atribuciones y facultades y con ello, de medios para el cumplimiento de tales actividades o funciones, como son los recursos financieros, el personal y los bienes afectados a su ejecución. En particular, los recursos financieros, que nunca son suficientes en las políticas públicas, si bien son importantes, no pueden ser el único objetivo de la descentralización, pues en definitiva, se trata de medios y no de un fin en sí mismo de dicha política.

En contraste, no hay que olvidar que muchos planteamientos descentralizadores provenientes de los niveles intermedios de gobierno territorial se han centrado, más en la necesidad de más recursos que en la sustancia de las competencias a ser transferidas, haciendo énfasis en que lo que necesitan son más recursos y menos problemas. De allí la inconveniencia de definir una política de descentralización basada en un porcentaje atado y progresivo de transferencia de recursos presupuestarios, por ejemplo, el llamado en Venezuela "Situado Constitucional" (art. 167,4, Constitución de 1999), hacia los Estados, sin atender a las competencias efectivamente transferidas; lo que, además, constituye una atadura presupuestaria a veces incompatible con los ajustes macro económicos, por la rigidez de los apartados presupuestarios.

Ello ha provocado, en muchos casos, un desdoblamiento del gasto público, pues muchas transferencias de recursos no conllevan transferencias de funciones y tareas, que no llegan a salir de los niveles nacionales de gobierno. Así, la descentralización de recursos, lejos de disminuir el gasto público, lo ha aumentado, por la no disminución del volumen del gasto nacional. Por ello, como una pieza esencial del proceso de distribución vertical del poder que conlleva la descentralización política, debe hacerse énfasis en la descentralización de cometidos y funciones estatales, de manera que la descentralización de recursos se haga en función de aquellos. Así se configuró en sus inicios, por ejemplo, el Fondo Intergubernamental para la Descentralización en Venezuela a comienzos de la década de los noventa, pero luego fue lamentablemente distorsionado.

En todo caso, un proceso de descentralización política exige, por sobre todo, como parte de la distribución vertical del poder, la distribución territorial del poder tributario, particularmente atribuyendo a los niveles político-territoriales intermedios poder tributario originario, de manera que los órganos representativos de la región del Estado federado sean los que voten los impuestos correspondientes.

Un proceso de descentralización política no puede avanzar efectivamente en un esquema financiero de paternalismo de parte del Estado Nacional, y de dependencia financiera respecto de éste, de las entidades políticas intermedias y locales. Por ello, la descentralización política no puede fundarse en sólo transferencias de recursos financieros nacionales hacia las entidades territoriales descentralizadas, sino que al contrario, exige el desarrollo de capacidad tributaria propia en esos niveles de manera que los gobiernos regionales y locales decidan democráticamente la carga impositiva requerida.

La descentralización del poder tributario exige, por supuesto, una reordenación del mismo de manera de compatibilizar los impuestos que necesariamente deben ser nacionales con los impuestos regionales y locales, tendiendo a localizar los impuestos al consumo en el nivel intermedio, y previendo fórmulas de compensación para regiones o territorios con menor desarrollo.

En todo caso, lo que debe descartarse como fórmula permanente de financiamiento a la descentralización del Poder Público, mediante la transferencia de competencias del nivel nacional de gobierno hacia los niveles intermedios y locales de gobierno, es la de los llamados Fondos Nacionales para la descentralización que, en el mediano plazo, lo que pueden es convertirse en instrumentos para acentuar al centralismo.

### 5. *El impacto de la descentralización en las relaciones de Poder*

Siendo la descentralización política, en esencia, un proceso de distribución vertical del Poder Público, en el mismo participan, además del Estado Nacional o Federal, los niveles político-territoriales intermedios o los Estados Federados y los Municipios, siendo cada uno titular de una rama del mismo Poder Público: el Poder Nacional o Federal, el Poder Estadal (en las Federaciones) o Regional, y el Poder Municipal.

La distribución territorial del Poder implica, entonces, un nuevo enfoque relativo a las necesarias e indispensables relaciones intergubernamentales, entre los distintos niveles del Poder Público, pues los mismos deben coparticipar en la conducción de los asuntos públicos. El asunto ya se ha planteado en la redistribución del poder en las Federaciones europeas, con las fórmulas de federalismo de cooperación, cooperativo, de colaboración o compartido; y en todo caso, exige superar todo esquema basado en la simple coordinación nacional que, fundamentalmente, es paternalista.

El problema de las relaciones entre diversos niveles territoriales de gobierno que coparticipan en el Poder Público, no es de simple coordinación, sino de mecanismos intergubernamentales. No es que el nivel nacional debe simplemente "coordinar" la acción de los entes territoriales menores, sino que debe coparticipar con estos en la conducción de los asuntos públicos, mediante relaciones intergubernamentales, que exigen nuevas fórmulas de cooperación, conciliación y de negociación.

En tal sentido, y volviendo a la fórmula de los Fondos Nacionales para la descentralización como esquema de financiamiento al proceso de transferencia de competencias, el manejo de los mismos, en todo caso, requeriría de fórmulas institucionales basadas en instancias de negociación intergubernamentales. De lo contrario, si son gerenciados nacionalmente con criterios de coordinación, es evidente el riesgo de que se conviertan en instrumentos para una mayor centralización.

Las fórmulas intergubernamentales, por supuesto, son más complicadas administrativamente hablando, pues requieren negociar y conciliar intereses distintos de varios niveles de gobierno. La tentación de caer en esquemas centralistas para decidir, partiendo de los solos criterios gerenciales para la toma de decisiones, por tanto, siempre estará presente y con ello la imposición de las prioridades nacionales sobre las regionales y locales.

## CONCLUSIÓN

De todo lo anteriormente señalado, puede concluirse señalando que la descentralización política, como proceso de distribución territorial del Poder, es un proceso de reforma del Estado provocada por las exigencias de la democratización que consiste en el perfeccionamiento de la forma del Estado, de manera que sea canal efectivo de esa distribución territorial del poder y de la participación ciudadana. Como lo indica el artículo 158 de la Constitución venezolana de 1999:

> *Art. 158:* La descentralización, como política nacional, debe profundizar la democracia, acercando el poder a la población y creando mejores condiciones, tanto para el ejercicio de la democracia como para la preparación eficaz y eficiente de los cometidos estatales.

Por supuesto, como proceso político, la descentralización política es un proceso de lucha por el Poder. De allí el riesgo de la descentralización, que implica posibilidades de perdidas de áreas de poder en beneficio de las comunidades pero en perjuicio de los partidos centralizantes. En todo caso, sin embargo, la descentralización no puede dejarse a la conducción de las solas fuerzas centrífugas, sino que por sobre todo debe convertirse en una política nacional; pues el que se descentraliza es el Poder Nacional.

En efecto, es cierto que la verdadera descentralización política no se impone desde arriba, sino que se exige desde abajo y se negocia. Sin embargo, en Estados altamente centralizados, el proceso de descentralización del Poder no puede quedar a la deriva de las políticas del gobierno nacional de turno, ni de las solas exigencias políticas regionales y locales, sino que requiere de una voluntad y compromiso políticos del Estado Nacional por descentralizarse.

Es decir, la política de descentralización tiene que ser una política nacional, enmarcada en las reformas políticas del Estado. No por azar, por ello, en las experiencias recientes de descentralización de Estados Unitarios, como la de España y Francia, el gobierno nacional asumió el compromiso como política nacional, entre otros aspectos, además de con la aprobación de las leyes nacionales necesarias para la transferencia de poderes, con la designación de miembros del gobierno con rango de Ministro, para conducir el proceso. Así sucedió a fines de los setenta, por ejemplo, con el nombramiento de un Ministro para la Administración Territorial y luego para las Administraciones Públicas en España, y a comienzos de los ochenta, con la designación del Ministro del Interior y de la Descentralización en Francia. Así sucedió también, en algunas Federaciones como en Venezuela donde en 1993 se designó un Ministro de Estado para la Descentralización como miembro del Gabinete Ejecutivo.

La descentralización política de un Estado, por otra parte, requiere de múltiples reformas institucionales y administrativas que exigen recomponer las Administraciones Públicas, lo cual sólo podría lograrse con el decidido apoyo del gobierno nacional.

Sin embargo, aún cuando el proceso de descentralización política requiera indispensablemente la formulación de una política nacional de descentralización de mediano y largo plazo -como toda reforma institucional-, y con apoyo sostenido del gobierno nacional, a toda costa debe montarse sobre mecanismos intergubernamentales de manera de hacer participar en el diseño e implementación del proceso a los diversos niveles territoriales de gobierno.

Si al contrario, esto no se logra, se corre el riesgo de una política formulada exclusivamente desde el centro, sin tener en cuenta las particularidades y diferencias entre las diversas entidades político-territoriales del nivel intermedio y locales, con el grave riesgo del uniformismo atrofiante y de la consecuente inoperancia. Así ha sucedido, por ejemplo, con muchas reformas municipales concebidas bajo la influencia de los problemas del gran municipio urbano, y que resultan totalmente inaplicables en los municipios rurales que, en general, son la mayoría en todo el mundo.

La descentralización política como proceso, por tanto, indispensablemente requiere de una política nacional con la que esté compro-metido el Estado Nacional (Congreso y gobierno nacional); pero su diseño e implementación en ningún caso puede quedar en manos de los solos niveles nacionales, sino que requiere de instancias intergubernamentales de conciliación y negociación. Ello no es tarea fácil pues, en general, quienes han detentado todo el poder, -como ha sucedido en los Estados Unitarios y en los Estados Federales Centralizados-, no suelen estar dispuestos a compartirlo, como sucede en la actualidad con los partidos políticos centralizados que han manejado muchos de nuestros Estados Unitarios o Federales.

La descentralización política exige, por tanto, un cambio de mentalidad de manera que se entienda que en el Estado no sólo debe existir un sólo gobierno nacional, sino que el gobierno del Estado está conformado además de por el gobierno nacional, por el gobierno de los territorios intermedios (Estados federados) y por los gobiernos locales. Si esto no se entiende, lo que habrá será una caricatura de descentralización y el riesgo inminente de la pérdida de la democracia por ausencia de mecanismos de participación política, que sólo fórmulas descentralizadas pueden procurar.

# V

## *Reflexión en Guadalajara:*

# EL MUNICIPIO, LA DESCENTRALIZACIÓN POLÍTICA Y LA DEMOCRACIA*

Octubre, 2001

* Texto de la conferencia dictada en el *XXV Congreso Iberoamericano de Municipios*, Organización Iberoamericana Cooperación Intermunicipal (OICI), Guadalajara, México, 31 de octubre de 2001.

La Organización de Estados Americanos, en sus últimas sesiones extraordinarias celebradas el 11 de septiembre de 2001 en Lima, Perú, adoptó la *Carta Democrática Interamericana*, en la cual no sólo se consideró que "los pueblos de América tienen *derecho a la democracia* y sus gobiernos la obligación de promoverla y defenderla" (art. 1), sino que además, se formularon los siguientes postulados fundamentales respecto de este régimen político:

*Primero*, que el ejercicio efectivo de la democracia representativa es la base del Estado de derecho y de los regímenes constitucionales de los Estados americanos (art. 2).

*Segundo*, que la democracia representativa se refuerza y profundiza con la participación permanente, ética y responsable de la ciudadanía en un marco de legalidad, conforme al respectivo orden constitucional (art. 2); y

*Tercero*, que son elementos esenciales de la democracia representativa, entre otros, los siguientes:

a. El respeto a los derechos humanos y las libertades fundamentales;
b. El acceso al poder y su ejercicio con sujeción al Estado de derecho;
c. La celebración de elecciones periódicas, libres, justas y basadas en el sufragio universal y secreto, como expresión de la soberanía del pueblo;
d. El régimen plural de partidos y organizaciones políticas; y
e. La separación e independencia de los poderes públicos.

Con esta declaración, sin duda, tenemos que concluir que el más importante y esencial de los debates políticos que seguimos teniendo los latinoamericanos en estos comienzos del siglo XXI, no es otro que el de la democracia, es decir, confrontar criterios sobre qué es lo que debemos hacer para perfeccionar y profundizar la democracia y asegurar su efectiva gobernabilidad; pues, sin duda, hay muchos que plantean que hay que sustituirla por un régimen político autoritario, militarista e impositivo, fundamentado en la centralización y la concentración del Poder.

## I. DEMOCRACIA Y CONTROL DEL PODER

En definitiva, es el debate de siempre, que origina la opción entre democracia y autoritarismo, el cual no puede tener otro resultado que no sea el diseñar un sistema político que asegure que nuestras democracias, en las próximas décadas, sean más participativas y más representativas.

Por ello, es precisamente el último elemento mencionado de la *Carta Democrática*, como esencial a la democracia, el que en nuestro criterio apunta a identificar un verdadero régimen democrático, para que, incluso, los otros factores puedan ser efectivos. Ese factor que se identifica como "separación e independencia de los poderes", no es otro, que el orden institucional que debe existir en toda democracia para controlar y limitar el poder.

Y es que en efecto, sin control institucional no hay democracia: pues sólo controlando al Poder es que puede haber elecciones libres y justas; sólo controlando al Poder es que puede haber efectivo respeto a la Constitución; sólo controlando al Poder es que puede haber pluralismo; sólo controlando al Poder es que puede haber garantía de respeto a los derechos humanos; y sólo controlando el Poder es que puede haber participación política.

En todo caso, un sistema institucional para controlar el ejercicio del poder político, implica, ineludiblemente, su distribución o separación. Por tanto, demasiada concentración del Poder si no hay controles efectivos sobre los gobernantes, y peor aún, si estos tienen o creen tener apoyo popular, conduce al autoritarismo y, en definitiva, a la tiranía. No olvidemos que la historia de la humanidad durante el siglo pasado nos muestra, precisamente, a tiranos que usaron el voto de la mayoría para acceder al poder y desde allí aplicaron el autoritarismo para acabar con la democracia y todos sus elementos, comenzando por los derechos humanos.

Me imagino que muchos de Uds. pensarán que parece mentira que hoy, cincuenta años después del derrumbe de los sistemas fascistas basados en concepciones holísticas o totalitarias del poder, nuestras reflexiones tengan que estar marcadas por el mismo dilema y el mismo debate entre democracia y autoritarismo, y que ello lo hagamos en el marco de un Congreso de Municipios. Pero no hay mas remedio, tenemos que hacerlas, al encuadrar el Municipio como parte del Estado, pues en nuestra América Latina se están oyendo demasiados cantos de sirena autoritarios, que cada vez con más fuerza están emanando de ciertos neo críticos de la democracia, que pretenden basarse en un supuesto apoyo popular para, precisamente, acabar con la democracia.

Enfrentar este dilema, que es el de siempre, sin embargo, exige ante todo que estemos conscientes de la crisis de gobernabilidad que presentan buena parte de las democracias en nuestros países, y que están afectando sus cimientos. ¿Qué pasa con nuestras democracias que son menos democratizadas que las de otros países mas desarrollados del mundo, a pesar de tener factores aparentemente comunes?.

Una característica general de muchas de nuestras democracias es que en ellas los partidos políticos organizados conforme al principio del centralismo democrático, con demasiada frecuencia han asumido y ejercido el monopolio de la participación y de la representatividad políticas, cerrando el espacio para la emergencia de distintos y nuevos liderazgos fuera de los propios partidos. En esa forma, en muchos casos sólo se ha podido participar a través de los partidos, y éstos solos han sido los que han obtenido representación en los cuerpos representativos, donde muchas veces se sigue eligiendo a ciegas a los candidatos de los partidos que han terminado sustituyendo al pueblo. Los sistemas electorales, con gran frecuencia, se han diseñado para ello y no para hacer realidad una auténtica democracia representativa.

Este es un problema que tenemos que superar desesperadamente, para que no se siga tratando de desprestigiar a la misma democracia representativa.

Pero a la democracia de partidos o partidocracia, se ha agregado el centralismo político del Estado y del gobierno, que en muchos casos ha concentrado todo o casi todo el poder en el nivel nacional, vaciando políticamente de poder a las provincias, municipalidades y localidades. Adicionalmente, en muchos casos, el poder se ha concentrado en el órgano ejecutivo del Estado, reforzándose al presidencialismo o a los propios partidos que controlan los demás órganos estatales; y lo cierto es que la mezcla de centralización del Poder del Estado y de centralismo en los partidos políticos, es lo más antidemocrático que puede existir en los sistemas políticos. Así como no hay ni ha habido jamás autocracias descentralizadas, tampoco una democracia puede funcionar, en el mediano y largo plazo, en un sistema de Poder centralizado.

Lo importante, en todo caso, es no confundir a la democracia como régimen político, con el sistema de centralismo de Estado y de partidos y de concentración del Poder Público, que ha estado conspirando y sigue conspirando contra la propia democracia. Es ese sistema el que puede estar en crisis, y en muchos países sigue en crisis, pero no la democracia misma; es el sistema político el que tenemos que buscar cambiar para, precisamente, perfeccionar y profundizar la democracia, pero no para acabar con ella. Y en democracia ello sólo se puede lograr estableciendo un sistema de control institucional del Poder, una de cuyas piezas esenciales es la descentralización y la participación política.

Precisamente por ello, este es el dilema que tenemos por delante. No hay otra alternativa, ni términos medios. No hay regímenes políticos medio democráticos o medio autoritarios; o lo son o no lo son.

Es decir, en este campo, insisto, no hay otra opción: o democracia o autoritarismo. La primera exige controlar el Poder y, en particular, distribuirlo territorialmente para que haya más participación; la segunda, necesariamente conduce a la concentración y centralización del poder, lo que es incompatible con la democracia. Y lamentablemente, a esto último es que ha apuntado el discurso que pretende establecer una supuesta legitimidad para gobernar derivada de la sola relación entre un líder y el pueblo e, incluso, el ejército, basada en la simple popularidad.

## II. LA DESCENTRALIZACIÓN POLÍTICA PARA ACERCAR EL PODER AL CIUDADANO

Al contrario, el perfeccionamiento y profundización de la democracia tiene que apuntar al diseño de un sistema político que necesariamente tiene que estar montado sobre la *descentralización del poder del Estado,* para acercarlo al ciudadano, con nuevas formas de representatividad y de participación políticas.

Para captar la esencia del régimen democrático no olvidemos que ninguna sociedad democrática occidental consolidada después de la II Guerra Mundial, ha sobrevivido como democracia sin haber descentralizado el Poder como mecanismo institucional para su efectivo control. Por ello, sin duda, puede decirse que la descentralización política es un fenómeno de las democracias, consecuencia de la democratización y condición para su sobrevivencia.

En consecuencia, en nuestro criterio, el debate contemporáneo en nuestros países por más democracia, tiene que centrarse en el rescate del proceso de descentralización política. Perfeccionar la democracia exige hacerla más participativa y más representativa, para lo cual la única vía posible que existe es acercando el Poder al ciudadano, y ello sólo puede lograrse descentralizando territorialmente el Poder del Estado y llevarlo hasta la más pequeña de las comunidades; es decir, distribuyendo el Poder en el territorio nacional.

Por supuesto, para asumir esta indispensable tarea democrática, que pueda permitir sustituir el sistema político centralizante de partidos por un sistema político descentralizado y participativo, debe recurrirse a los esquemas de autonomías territoriales más adecuados, conforme a la tradición constitucional de cada uno de nuestros países, descentralizando los viejos Estados Unitarios e, incluso, los Federales y, en todo caso, municipalizando sus territorios.

De todo ello lo que deriva es que cualquiera que sea la forma de descentralización política, se trata de proyectos y propuestas contrapuestos radicalmente al centralismo de Estado y a la concentración del Poder, que son esencialmente antidemocráticos.

La propuesta política que formulamos, por tanto, busca el diseño en nuestros países, de un nuevo sistema político que la democracia exige, y que sólo puede tener por objeto hacerla más participativa, con gran presencia de la sociedad civil, y más representativa de las comunidades. Ello implica desparramar el poder en todo el territorio, hasta la última de las comunidades, para que el ciudadano y sus sociedades intermedias puedan realmente participar.

Esta distribución territorial del Poder en el mundo contemporáneo democrático, se ha desarrollado, invariablemente, en dos niveles territoriales: un nivel intermedio, de Estados en las Federaciones, o de Regiones o Departamentos autónomos en los viejos Estados Unitarios; y un nivel territorial inferior, local, de municipalidades autónomas en todo el territorio de los Estados. Por ello, independientemente de la forma del Estado que se haya adoptado históricamente, puede decirse que en el mundo occidental democrático, el Estado contemporáneo es un Estado descentralizado o en vías de descentralización; es decir, un Estado en el cual las fuerzas centrífugas en la distribución territorial del Poder Público, están más activas que las fuerzas centrípetas.

## III. DEMOCRACIA Y MUNICIPALIZACIÓN

La descentralización política, por tanto, implica, por una parte, la municipalización, pero además, la creación de niveles intermedios de gobierno que permitan realmente acercar el Municipio al ciudadano.

Para que el Municipio sea la escuela de la libertad y de la democracia, como lo descubrió Alexis de Tocqueville cuando ilustró a Europa sobre *La Democracia en América,* por sobre todo tiene que estar cerca del ciudadano. Un Municipio lejos de las comunidades y vecindades, como es en general el Municipio en nuestros países latinoamericanos, materialmente no sirve para nada bueno, ni para la participación política ni para la gestión eficiente de los asuntos locales, ni por supuesto, para la democracia.

Acaso nos hemos preguntado, ¿por qué, realmente, las democracias consolidadas de Occidente son tales democracias? ¿Cómo es que en ellas la participación del ciudadano en la gestión de los intereses locales forma parte de la cotidianidad de la vida democrática?

Es cierto que todas las democracias tienen ciclos electorales, donde se vota con regularidad y tienen sistemas institucionales que son propios del Estado de Derecho. Pero unos países son efectivamente más democráticos que otros. Y la respuesta del por qué esto es así, está precisamente en la municipalización o, si se quiere, en la efectiva fragmentación de las instituciones locales.

Para darnos cuenta de ello, basta hacer algunas comparaciones. Venezuela, con casi un millón de kilómetros cuadrados de superficie y más de 24 millones de habitantes, tiene sólo 338 Municipios. Francia, en cambio, con la mitad de dicha superficie y 59 millones de habitantes, tiene 36.559 Municipios o Comunas; es decir, cien veces más. Pero lo importante, ciertamente, no es el número de municipios que tenga un país, sino la relación que tiene que existir entre la autoridad local y el número de habitantes. En tanto que en Venezuela es de 71.715 habitantes por Municipio, en Francia, en cambio es de 1.613 habitantes por Municipio, es decir, cuarenta veces menos.

Cualquier revisión de esta relación que se haga en los países democráticos, da cifras sorprendentes, sobre todo cuando las comparamos con las nuestras en América Latina. España tiene 8.082 Municipios con un promedio de población de 4.825 habitantes; en Austria hay 2.353 Municipios, con un promedio de población de 3.400 habitantes. Los 8.104 Municipios de Italia tienen un promedio de 7.157 habitantes. En Suiza hay 3.000 Municipios con un promedio de 2.333 habitantes; en Alemania hay 16.121 Municipios, con un promedio de 5.086 habitantes; y en Bélgica hay 589 Municipios, con un promedio de 16.978 habitantes.

En Europa continental, además, debe destacarse que los Municipios de menos de 2000 habitantes representan un porcentaje elevadísimo en relación con los muy poblados, por ejemplo, el 40% en Italia y el 89% en Francia.

En nuestro Continente Americano, también se destaca, el caso de los Estados Unidos y Canadá que tienen territorios casi iguales de casi 10 millones de kilómetros cuadrados, pero con una población muy disímil: 30 millones en Canadá y más de 250 millones en los Estados Unidos. Sin embargo, en Canadá sus 4.507 Municipios, tienen un promedio de 6.878 habitantes; y en los EEUU, sus 70.500 Municipios, tienen un promedio de 3.872 habitantes por Municipio.

En definitiva, de estas cifras resulta que en el mundo de los países con democracias más desarrolladas, el promedio de habitantes por Municipio varía entre 1.600 y 16.000 habitantes. En contraste, en nuestros países de América Latina el panorama es muy diferente: en Argentina hay 1.617 Municipios con 22.800 habitantes de promedio; en Brasil, hay 5.581 Municipios pero con un promedio de 30.100 habitantes; en Guatemala hay 324 Municipios con un promedio de 33.950 habitantes; en Nicaragua hay 143 Municipios con un promedio de 34.965 habitantes; en Colombia hay 1.068 Municipios, con un promedio de 39.325 habitantes, en México hay 2.418 Municipios, con un promedio de 40.000 habitantes; en Chile hay 340 Municipios con un promedio de 44.117 habitantes; y como dijimos, en Venezuela hay sólo 338 Municipios con 71.715 habitantes por Municipio. Casi igual que en la República Dominicana, donde hay sólo 120 Municipios con 75.000 habitantes de promedio. En Uruguay hay 19 Municipios con un promedio de 157.000 habitantes.

De lo anterior deriva que la clave de la democracia de participación está, precisamente, en acercar el Poder al ciudadano, para que pueda efectivamente participar. Por ello, en nuestros países, mientras la autoridad local esté tan alejada del ciudadano, no llegaremos a ser efectiva y cotidianamente democráticos.

La gran reforma política democrática en nuestros países, en realidad, está en la municipalización, pero sin uniformismo, pues no podemos multiplicar al gran Municipio burocratizado de las áreas urbanas y trasladarlo a las rurales. La diferenciación de regímenes municipales es una de las primeras necesidades de la vida local.

## IV. MUNICIPALIZACIÓN Y PODERES INTERMEDIOS DESCENTRALIZADOS

En todo caso, mientras más se municipalice un país y se transfieran poder y competencias propias de la vida local a las pequeñas organizaciones primarias autónomas y autogestionadas, más necesaria entonces será la estructuración de poderes descentralizados a niveles intermedios entre el Poder Central y el Municipio. Por ello, hay una relación directa y paralela entre la descentralización local y la descentralización nacional a niveles intermedios.

Al señalar esto, por supuesto, tampoco estamos descubriendo nada nuevo. Todos los Estados contemporáneos han experimentado la misma crisis derivada de la consolidación de la democracia. Por ello, en Europa, por ejemplo, como consecuencia de la reimplantación y desarrollo de la democracia, para asegurar su sobrevivencia y establecer canales de participación política, durante los últimos cincuenta años todos los países han seguido un proceso de descentralización política. Así sucedió con los viejos Estados Unitarios que sobre la base de estructurar regiones políticas, se han venido organizando territorialmente en forma descentralizada, dando incluso origen, en algunos casos, a una nueva forma de Estado, la del "Estado Regional", más descentralizado a veces, que las viejas Federaciones. Así sucedió en España, al surgir como país democrático después del franquismo, con el Estado de Comunidades Autónomas; y con las Regiones Políticas que por ejemplo, se han establecido en Italia, Francia, Bélgica y Portugal. La reforma constitucional en Inglaterra también ha conducido a la creación o reaparición de parlamentos regionales, como en Escocia y Gales, mediante la *devolution* o descentralización política, que ha formado parte importante de la política actual del laborismo.

En cuanto a las viejas Federaciones, estas han sido recompuestas o reforzadas redistribuyéndose el Poder hacia los Estados miembros o cantones, como ha sucedido en Alemania o Suiza. Lo mismo puede decirse del federalismo norteamericano o canadiense y, en general, de las nuevas fórmulas de distribución del Poder Público en las federaciones. De ello resulta, por supuesto, que el proceso de descentralización política no puede identificarse con el solo federalismo. En la actualidad, como indicamos, hay "Estados Unitarios descentralizados" como España y Colombia que, incluso, son relativamente más descentralizados políticamente que muchas viejas Federaciones, como la de Venezuela.

En todo caso, lo importante a destacar aquí es que este proceso de descentralización que también se está llevando a cabo en una u otra forma, en todos los países de América Latina, también está condicionado y es producto del proceso de democratización que han experimentado nuestros países, como consecuencia del afianzamiento del régimen democrático y, además, como condición necesaria para que perdure y sobreviva.

El debate sobre la descentralización en América Latina por ello, en definitiva, es un debate sobre la democracia y sobre el fin de más de un siglo de centralismo, que si bien contribuyó a la consolidación de los Estados Nacionales y a la implantación de la propia democracia por los partidos organizados bajo el esquema del centralismo democrático, hoy es el principal elemento que está conspirando contra la propia democracia y, que, además, impide la efectividad de las tareas del sector público.

## V. DEMOCRACIA REPRESENTATIVA Y DEMOCRACIA DIRECTA

En definitiva, no se trata de sustituir la democracia representativa por una supuesta e ilusoria democracia directa, que es de imposible existencia, sino de sustituir el sistema político centralizado de partidos por un sistema descentralizado y participativo, haciendo la democracia más participativa y más representativa, lo que sólo puede lograrse distribuyendo efectivamente el Poder en el territorio, de manera que esté cerca de los ciudadanos, de sus comunidades y organizaciones.

Por todo ello, la democracia tiene que conducir a un esquema de Estado que garantice la libertad, la dignidad, la igualdad, la legalidad y la tolerancia, lo que implica además, el rechazo tanto al centralismo y concentración del Poder, como a la penetración del Estado en los campos de la sociedad civil. Por ello, la democracia como régimen político, es mucho más que una formalidad de elecciones cíclicas.

Se trata ahora y siempre, en todo caso, de preservarla y revalorizarla, repudiando el discurso autoritario que pretende sustituirla por un régimen político donde no existan los valores mencionados. La crítica, que compartimos, a la exclusiva representatividad de partidos que hemos tenido y aún tenemos en muchos de nuestros países y al procedimiento formal de elección regular, no puede transformarse en un rechazo a la democracia en si misma y a sus valores, sino en un esfuerzo por profundizarla.

Por ello, para enfrentar el discurso antidemocrático, hay que machacar una y otra vez los valores de la democracia que sólo en democracia se pueden realizar; y la democracia, como se la define en la *Carta Democrática Interamericana* de la OEA, ante todo es y tiene que seguir siendo una democracia representativa.

Por tanto, cuando se habla de "democracia directa" como contrapuesta a la democracia representativa, debe tenerse claro que un Estado no puede funcionar con base en decisiones adoptadas en Asambleas públicas y populares, como consecuencia de iniciativas populares, o mediante referendos consultivos, aprobatorios, autorizatorios o revocatorios.

Con todos esos instrumentos de participación o de democracia directa, sin duda, se puede perfeccionar el régimen democrático, pues se permite al pueblo reaccionar directamente contra o en relación a las decisiones políticas que adopten sus representantes, incluso con resultados contrarios a las mismas, dado que estos con frecuencia tienen intereses, incluso partidistas, distintos a los de los ciudadanos. Los referendos son así, mecanismos de control directo de los ciudadanos en relación a sus representantes políticos; pero en definitiva constituyen un complemento de los gobiernos representativos que caracterizan las democracias modernas, y no su sustitución.

Pero de nuevo debe constatarse que, por ejemplo, para que los referendos puedan efectivamente servir de instrumentos para perfeccionar la democracia, el Poder Público tiene que estar efectivamente descentralizado, es decir, exigen un sistema de distribución territorial o vertical del Poder Público, con autonomías político-territoriales y competencias propias sobre las cuales se pueda consultar a la ciudadanía; en definitiva, Municipios.

Por eso decía al inicio, que además de todos los factores clásicos de la democracia, el que asegura su operatividad es el que postula un sistema institucional de control del poder, por su distribución, no sólo horizontal a través del clásico principio de la separación de poderes, sino vertical, en el territorio hasta llegar al Municipio.

Recordemos, para terminar, lo que decía Alexis De Tocqueville en 1835:

> En el Municipio es donde reside la fuerza de los pueblos libres. Las instituciones locales son a la libertad lo que las escuelas primarias

vienen a ser a la ciencia; la ponen al alcance del pueblo; le hacen paladear su uso pacífico y lo habitúan a servirse de ella [1].

Y terminaba con esta afirmación tajante: "La vida política ha nacido en el seno mismo de los Municipios"[2].

Por ello, incluso, la independencia de nuestros países latinoamericanos se inició en el seno de los Cabildos.

Por tanto, aprovechemos no sólo las enseñanzas de nuestra propia historia, sino de la historia de la democracia, para que definitivamente la afiancemos en nuestros países, precisamente, municipalizándolos efectivamente.

## RELACIÓN ENTRE LA POBLACIÓN Y LAS AUTORIDADES LOCALES

(APROXIMACIÓN PRELIMINAR)[3]

| País | Población | Área Km2 | Entidades intermedias electas | Municipios electos | % Pob/Munc. |
|---|---|---|---|---|---|
| Argentina | 37.000.000 | 2.780.400 | 24 | 1.617 | 22.882 |
| Alemania | 82.000.000 | 356.970 | 16 | 16.121 | 5.086 |
| Armenia | 4.000.000 | 29.800 | | 931 | 4.296 |
| Australia | 19.000.000 | 7.682.300 | 8 | 900 | 21.111 |
| Austria | 8.000.000 | 83.858 | 9 | 2.353 | 3.400 |
| Bélgica | 10.000.000 | 30.528 | 10 | 589 | 16.978 |
| Bolivia | 8.000.000 | 1.098.581 | | 312 | 25.641 |
| Bosnia-Her | 4.300.000 | 51.129 | 2 | 137 | 31.386 |
| Brasil | 168.000.000 | 8.547.404 | 28 | 5.581 | 30.102 |
| Bulgaria | 8.000.000 | 110.994 | | 294 | 27.211 |
| Canadá | 31.000.000 | 9.970.610 | 12 | 4.507 | 6.878 |
| Chile | 15.000.000 | 756.626 | | 340 | 44.117 |
| Colombia | 42.000.000 | 2.070.408 | 33 | 1.068 | 39.326 |

1. *Democracy in America,* (ed. JP. Meyer y M. Lerner, London, 1969.
2. *Idem.*
3. Este cuadro lo hemos elaborado partiendo de informaciones que nos ha facilitado Rafael de La Cruz, experto en estos temas de descentralización política. La responsabilidad por los errores y fallas que tenga, sin embargo, es enteramente nuestra.

| País | Población | Área Km$^2$ | Entidades intermedias electas | Municipios electos | % Pob/Munc. |
|---|---|---|---|---|---|
| Croacia | 4.000.000 | 56.510 | 21 | 543 | 7.366 |
| Cuba | 11.000.000 | 114.525 | 15 | 169 | 65.389 |
| Rep.Checa | 10.000.000 | 78.864 | | 5.768 | 1.733 |
| Dinamarca | 5.000.000 | 43.094 | 16 | 275 | 18.182 |
| Rep.Dominic | 8.000.000 | 48.400 | | 90 | 88.889 |
| Ecuador | 12.000.000 | 272.045 | 21 | 1.079 | 11.121 |
| El Salvador | 6.000.000 | 21.041 | | 262 | 22.900 |
| Eslovaquia | 5.000.000 | 49.035 | | 2.834 | 1.764 |
| Eslovenia | 2.000.000 | 20.253 | | 192 | 10.416 |
| España | 39.000.000 | 505.990 | 17 | 8.082 | 4.825 |
| Estonia | 1.000.000 | 45.227 | | 254 | 3.937 |
| Filipinas | 77.000.000 | 300.000 | 76 | 1.541 | 49.967 |
| Finlandia | 5.000.000 | 338.145 | | 455 | 10.989 |
| Francia | 59.000.000 | 543.965 | 22 | 36.559 | 1.614 |
| Georgia | 5.000.000 | 69.700 | | 4.000 | 1.250 |
| Grecia | 11.000.000 | 131.957 | 13 | 5.922 | 1.857 |
| Guatemala | 11.000.000 | 108.889 | | 324 | 33.950 |
| Haití | 8.000.000 | 27.750 | | 133 | 60.150 |
| Holanda | 16.000.000 | 41.526 | 12 | 572 | 27.972 |
| Honduras | 6.000.000 | 112.492 | | 293 | 20.478 |
| Hungría | 10.000.000 | 93.030 | 20 | 3.153 | 3.171 |
| India | 998.000.000 | 3.165.596 | 32 | 237.687 | 4.198 |
| Irán | 63.000.000 | 1.648.000 | | 720 | 87.500 |
| Irlanda | 4.000.000 | 70.283 | 8 | 80 | 50.000 |
| Israel | 6.000.000 | 21.946 | | 273 | 21.978 |
| Italia | 58.000.000 | 301.323 | 20 | 8.104 | 7.156 |
| Japón | 127.000.000 | 377.837 | 47 | 3.233 | 39.282 |
| Letonia | 2.000.000 | 63.700 | | 566 | 3.534 |
| Lituania | 4.000.000 | 65.300 | | 56 | 71.429 |
| México | 97.000.000 | 1.964.382 | 32 | 2.418 | 40.116 |
| Marruecos | 28.000.000 | 453.730 | | 1.547 | 18.099 |
| Nva.Zelanda | 4.000.000 | 270.534 | 12 | 155 | 25.806 |
| Nicaragua | 5.000.000 | 129.494 | | 143 | 34.965 |
| Noruega | 4.000.000 | 385.639 | | 435 | 9.195 |
| Paraguay | 5.000.000 | 406.752 | 17 | 212 | 23.585 |
| Perú | 25.000.000 | 1.280.000 | | 1.808 | 13.827 |
| Polonia | 39.000.000 | 312.684 | 16 | 2.489 | 15.669 |
| Portugal | 10.000.000 | 92.345 | | 275 | 36.363 |
| Rumania | 22.000.000 | 237.500 | 41 | 2.948 | 7.463 |

| Rusia | 147.000.000 | 17.075.200 | 90 | 2.000 | 73.500 |
|---|---|---|---|---|---|
| Sudáfrica | 42.000.000 | 1.219.090 | 9 | 840 | 50.000 |
| Suecia | 9.000.000 | 449.964 | 24 | 286 | 31.468 |
| Suiza | 7.000.000 | 41.285 | 26 | 3.000 | 2.333 |
| Tunez | 9.000.000 | 164.418 | | 257 | 35.019 |
| Turquía | 64.000.000 | 779.452 | | 2.801 | 22.849 |
| Ucrania | 50.000.000 | 603.700 | | 619 | 80.775 |
| Reino Unido | 59.000.000 | 130.423 | 135 | 319 | 184.953 |
| EEUU | 273.000.000 | 9.629.047 | 51 | 70.500 | 3.872 |
| Uruguay | 3.000.000 | 176.215 | | 19 | 157.894 |
| Venezuela | 24.000.000 | 912.050 | 24 | 338 | 71.006 |

# VI

# *Reflexión en San José:*

# JUSTICIA CONSTITUCIONAL Y PARTICIPACIÓN POLÍTICA*

Junio, 2001

* Texto de la exposición en el Panel sobre *Participación Política frente a los sistemas de justicia: de lo constitucional a lo electoral* en el *XIX Curso Interdisciplinario de Derechos Humanos,* Instituto Interamericano de Derechos Humanos, San José, Costa Rica, 21 de junio de 2001.

## I. EL DERECHO A LA PARTICIPACIÓN POLÍTICA JUDICIALMENTE RECONOCIDA COMO DETONANTE DEL PROCESO CONSTITUYENTE VENEZOLANO EN 1999

La justicia constitucional puede ser un instrumento fundamental para promover la participación política. Como un ejemplo reciente de esta instrumentalidad puede mencionarse el proceso constituyente de Venezuela de 1999: la Constitución de 1961, que ha sido sustituida por la de 1999, no regulaba en su texto una Asamblea Nacional Constituyente, es decir, ésta no era una institución constitucionalizada, como en cambio si ocurre en la Constitución del Paraguay, donde se establece con claridad la figura de la Asamblea Nacional Constituyente, como mecanismo de revisión de la Constitución.

La Constitución venezolana de 1961, en cambio, no establecía nada similar, y se limitaba a regular los mecanismos de revisión constitucional a través de la reforma general y de la enmienda. En 1999, sin embargo, se planteó políticamente la necesidad de convocar una Asamblea Nacional Constituyente que no estaba prevista constitucionalmente para promover un cambio político constitucional. Por supuesto, ello originó un gran debate político, bien importante, pues por una parte, el Presidente de la República recién electo en diciembre de 1998 Hugo Chávez Frías, planteaba como su bandera política fundamental la convocatoria de la Asamblea Nacional Constituyente, apelando a la soberanía popular; pero por la otra, estaba el principio de la supremacía constitucional que exigía respetar la Constitución, que regulaba mecanismos de revisión constitucional que no implicaban posibilidad alguna de convocar una Asamblea Nacional Constituyente.

El asunto fue sometido al conocimiento y decisión de la Corte Suprema de Justicia, la cual, en una sentencia de 22 de enero de

1999, adoptada como juez constitucional, interpretando la Ley Orgánica del Sufragio y Participación Política y la propia Constitución, dedujo que el derecho a la participación política era un derecho inherente a la persona humana, que tenía plena vigencia a pesar de que no estaba expresamente indicado en el texto constitucional, como en cambio si lo hacía la Convención Americana de Derechos Humanos. El texto constitucional regulaba el sistema electoral, el derecho al sufragio, y el derecho a elegir, pero no consagraba expresamente un *"derecho a la participación política"*. En consecuencia, la Corte Suprema, como juez constitucional, interpretó la cláusula abierta de derechos de la Constitución, deduciendo que el derecho a la participación política era un derecho inherente a la persona humana y, por tanto, que resultaba posible hacer una convocatoria a un referéndum, como mecanismo de participación política, para que el pueblo, por vía de referéndum consultivo, se pronunciara sobre la convocatoria de una Asamblea Nacional Constituyente. Con esa sentencia de 22 de enero de 1999, puede decirse que se inició el proceso constituyente en Venezuela.

Este proceso, en todo caso, se inició en el marco de la propia Constitución de 1961. Posteriormente, fue la propia Asamblea Nacional Constituyente, una vez electa, la que se salió del marco constitucional y dio un golpe de Estado, violando la Constitución. No hay que olvidar que con frecuencia son los órganos constitucionales los que dan los golpes de Estado, como hace una década ocurrió en Perú, apelando el Presidente de la República a su popularidad. La Asamblea Nacional Constituyente en Venezuela, sin duda, dio un golpe de Estado, pues se puso por encima de la Constitución de 1961, por encima de los poderes constituidos y asumió el poder constituyente originario, que sólo el pueblo podía ejercer.

Sin embargo, en su origen, como se dijo, la Asamblea Nacional Constituyente surgió de una interpretación judicial de la Constitución de 1961, de cuyo texto dedujo el derecho a la participación política. Este es un ejemplo de cómo el juez constitucional puede promover la participación política por la vía de la interpretación constitucional.

## II. EL JUEZ CONSTITUCIONAL CONTRA LA PARTICIPACIÓN POLÍTICA

Pero sin duda, la justicia constitucional tiene siempre una doble cara: así como en este caso fue un instrumento fenomenal para la promoción de la participación política, también ha sido un instrumento maléfico para frenar dicha participación. Para darse cuenta de ello, citemos dos ejemplos, también vinculados al proceso constituyente venezolano:

La Constitución de 1999 regula, extensamente, la idea de la participación como derecho político e, incluso, regula la participación popular en diversas áreas sociales y económicas. La palabra "participación", se utiliza, incluso, en más de 50 artículos, de manera que es una Constitución cargada de participación.

En ella regulan, como se mencionó, mecanismos de participación directa de la sociedad civil en la gestión de asuntos públicos los cuales, incluso, son únicos comparativamente hablando. Por ejemplo, para que la Asamblea Nacional pueda elegir a los titulares de los órganos del Poder Público que no son electos popularmente, o sea, los magistrados del Tribunal Supremo, el Fiscal General de la República, el Contralor General de la República, el Defensor del Pueblo y los miembros del Consejo Nacional Electoral, debe asegurarse previamente la participación de la sociedad civil, en una forma que limita mucho la libertad de elección de la Asamblea Nacional. En efecto, para elegir a los titulares de estos órganos, los mismos tienen que ser postulados por unos Comités de Postulaciones que regula la propia Constitución, integrados por "representantes de los diversos sectores de la sociedad civil". En esta materia, por tanto, se le da una "participación protagónica" a la sociedad civil, al establecerse que la elección de los altos funcionarios del Poder Público antes mencionados, ya no es una facultad discrecional de la Asamblea Nacional como lo era antes del Congreso. Ahora deben existir Comités de Postulaciones integrados por representantes de la sociedad civil, que son los únicos que pueden hacer las postulaciones de candidatos ante la Asamblea, para que entre los postulados, la Asamblea los designe. Incluso, de acuerdo a la Constitución, no puede haber una designación por la Asamblea que no sea de entre las personas postuladas por los Comités de Postulaciones.

Esta reforma fue motivada por la reacción frente a la situación política anterior, que era de total discrecionalidad del antiguo Congreso para la designación de estos altos funcionarios, sin participación posible de ningún otro órgano del Estado o de la sociedad. La reacción contra esta situación condujo, incluso, a quitarle a la Asamblea Nacional el poder discrecional de nombrar estos funcionarios, y atribuirle a los Comités de Postulaciones su selección inicial.

Esta exigencia, sin embargo, fue violada por la propia Asamblea Nacional en 2000, al haber dictado, con base en un supuesto régimen transitorio, una ley para la designación provisional transitoria de todas estas autoridades, sin ningún tipo de consideración en cuanto a la participación de la sociedad civil, salvo en unas llamadas "mesas de diálogo", reduciéndose entonces la participación a formar parte de tales mesas. Eso, por supuesto, no es participar políticamente; es una forma de dar opinión, pero no es *ser parte* de una decisión.

En este caso, entonces, teniendo en cuenta que la Constitución establece un mecanismo de participación, ante su violación por la Asamblea, era el Tribunal Supremo, justamente como tribunal constitucional, el que debía servir como instrumento de control constitucional. Sin embargo, para lo que sirvió fue para poner de lado las normas constitucionales sobre participación, a cuyo efecto dictó una sentencia, a través de la Sala Constitucional, en la cual, además, lamentablemente e inexplicablemente, limitó a la propia sociedad civil: primero, al excluirla, e interpretar que en virtud de un supuesto régimen transitorio, la Constitución no se aplicaba, en 2000, para la designación de las altas autoridades del Estado. Incluso, la Corte fue mucho más lejos, porque en otra sentencia llegó a decidir que la Constitución no era obligatoria para los casos de ratificación de los propios Magistrados del Tribunal Supremo. Caso insólito, porque eran los mismos Magistrados que iban a ser ratificados, los que decidieron, ellos mismos, que la Constitución no se les aplicaba a ellos. El más elemental criterio de inhibición judicial fue puesto de lado.

## III. EL JUEZ CONSTITUCIONAL Y LA EXCLUSIÓN DE LA SOCIEDAD CIVIL

Pero no sólo esto, sino que hubo otras dos sentencias adicionales, una de la Sala Constitucional y otra de la Sala Electoral del Tribunal Supremo que deben destacar en relación con el tema de la participación, que ponen en evidencia que en lugar de haberse constituido en un fenomenal instrumento de promoción de la participación política, un Tribunal Constitucional puede ser lo contrario, es decir, un maléfico instrumento respecto a la participación política.

El Tribunal Supremo, en efecto, dictó varias sentencias, en 2000, precisamente con motivo de las demandas, amparos y recursos que la Defensora del Pueblo y los organismos de la sociedad civil intentaron para participar en la toma de las decisiones de nombramiento de los altos funcionarios del Estado. La Sala Constitucional llegó, incluso, a definir qué era y qué no era "sociedad civil", llegando a afirmar que no podía ser considerada sociedad civil, una ONG que recibiera financiamiento del exterior, con lo cual abrió el campo para la creación de organizaciones alentadas por el gobierno y las organizaciones partidistas que lo apoyan, las cuales entonces serán las recipiendarias de fondos públicos nacionales; y esas sí son entonces, sociedad civil.

Otra regulación en la Constitución también nos muestra esta doble cara que pueden tener de un juez constitucional, y es la norma, que atribuye al Poder Electoral, es decir, al Consejo Nacional Electoral, la competencia para organizar las elecciones de los sindicatos y de los demás gremios profesionales. Es decir, en un país donde supuestamente se promueve la participación y se habla de sociedad civil, sin embargo, se atribuye al Estado, es decir, al órgano nacional electoral la potestad de organizar las elecciones sindicales y de los gremios profesionales; con lo cual la libertad sindical quedó intervenida por el Estado.

Con base en esta norma, lamentablemente, se ha efectuado una segunda interpretación, por la Sala Electoral, sobre lo qué es gremio profesional. En el derecho público tradicional, han sido considerados como tales los Colegios Profesionales, es decir, aquellas organizaciones creadas por ley como consecuencia de una obligación de pertenencia. Normalmente esos son los colegios profesionales regulados y creados por ley, en la cual, como sucede por ejemplo, en cuanto al ejercicio de la abogacía, se exige para ello el estar inscrito en un Colegio de Abogados. Además, estos colegios tienen la potestad de control del ejercicio de la profesión y la potestad sancionatoria; por eso normalmente son creados por ley.

Estimamos que la idea en atribuir la organización de la elección de los "gremios profesionales" al Consejo Nacional Electoral, estaba referida de este tipo de gremios. Sin embargo, la Sala Electoral del Tribunal Supremo ha interpretado que gremios profesionales no sólo son los colegios profesionales creados por ley, sino "toda agrupación de profesionales" con lo cual hasta una asociación de profesores universitarios o de taxistas de un hotel (profesionales del volante), estaría sometida a la intervención del Consejo Nacional Electoral como el órgano encargado de realizar las elecciones de los directivos. La Sala Electoral interpretó que esa expresión "gremio profesional" no se refería sólo a los colegios profesionales regulados por ley, sino a toda agrupación de profesionales.

Y todo esto ha sucedido a fuerza de interpretación constitucional. Por ello, si bien en Venezuela tenemos un esquema de justicia constitucional incomparable desde el punto de vista del derecho constitucional comparado, que lo convierte en un instrumento excepcional para la promoción de la participación política; también puede servir como un instrumento realmente perjudicial para la participación política, como ha ocurrido en estos casos.

## IV. EL SISTEMA DE JUSTICIA CONSTITUCIONAL EN VENEZUELA

Ahora, en cuanto a la justicia constitucional y a los diversos instrumentos de control que existen en Venezuela, estimamos de interés hacer un recuento rápido de dicho sistema, tal como ha sido consolidado después de una larga evolución en la Constitución de 1999.

Se trata de un sistema que se viene desarrollando desde mitades del siglo XIX, de manera que en 1858 ya apareció en la Constitución venezolana un control de constitucionalidad directo de las leyes, a través de una acción popular que se ejercía ante la Corte Federal.

Desde el siglo XIX, por tanto, se adoptó el control concentrado de constitucionalidad de los actos del Estado, que se fue moldeando al establecerse, primero, para impugnar las leyes provinciales estatales y luego, las leyes en general, mediante acción popular que corresponde a cualquier ciudadano.

Este sistema de control concentrado de la constitucionalidad, ha existido en paralelo a un sistema de control difuso de la constitucionalidad, que se incorporó también al constitucionalismo desde el siglo XIX, como consecuencia del principio de la supremacía constitucional y de la nulidad objetiva, es decir, de la nulidad de los actos estatales contrarios a la Constitución. Con esos principios constitucionales, el control difuso es una institución que también se incorporó al constitucionalismo desde el siglo XIX. Ahora aparece en la Constitución venezolana de 1999, expresamente, con lo cual se consolidó el sistema mixto de control concentrado y difuso de la constitucionalidad; sistema que está muy extendido en América Latina.

En efecto, el sistema mixto lo tienen buena parte de los países latinoamericanos, aún cuando no con las mismas características.

Primero, no necesariamente existe acción popular y el control difuso no necesariamente puede ejercerse de oficio, como es el caso de Venezuela.

Además, constitucionalmente se regulan otros seis mecanismos de justicia constitucional. Por una parte, existe el control constitucional basado en la protección de los derechos y garantías constitucionales mediante el amparo constitucional.

Por otra parte, existe el control previo de constitucionalidad siguiendo experiencias europeas, que se ejerce antes de la entrada en vigencia de la ley, en materia de leyes aprobatorias de tratados. Además, siguiendo el esquema español, en materia de leyes orgánicas también hay un control previo obligatorio para determinar si la ley orgánica es de aquellas que permite la Constitución.

Además, se regula otro sistema de control previo de la constitucionalidad respecto de las leyes sancionadas antes de su promulgación, a requerimiento del Presidente de la República, sin que haya necesariamente veto presidencial. Antes, este control estaba vinculado al veto presidencial a la ley, pero ahora puede no haber veto y devolución a la Asamblea Nacional, y el Presidente puede directamente ir a la Sala Constitucional para exigir el control previo de la constitucionalidad de cualquier ley.

Además, existe un control obligatorio de los decretos de estado de excepción, como sucede en Colombia; es decir, dichos decretos, al dictarse por el Presidente, obligatoriamente deben someterse al control de la Sala Constitucional.

Existe, además, un sistema de control por omisión legislativa que abre la posibilidad de acudir ante la Sala Constitucional para que declare la inconstitucionalidad de la conducta omisiva del legislador o cualquiera cuerpo representativo, en dictar determinadas leyes o actos normativos para el desarrollo de la Constitución; siguiendo aquí el esquema del control por omisión originalmente establecido en Portugal. Luego fue adoptado también por Colombia con la llamada acción de cumplimiento.

También corresponde a la Sala Constitucional, el contencioso constitucional de las controversias entre los órganos constitucionales, por lo que cualquier conflicto, sea originado en la distribución vertical del Poder Público o en su distribución horizontal, debe ser resuelto por el Tribunal Constitucional.

Además, la Sala Constitucional ha desarrollado un nuevo medio de control de constitucionalidad, que es un recurso de interpretación constitucional. Esta acción, que es excepcional en el derecho comparado, es una acción directa ante el tribunal con el objeto de lograr la interpretación de una norma constitucional. No es una acción popular, sino que para poder ser intentada tiene que alegarse un interés personal, legítimo y directo en la interpretación de las normas constitucionales.

En global, cuando uno analiza este sistema de justicia constitucional bajo el ángulo del derecho comparado, puede decirse que es único. Es un sistema excelente, pero en malas manos puede ser un desastre, como acaba de suceder también en Venezuela con la sentencia dictada en materia de libertad de expresión, en la cual por vía de interpretación, al decidir un recurso de amparo, que es personalísimo, la Sala Constitucional sin embargo dictó normas que han limitado la libertad y contrariado la Convención Americana de Derechos Humanos, que es de rango constitucional conforme a la propia Constitución.

De manera que volviendo al vínculo entre participación política y el juez constitucional, éste si bien puede ser el instrumento más importante para promover la participación política, también puede ser un instrumento contra la propia Constitución.

# VII

## *Reflexión en Austin:*

# EL PROCESO CONSTITUYENTE VENEZOLANO Y LA NUEVA CONSTITUCIÓN DE 1999*

Febrero, 2000

* Texto de la exposición en la Conferencia sobre *Challenges to Fragile Democracies in the Americas: Legitimacy and Accountability*, Faculty of Law, University of Texas, Austin, 25 de febrero de 2000.

La Asamblea Nacional Constituyente electa en Venezuela en 1999 sancionó una nueva Constitución (30-12-99) que sustituyó la de 1961. De los 131 miembros que tuvo la Asamblea, sólo cuatro puede decirse que conformaron una "oposición" ante la abrumadora mayoría de los que fueron electos con el apoyo electoral del Presidente de la República, Hugo Chávez Frías, quien había sido electo en diciembre de 1998.

Esta Asamblea Nacional Constituyente, sin duda, respondió a las exigencias del momento constitucional que existía en el país y que, en mi opinión, aún existe, provocado por la crisis -una crisis terminal- del sistema político del gobierno centralizado de partidos y de las prácticas democráticas representativas de partidos que se establecieron en Venezuela desde los años 40. Dicho sistema estaba basado en dos pilares fundamentales: primero, el Estado centralizado, y segundo, la democracia de partidos, los cuales asumieron el monopolio de la participación y de la representación.

Particularmente durante las dos últimas décadas (1980-2000), el sistema necesitaba cambiarse para permitir, no sólo el perfeccionamiento de la democracia, sino también su supervivencia. Ello implicaba, por una parte, la transformación del Estado para hacerlo más democrático, lo que a su vez conllevaba el desmantelamiento del gobierno centralista y la construcción de un sistema descentralizado de gobierno. En otras palabras, significaba cambiar la federación centralizada por una federación descentralizada.

Por otra parte, implicaba la creación de un nuevo orden legal para permitir el efectivo funcionamiento de una democracia participativa y social que debía incorporar a los individuos e instituciones privadas en el proceso social, económico y político, y debía asegurar la participación política en el ejercicio del gobierno. Esto fue lo que se persiguió en el referendo consultivo del 25 de abril de 1999, del cual surgió la Asamblea Nacional Constituyente.

Ahora, la interrogante más importante que debemos plantearnos en relación con la nueva Constitución del 30 de diciembre de 1999 que sancionó dicha Asamblea, es si ella respondió a la demanda popular de reforma política manifestada en el mencionado referendo de abril de 1999. Debe también determinarse si la Constitución, realmente, contribuyó no sólo a superar la crisis del sistema de gobierno centralizado de partidos, sino también a construir en su lugar un sistema de Estado descentralizado y participativo que permitiera la preservación de la democracia.

En mi opinión, la nueva Constitución no garantiza ni estableció las bases para la transformación segura del sistema político. Antes por el contrario, mantiene tanto el centralismo de Estado imperante como el partidismo, lo que asegura el continuo monopolio de la representatividad por los partidos políticos y sus agentes, aun cuando, en la actualidad, se trate de nuevos partidos políticos, pero que operan con el mismo esquema del sistema político centralista y partidocrático.

Considero que los venezolanos perdimos una oportunidad histórica única de introducir los cambios políticos que necesitábamos en democracia.

Hay que tener en cuenta que convocar a una Asamblea Nacional Constituyente en democracia, no es un acontecimiento político común en nuestra historia; más bien es un hecho muy excepcional. En términos generales, todas las Asambleas Constituyentes anteriores en nuestra historia, se habían establecido como consecuencia de una revolución, de una guerra o de un golpe de estado; nunca fueron electas pacíficamente, en democracia.

Por primera vez en 1999, por tanto, se eligió democráticamente una Asamblea Constituyente que estaba llamada a producir un cambio radical del sistema imperante de Estado centralizado y de democracia de partidos. El cambio debió ser diseñado por el país, en la Asamblea Constituyente electa, como nunca antes, sin ruptura constitucional. Es por ello que sólo la historia dirá si la nueva Constitución es, de hecho, la primera de un nuevo período de nuestra historia política, como lo ha sostenido ocasionalmente el Presidente de la República, Sr. Hugo Chávez Frías, o si, realmente, es una más del último período que comenzó en la década de los cuarenta del siglo XX.

En todo caso, cabe preguntarse: ¿Cuáles cambios políticos podemos esperar de esta nueva Constitución? La verdad es que la nueva Constitución no resuelve los problemas centrales de la crisis política para perfeccionar la democracia, ni establece las bases de un cambio político democrático. De hecho, en mi opinión, agrava la crisis del sistema político, ya que establece las bases constitucionales para el desarrollo de un autoritarismo político basado en regulaciones que refuerzan el centralismo, el presidencialismo, el paternalismo del Estado, el partidismo y el militarismo, con el peligro del colapso de la democracia misma. Es decir, consagró y reforzó todo aquello que había que cambiar.

La Constitución, en efecto, fue concebida para el autoritarismo; y desde la óptica política, contiene algunos aspectos muy negativos, particularmente en relación con el perfeccionamiento de la democracia. Estos aspectos negativos, por otra parte, lamentablemente cuentan más que las reformas positivas que ella contiene, como son, por ejemplo, la consolidación de los principios del Estado de Derecho y Justicia con excelentes mecanismos de control constitucional y de reforma judicial y una enumeración exhaustiva de derechos civiles y políticos. Desafortunadamente, estas disposiciones corren el riesgo de ser inefectivas, dado los elementos de autoritarismo y de concentración de poder que contiene la Constitución.

## I. LA NUEVA DENOMINACIÓN DE LA REPÚBLICA

El primer aspecto que debe destacarse de las reformas contenidas en la Constitución de 1999 es el aparentemente inofensivo cambio de nombre de la República: le hemos cambiado el nombre de República de Venezuela por el de República Bolivariana de Venezuela. Soy de la opinión de que ello responde a una clara y exclusiva motivación partidista.

El nombre anterior, República de Venezuela se adoptó originalmente en 1811, cuando luego de la independencia de España, se estableció la Confederación de los Estados de Venezuela; confederación criticada por el Libertador Simón Bolívar el año siguiente. La única excepción en cuanto a este nombre de la República la constituye el período constitucional entre 1819 y 1830, cuando se constituyó la República de Colombia con el territorio conformado por la antigua República de Venezuela y el antiguo Virreinato de Nueva Granada, que comprendía lo que actualmente constituye el territorio de Colombia, Ecuador y Venezuela.

Con la Constitución de 1821, puede decirse que se hizo realidad parte del sueño de Bolívar en relación con la unión de los pueblos de Colombia y de América, pero sólo durante nueve años, entre 1821 y 1830. La República de Colombia, en esa forma, fue una

"República Bolivariana"; de lo que resulta que la idea misma de una "República Bolivariana" apuntaría históricamente a una organización política que implicaría la desaparición de Venezuela como Estado. Ello en el siglo XXI es totalmente inadmisible.

Por ello, el cambio de nombre de la República, en mi criterio, es totalmente inaceptable y contrario no sólo a la idea de independencia de nuestro país, sino también contrario a los ideales de Simón Bolívar, quien fue gran crítico de la forma federal del Estado. En consecuencia, el cambio de nombre sólo puede tener otra explicación, muy alejada de las ideas de Bolívar. La verdadera motivación, por ello, parecería derivar de la denominación inicial que tuvo el partido político creado por el Presidente de la República, Sr. Hugo Chávez, el cual se llamaba en sus inicios, cuando lideró el golpe de Estado de 1992, "Movimiento Bolivariano 200".

El partido del Presidente de la República es, por tanto, el partido bolivariano, por lo que con el cambio de nombre de la República, en realidad, el Presidente ha impuesto a la República de los venezolanos, el nombre de su partido. Esto fue lo que sucedió, por ejemplo, en Nicaragua, con el Partido Sandinista y el calificativo de sandinista dado a muchas instituciones del Estado. También se puede mencionar el caso de la República Islámica de Irán.

## II. EL CENTRALISMO DE LA "FEDERACIÓN DESCENTRALIZADA"

El segundo aspecto al que quiero hacer referencia es al proceso de descentralización, el cual se ha paralizado con la nueva Constitución: la Constitución regula formalmente un Estado federal descentralizado, pero dentro de un marco centralista y, adicionalmente, con la eliminación del Senado del esquema de la federación.

En mi criterio, uno de los grandes cambios políticos que debía provocar la Constitución y la Asamblea Nacional Constituyente en 1999 era la transformación definitiva del esquema de federación centralizada que hemos tenido durante los últimos cien años. En Venezuela no ha habido una federación descentralizada efectiva, con una real distribución de poder territorial hacia los Estados y los Municipios. Esto, a pesar del proceso constituyente, no ha cambiado, y el resultado final del esquema constitucional aprobado en 1999, de distribución territorial del Poder Público, no ha supuesto avance sustancial alguno en relación con el proceso de descentralización, particularmente del iniciado en 1989 con la Ley Orgánica de

Descentralización, Delimitación y Transferencia de Competencias del Poder Público.

Más aún, en muchos aspectos, la nueva Constitución ha supuesto un retroceso institucional y, adicionalmente, el régimen constitucional en ella previsto presenta aspectos contradictorios.

La autonomía de los Estados y Municipios debe ser garantizada por la Constitución, pero en la nueva Constitución, la autonomía no sólo puede ser limitada por ella, sino por ley nacional. Esto es contrario a lo que debe ser la garantía constitucional de la autonomía de las instituciones del Estado. También el régimen es contradictorio debido a que, con la eliminación del Senado, no se garantiza la igualdad de los Estados, creándose en la nueva Constitución una Asamblea Nacional unicameral. Tenemos, por tanto, una federación sin cámara federal o senado, lo que sólo existe en algunos países con forma federal, pero con un territorio muy reducido. Esta reforma también conspira contra el proceso de elaboración de las leyes y contra el control parlamentario sobre el Ejecutivo.

En cuanto a la distribución del poder entre las entidades territoriales, el proceso de descentralización requiere, por sobre todo, que se asignen, por ejemplo, facultades impositivas a los Estados, específicamente el impuesto a las ventas, como sucede en casi todas las federaciones. Resultaron deficientes las reformas de la Constitución en esta materia, al punto de eliminar todas las facultades impositivas asignadas a los Estados, lo cual es un paso atrás en relación con la Constitución anterior.

La gran reforma del sistema político, necesaria y esencial para el perfeccionamiento de la democracia, era desmontar el centralismo del Estado y distribuir el poder en el territorio. Ésta era la única forma de hacer realidad la participación política, y sólo esto justificaba el proceso constituyente. No obstante, esto se pospuso y con ello, se perdió la gran oportunidad de sustituir el esquema del Estado centralizado por un Estado descentralizado. La Asamblea Nacional Constituyente, para superar la crisis política, ha debido diseñar la transformación del Estado descentralizando el poder para acercarlo efectivamente a los ciudadanos. Dicha Asamblea, al contrario, no transformó el Estado ni dispuso lo necesario para hacer efectiva la participación política.

## III. EL SISTEMA ELECTORAL REPRESENTATIVO DE LOS PARTIDOS

El tercer aspecto al que quiero hacer referencia es el relativo a la relación entre el sistema electoral de representación proporcional y la supervivencia de la democracia de partidos. En mi opinión, la nueva Constitución no aborda el otro aspecto del sistema político que sí requiere de una transformación radical: la representación política y participación necesaria para evitar el monopolio que han tenido los partidos políticos. Como parte del sistema político que hemos tenido durante las últimas décadas, los partidos políticos han sido el único mecanismo de participación política y los únicos que han obtenido representación en el orden estatal, lo cual se mantiene en el sistema electoral establecido en la nueva Constitución. Desafortunadamente no fueron aceptadas todas las propuestas para establecer un sistema nominal de elección para los representantes de gobiernos locales, con el fin de obtener representación territorial o local de las comunidades respectivas.

## IV. EL PRESIDENCIALISMO EXAGERADO

Otro aspecto que se debe señalar en la nueva Constitución es el exagerado presidencialismo que contiene, el cual contrasta con el presidencialismo moderado consagrado en las Constituciones anteriores.

Este exagerado presidencialismo deriva de los siguientes cuatro factores: Primero, la extensión del período presidencial de cinco a seis años, y segundo, la reelección inmediata del Presidente de la República, lo cual no existía anteriormente. Estos dos elementos atentan contra el principio de alternabilidad ya que permiten un período de gobierno excesivamente largo de doce años. Estos dos elementos se combinan con otros dos: tercero, el referendo establecido para revocar el mandato se ha regulado en forma tal que lo hace casi inaplicable; y cuarto, la no aceptación del principio de la elección presidencial por una mayoría absoluta y el sistema de doble vuelta; conservándose, en cambio, la elección por mayoría relativa, lo cual afecta la gobernabilidad democrática.

A este modelo presidencial, se ha añadido la posibilidad de que el Presidente de la República disuelva la Asamblea Nacional en el caso excepcional de que se produzcan tres votos de censura contra el Vicepresidente Ejecutivo. Este sistema presidencial exacerba el peso del Presidente y no tiene el contrapeso que existía en el sistema bicameral del órgano legislativo.

Más aún, el modelo presidencial se refuerza con otras reformas, tales como la previsión de una delegación legislativa amplia por parte de la Asamblea Nacional al Presidente de la República para la emisión de leyes, que no se limitan a asuntos económicos y financieros, sino respecto de cualquier materia. Ello no tiene precedentes en el constitucionalismo contemporáneo y con ello se pueden afectar, por ejemplo, las regulaciones relativas a los derechos humanos.

## V. EL DESBALANCE DE LA SEPARACIÓN DE PODERES

El quinto aspecto al que quiero hacer referencia en la nueva Constitución es el desbalance que contiene en relación con la separación de poderes, debido a la previsión de una concentración de poderes en la Asamblea Nacional unicameral, nunca antes conocido.

Con la configuración del sistema presidencial de gobierno, la Constitución adoptó un esquema de separación de poderes no sólo entre el Legislativo y el Ejecutivo, sino también entre él Poder Judicial, cuya autonomía se consagra repetidamente, y también entre los dos nuevos Poderes establecidos en la Constitución: el Poder Ciudadano, el cual abarca al Fiscal General de la República, al Defensor del Pueblo y al Contralor General de la República; y el Poder Electoral, ejercido por el Consejo Nacional Electoral. Ahora tenemos cinco poderes en vez de tres.

Sin embargo, una efectiva separación de poderes se fundamenta en el balance e independencia entre ellos, de manera que el origen de los titulares de los poderes del Estado por elección o por nombramiento no puede quedar a la merced de ninguno de los otros poderes del Estado. En esta nueva Constitución, por el contrario, se consagra un desbalance entre los poderes del Estado, pues la Asamblea Nacional está autorizada para remover al Fiscal General, el Defensor del Pueblo, el Contralor General, a los miembros del Consejo Nacional Electoral y, peor aún, a los magistrados del Tribunal Supremo de Justicia. Ello constituye la antítesis de la independencia y el contrapeso entre los poderes del Estado y configura un modelo de concentración de poder en la Asamblea Nacional como órgano político, lo cual es totalmente incompatible con una sociedad política democrática.

## VI. EL MILITARISMO

Para finalizar, dentro de las innovaciones de la nueva Constitución, debo referirme a la base constitucional para el militarismo. En la nueva Constitución, en efecto, se consagra un acentuado esquema militarista lo cual se agrega al presidencialismo como forma de gobierno y a la concentración de poderes en la Asamblea Nacional. Esta combinación puede llevar fácilmente al autoritarismo como forma de gobierno.

En la Constitución, en efecto, se eliminó toda idea de sujeción o subordinación de la autoridad militar a la autoridad civil; al contrario, se estableció una gran autonomía de la autoridad militar y de la Fuerza Armada, con la posibilidad de intervenir sin límites en funciones civiles.

Ello se evidencia, por ejemplo, de las siguientes regulaciones: Primero, se eliminó la tradicional prohibición del ejercicio simultáneo de la autoridad civil con la autoridad militar. Segundo, se eliminó el control civil parlamentario en relación con la promoción de militares de altos rangos, lo cual es ahora una atribución exclusiva de la Fuerza Armada. Tercero, se eliminó la norma que establecía el carácter apolítico de la institución militar y su carácter no-deliberante, lo cual abre el camino para que la Fuerza Armada delibere e intervenga en los asuntos que estén resolviendo los órganos del Estado. Cuarto, se eliminó de la Constitución la obligación de la Fuerza Armada de velar por la estabilidad de las instituciones democráticas que antes estaba prevista expresamente. Quinto, y más grave aún, se eliminó la obligación de la Fuerza Armada de obedecer la Constitución y leyes, cuya observancia debe estar siempre por encima de cualquier otra obligación, como lo establecía la Constitución anterior. Sexto, por vez primera se le concedió a los militares el derecho al voto, lo cual puede ser políticamente incompatible con el principio de obediencia. Séptimo, la nueva Constitución establece el requisito de que el Tribunal Supremo de Justicia debe decidir si hay méritos para juzgar a los militares de alto rango de la Fuerza Armada, lo cual siempre había sido un privilegio procesal reservado a altos funcionarios civiles, como el Presidente de la República. Octavo, el uso de cualquier tipo de armas en el país está sujeto a la autoridad de la Fuerza Armada, control éste que antes estaba atribuido a la administración civil. Noveno, se pueden atribuir a la Fuerza Armada funciones de policía administrativa. Finalmente, décimo, se adoptó el concepto de la doctrina de seguridad nacional, definida de forma total, global y omnicomprensiva. De acuerdo con esta doctrina, desarrollada en los regímenes militares de América latina en los setenta, casi todo lo que suceda en la Nación concierne a la seguridad del Estado, aun el desarrollo económico y social.

Todo esto da origen a un esquema militar que es una novedad constitucional y puede conducir a una situación en la cual la Fuerza Armada podría apoderarse de la administración civil del Estado. Adicionalmente, la nueva Constitución le atribuye a la Fuerza Armada una participación activa en el desarrollo nacional.

Todas estas disposiciones muestran un cuadro constitucional de militarismo verdaderamente único en nuestra historia política y constitucional, que no se encuentra ni siquiera en las Constituciones de nuestros anteriores regímenes militares.

## CONCLUSIÓN

Por todo lo anterior, concluyo señalando que la Constitución política de Venezuela, al analizarse de forma global, evidencia un esquema institucional concebido para el autoritarismo derivado de la combinación del centralismo del Estado, el presidencialismo exacerbado, la democracia de partidos, la concentración de poder en la Asamblea y el militarismo, que constituye el elemento central diseñado para la organización del poder del Estado. En mi opinión, esto no era lo que se requería para el perfeccionamiento de la democracia; al contrario, se debió basar en la descentralización del poder, en un presidencialismo controlado y moderado, en la participación política para balancear el poder del Estado y en la sumisión de la autoridad militar a la autoridad civil.

Es por ello que la Constitución de 1999, en mi criterio, no introdujo los cambios que necesitaba nuestro país como consecuencia del movimiento constituyente, que se originó con la crisis del modelo político del Estado centralizado de partidos establecido desde 1945 y restablecido en 1958, que continúa todavía. El país necesitaba un cambio radical para perfeccionar la democracia, para hacerla más representativa y para estructurar un Estado democrático, descentralizado y participativo. No se logró nada de esto y el resultado fue un esquema de autoritarismo constitucional que, en el futuro, puede lesionar a la propia democracia.

# VIII

## *Reflexión en Ciudad de México:*

# EL PROCESO CONSTITUYENTE Y LA FALLIDA REFORMA DEL ESTADO EN VENEZUELA*

Septiembre, 2001

---

* Texto de la conferencia dictada en el *Seminario Estrategias y Propuestas para la Reforma del Estado*, Instituto de Investigaciones Jurídicas, Universidad Nacional Autónoma de México, México, 7 de septiembre de 2001.

# I. REFORMA DEL ESTADO Y REFORMA CONSTITUCIONAL

La reforma del Estado puede considerarse como un proceso político de orden constitucional tendiente a transformar la organización del Poder. El Estado es la organización política de la sociedad, es decir, el conjunto de instituciones, órganos, procesos y mecanismos destinados a regular la distribución del Poder, su separación y su control. Por ello, para que una reforma constitucional pueda considerarse como una reforma del Estado, como proceso, tiene que referirse e incidir sobre esos aspectos medulares de la ordenación del Poder; de lo contrario, no puede hablarse de reforma del Estado sino de reformas institucionales o administrativas e, incluso, sólo de reformas constitucionales.

En consecuencia, una reforma del Estado tiene que incidir necesariamente en primer lugar, sobre la forma de gobierno, es decir, sobre el régimen político y, en nuestro mundo occidental, sobre la democracia, por ejemplo, para hacerla más representativa y más participativa, o para introducirle mecanismos de democracia directa. En definitiva, una reforma del Estado tiene que incidir en el tema de las relaciones de la sociedad y el Estado, el ejercicio de la soberanía por el pueblo y el régimen de los derechos y deberes de los ciudadanos.

En segundo lugar, una reforma del Estado tiene que referirse a la forma de Estado, es decir, al sistema de distribución territorial (vertical) del Poder Público. En la organización estatal, el Poder puede estar centralizado o descentralizado, estableciéndose en este caso diversos niveles territoriales autónomos para su ejercicio. La forma de Estado tiene que ver, por tanto, con la estructuración de un Estado de manera unitaria o descentralizada políticamente, y en este último supuesto, con forma federal o regional, es decir, sobre la base de autonomías territoriales. Por ello, el Federalismo y el

Municipalismo son temas de reforma del Estado que derivan de la forma del mismo.

En tercer lugar, una reforma del Estado incide sobre la organización (horizontal) del Poder Público y de su separación o concentración, sobre el sistema de gobierno y sobre el control del ejercicio del Poder por el propio Poder y por la sociedad y los ciudadanos. En tal sentido, la relación de balance y contrapeso entre los poderes del Estado, su control recíproco y, particularmente, el de orden judicial, son piezas fundamentales de una reforma del Estado. Igualmente el sistema de gobierno que resulte de la separación de poderes, particularmente en cuanto a la opción entre presidencialismo y parlamentarismo.

De lo anterior resulta, por tanto, que una reforma del Estado implica siempre, una reforma constitucional; pero no toda reforma constitucional conlleva una reforma del Estado. Con gran frecuencia y dependiendo de los mecanismos de revisión constitucional, en los Estados se realizan reformas constitucionales puntuales que no inciden en los aspectos medulares del Poder y que, por tanto, no dan origen a una reforma del Estado.

En Venezuela, por ejemplo, con la nueva Constitución de 1999, a pesar de haber sido producto de una Asamblea Nacional Constituyente convocada en un momento constituyente excepcional, derivado de la severa crisis del sistema político, sin embargo, puede decirse que con ella no se produjo reforma del Estado alguna para afianzar la democracia, pues no se cambiaron las relaciones del Poder, salvo por la adopción de un esquema autoritario y concentrador del Poder. En todo caso, hemos tenido un importante cambio político ocurrido en ese momento constituyente el cual condujo a un radical cambio en la titularidad de los órganos del Poder, con nuevos partidos y un nuevo liderazgo; pero sin embargo, ni la reforma constitucional ni dicho cambio político significaron que hubiese habido una reforma del Estado para perfeccionar la democracia; y ello, a pesar de todos los estudios y propuestas que en esta materia se habían elaborado y formulado durante más de dos décadas.

En efecto, y dejando aparte los estudios sobre reforma administrativa desarrollados durante los años setenta del siglo pasado, a cargo de la Comisión de Administración Pública de la Presidencia de la República, la cual presidimos entre 1969 y 1972; cuando la crisis del sistema político del Estado centralizado de democracia representativa de partidos comenzó a aflorar, en 1984 se nombró una Comisión Presidencial para la Reforma del Estado, de carácter plural, que produjo importantísimos análisis, estudios y propuestas que lograron consenso en la opinión pública. Estos estudios, sin embargo, no fueron implementados fundamentalmente por la falta de decisión del liderazgo partidista al no haber entendido su necesidad, derivada de la grave crisis del sistema político, que no comprendieron, y que exigía la democratización de la democracia, es decir, más y mayor representatividad (y no sólo de los partidos políticos) y más y mayor participación política (y no sólo a través de los partidos). En definitiva, no entendieron ni lograron interpretar cuales habían sido los frutos y resultados de la obra democratizadora que los partidos políticos habían emprendido desde finales de los años cincuenta del siglo pasado, y que habían hecho de Venezuela, país que quizás para ese momento (1958) tenía la menor tradición democrática en América Latina, en el país que a partir de los setenta mostraba una sólida institucionalidad democrática.

Por ello, la crisis política llegó a una etapa terminal en la década de los noventa, por lo que si se quería continuar con la democracia, la reforma del Estado era un programa de ineludible ejecución. Pero la misma no se asumió. En todo caso, para entender tanto esta crisis terminal, como la frustración causada por el proceso constituyente de 1999 y la fallida reforma del Estado, es útil puntualizar cuales eran las características del sistema político venezolano a finales de los noventa y de sus crisis.

## II. LAS CARACTERÍSTICAS DEL SISTEMA POLÍTICO DE ESTADO DEMOCRÁTICO CENTRALIZADO DE PARTIDOS, SU CRISIS Y LAS EXIGENCIAS DE REFORMA

El sistema político venezolano instaurado a partir de la revolución democrática (cívico-militar) de 1958, que provocó la huida del entonces Presidente de la República, General Marcos Pérez Jiménez, quien había dominado militarmente el gobierno de la República durante casi una década (1948-1957); estuvo comandado por los partidos políticos que se habían consolidado en la década de los cuarenta, y cuyos líderes habían acordado implantar la democracia en Venezuela, entre otros instrumentos, mediante el denominado "Pacto de Punto Fijo" (1958).

El sistema político que se consolidó durante las décadas de los años sesenta y setenta, al amparo de dicho pacto, puede entonces caracterizarse como el propio de un Estado democrático centralizado de partidos, derivado de los siguientes elementos relativos a la ordenación del Poder.

## 1. *La democracia de partidos: la democracia representativa de partidos y la necesidad de que fuera más representativa y participativa*

En cuanto a la forma de gobierno, desde los años sesenta en Venezuela se había establecido un régimen democrático, representativo y pluralista, el cual, sin embargo, progresivamente fue monopolizado por los partidos políticos. A ellos se le debe la implantación de la democracia pero, sin duda, en ese proceso asumieron progresivamente el monopolio de la misma. La representatividad democrática terminó siendo un asunto exclusivo de los partidos políticos, pues el sistema electoral se concibió para que sólo los representantes de partidos, progresivamente desligados del pueblo y sus comunidades, fueran elegidos (sistema de representación electoral proporcional de método d'Hondt). Se trató, por tanto, de una democracia representativa de partidos, exclusivamente, en la cual la participación política también terminó siendo un monopolio de los partidos políticos. No había otra forma de participar políticamente en los asuntos públicos, que no fuera a través de los partidos políticos los cuales, además, progresivamente fueron penetrando, intermediando y apoderándose de todas las asociaciones sociales intermedias, desde los sindicatos y los gremios profesionales hasta asociaciones de vecinos.

Después de dos décadas de implantación y estabilización de la democracia, puede decirse que la democratización del país dio sus frutos, por lo que se comenzaron a plantear nuevas y diversas exigencias de representatividad y de participación política, y no sólo de los partidos o a través de ellos.

Entre otros factores se planteó la necesidad de cambiar el sistema electoral pero, por sobre todo, se propugnó hacer a la democracia más participativa. Para ello, por ejemplo, se debió plantear la necesidad urgente de una reforma del régimen local, lo cual no siempre se comprendió, siendo que en definitiva, es la única vía para la efectiva participación democrática.

Acaso nos hemos preguntado en América Latina sobre qué es lo que le falta a nuestras democracias, cuando las comparamos con las de los países europeos o de Norteamérica. Con ellas tenemos en común sistemas electorales, sistemas de partidos políticos, bases del Estado de derecho, de control judicial del Poder y garantías de los derechos humanos. Con mayor o menor efectividad esos son los rasgos comunes, pero la democracia en todos esos países no son iguales, pues hay democracias más democráticas y desarrolladas que las nuestras.

En todo caso, la diferencia está, precisamente, en la participación política que los Estados más desarrollados democráticamente tienen y aseguran, y que nosotros no tenemos. Esta situación la tienen aquellos Estados y no la tenemos nosotros, pero con gran frecuencia sin saber por qué, y sin detenernos a determinar las razones.

La clave de la diferencia y de la mayor o menor participación política, en todo caso, está en los gobiernos locales. ¿Hemos realmente tomado conciencia del número de gobiernos locales que tenemos, comparativamente con otras sociedades más democráticas; y de la relación entre aquellos y la población? La clave de la democracia y de la participación, está precisamente en ello.

Por ejemplo, en México, con casi 2 millones de km$^2$ de superficie y casi 100 millones de habitantes, sólo existen 2.418 Municipios. En cambio, en Francia, con ¼ del territorio de México y algo más de la mitad de su población, tiene 36.559 Municipios (Comunas). ¿Por qué allí habrá más democracia?

En Suiza, además, con sólo 41 mil km$^2$ de superficie y algo más de 2 millones de habitantes, sin embargo, tiene 3.000 Municipios. ¡Más que en México!. España, por su parte, tiene alrededor de 500 mil km$^2$ de superficie y sobre 40 millones de habitantes, y tiene 8.082 Municipios; y en Italia, con sólo 300 mil km$^2$ y casi 60 millones de habitantes, tiene 8.140 Municipios. ¿Por qué, insisto, será que esos países tienen una democracia más arraigada que la de nuestros países latinoamericanos?.

Sin embargo, lo importante no es el número de Municipios o gobiernos locales que tenga un país, sino la relación entre gobiernos locales y ciudadanos, de manera de determinar cuán cerca está el Poder del ciudadano, de sus organizaciones y de sus comunidades. Y allí, precisamente, está el *quid* de la participación política, de manera que la democracia constituye un asunto cotidiano, en definitiva, es una forma de vida; la que, precisamente, descubrió en América Alexis de Tocqueville y que plasmó en su libro *La Democracia en América*, destacando cómo el poder, en el naciente Estado norteamericano, estaba extremadamente "desparramado" en el territorio de las excolonias británicas.

Es esa relación la que muestra la diferencia patética entre nuestras democracias de América Latina, carentes de participación ciudadana, y las de los países europeos o norteamericanos con democracias más consolidadas. Por ejemplo, así como en México la proporción (que deriva de la relación entre Municipio y población) es de 40.116 habitantes por Municipio; en contraste, en Francia es de 1.614 habitantes por Municipio; en Suiza es de 2.333 habitantes por Municipio; en España es de 4.825 habitantes por Municipio; en Alemania es de 5.086 habitantes por Municipio, y en Italia es de 7.156 habitantes por Municipio. En EE.UU. y en Canadá, a pesar de la disparidad de población (260 millones de habitantes y 30 millones de habitantes, respectivamente) ubicada en territorios casi iguales de más de 9 millones de $km^2$, con un número muy disímil de Municipios (70.500 en USA y 4.507 en Canadá), la proporción habitante por Municipio oscila entre 3.872 habitantes por Municipio en EE.UU. y 6.878 habitantes por Municipio en Canadá.

México, en cambio, como dijimos, tiene un promedio de 40.116 habitantes por Municipio, pero incluso podrían consolarse, pues la autoridad local no está tan lejos el ciudadano, como sucede en otros países latinoamericanos: 71.715 habitantes por Municipio en Venezuela; en Haití, 60.150 habitantes por Municipio; y en República Dominicana, 88.889 habitantes por Municipio.

¿Se entiende entonces, en el caso de Venezuela, el bajo nivel de representatividad y participación de la democracia?. El Municipio en Venezuela estaba y continúa estando tan lejos del ciudadano, que materialmente no sirve para nada bueno: ni para ser la unidad política primaria dentro de la organización nacional y centro de la participación política, ni para ser un efectivo instrumento de gestión de los intereses locales. Tan lejos está el ciudadano, además, que por ello se torna incontrolable, no le interesa a nadie (salvo a los partidos) y se convierte en un mecanismo de activismo político y de corrupción impune.

La crisis de la democracia representativa de partidos planteaba entonces, en Venezuela, la necesidad de su sustitución, sin dejar de ser representativa, por una democracia participativa en la cual el ciudadano encontrara instrumentos cotidianos para participar en los asuntos locales.

## 2. *La forma del Estado: el centralismo de Estado y la necesidad de la descentralización de la Federación*

En cuanto a la forma de Estado, debe señalarse que Venezuela siempre ha tenido la forma federal. En la primera de las Constituciones de los países de América Latina, que fue la "Constitución de la Confederación de los Estados de Venezuela" de 21-12-1811 se estableció la forma federal que siempre nos ha acompañado en nuestro constitucionalismo. En el inicio, en 1811, como había ocurrido en los Estados Unidos de Norteamérica, era la única fórmula constitucional recién inventada para unir políticamente lo que no había estado realmente unido.

Esto sucedió con las 7 Provincias disgregadas y aisladas que desde 1777 conformaban la Capitanía General de Venezuela, y cuyos representantes electos votaron la Constitución de 1811. Con posterioridad, toda la historia política venezolana ha estado signada por el movimiento pendular centralización-descentralización: al inicio de la República, las orientaciones centralistas de Simón Bolívar (1819-1821) terminaron por ceder (1830) dando paso a la forma federal que se consolidó definitivamente con los Estados Unidos de Venezuela en 1864. La federación del siglo XIX, por su parte, también cedió a partir de 1901, produciéndose durante todo el siglo XX un proceso de centralización política, primero autocrática, hasta 1935, y luego democrática, hasta el presente.

A finales del siglo XX, la forma del Estado en Venezuela era y sigue siendo, la de una Federación centralizada, que concentra el poder en el nivel nacional (federal) con un vaciamiento sustancial de competencias y poder de los Estados federados. El centralismo del Estado, por otra parte, ha ido de la mano del centralismo democrático como forma de organización interna de los partidos, dominados por "cúpulas" centrales y centralizantes.

La democracia y su perfeccionamiento, una vez que durante todo el siglo XX se había logrado la consolidación del Estado nacional y la superación de su disgregación caudillista del siglo XIX, exigía en Venezuela un gran esfuerzo de descentralización política hacia los niveles intermedios del poder, los Estados; para hacerlos autoridades realmente autónomas. Se exigía una descentralización efectiva de la Federación, para hacer de la Federación centralizada tradicional, una Federación descentralizada.

Sin duda, la descentralización política puede considerarse como la vía para la democracia y, por supuesto, no se puede confundir descentralización con federalismo. La federación puede ser un instrumento de descentralización, pero no es el sólo instrumento. Existen cada vez con más frecuencia Estados unitarios descentralizados o Estados regionales, más descentralizados que muchas antiguas federaciones latinoamericanas.

Por otra parte, la federación como forma de Estado no siempre ha sido garantía de democracia, y allí está el caso de la antigua URSS. No se puede confundir, por tanto, federación con descentralización política.

En todo caso, lo que sí era y es una pieza esencial de la reforma del Estado para la consolidación de la democracia en Venezuela, era y es la necesaria descentralización política de la Federación. La democracia, en definitiva, es consecuencia y a la vez motivo de la descentralización política como instrumento de articulación de poderes intermedios en el territorio, que permitan la actuación nacional más cerca de las comunidades y regiones. No ha habido ni existen autocracias descentralizadas; la descentralización del poder sólo es posible en democracias; por lo que la descentralización política es un asunto de las democracias. Es una consecuencia de la democratización y un producto de la democracia; y, a la vez, una condición para su sobrevivencia y perfeccionamiento.

Por lo demás, la creación y fortalecimiento de los niveles intermedios de gobierno es un fenómeno universal del mundo democrático, incluso para asegurar la posibilidad de la municipalización y participación política. Todos los Estados democráticos del mundo actual, o son Federaciones (Alemania, Austria, Suiza, Bélgica, EE.UU., Canadá) o son Estados descentralizados políticamente, con entidades regionales autónomas (Comunidades Autónomas en España o Regiones políticas en Francia o Italia, por ejemplo). Incluso, en el Reino Unido, la reforma del Estado que allí está en proceso, está montada en la idea de la *devolution* hacia los antiguos reinos, lo que ha implicado la elección de Parlamentos en Gales, lo que nunca antes había ocurrido, y Escocia, lo que no había ocurrido en los últimos 300 años.

La misma consecuencia de la democratización se había planteado en Venezuela: la Federación centralizada debía ser sustituida por una Federación descentralizada. La afloración de la crisis en el sistema político a partir de 1989, en tal sentido, incluso obligó a acelerar las reformas partiendo de las vías que permitía la Constitución de 1961, habiéndose pasado, en 1989, aceleradamente, a la elección directa de los gobernadores de Estados (lo que no había ocurrido en los últimos 100 años), y a la elección directa de los Alcaldes municipales, superándose el sistema de gobiernos municipales colegiados. Esos "remedios" democráticos contribuyeron a oxigenar el sistema y, sin duda, en la década de los noventa permitir la sobrevivencia de la democracia. Se avanzó en materia de descentralización política hasta 1993, cuando ejercimos como Ministro de Estado para la Descentralización, pero luego se abandonaron las reformas, entrando el sistema político en la crisis terminal de finales de los años noventa, que provocó la convocatoria a la Asamblea Nacional Constituyente.

### 3. *La separación de poderes, el sistema de gobierno y el control del Poder*

En cuanto al tercer aspecto que permite identificar una reforma del Estado, este se refiere al sistema de separación (horizontal) de poderes, al sistema de gobierno y a los instrumentos de control y contrapeso entre los poderes del Estado.

En cuanto a la separación de poderes como forma de distribución horizontal del Poder Público, además de los clásicos poderes Legislativo, Ejecutivo y Judicial, es evidente que en el constitucionalismo americano de las últimas décadas, han aparecido una serie de órganos con autonomía constitucional, no sujetos a los clásicos tres poderes del Estado. Estos órganos han requerido consolidación constitucional como Poderes del Estado, tal y como ha sucedido con las Contralorías Generales, con los Defensores del Pueblo o de los Derechos Humanos, con el Ministerio Público y con los órganos de conducción electoral. El equilibrio, balance y contrapeso entre todos esos poderes del Estado ha sido una de las exigencias de reforma en Venezuela desde finales de la década de los noventa.

En cuanto al sistema de gobierno, es decir, a las relaciones entre el Poder Ejecutivo y el Parlamento, la tradición del constitucionalismo venezolano, como el de toda América Latina, ha sido el del presidencialismo, es decir, un sistema de gobierno conforme al cual el Jefe de Gobierno que generalmente es el Jefe de Estado (Presidente), es electo por vía directa y no depende del Parlamento. Esto distingue el sistema presidencial de los sistemas de gobierno parlamentarios, en los cuales el Parlamento es el único cuerpo electo, siendo el Gobierno una emanación del Parlamento

En el caso de Venezuela, el presidencialismo, particularmente el que se había desarrollado durante las últimas cuatro décadas, había sido un presidencialismo moderado, conforme al cual se consolidó un sistema presidencial con sujeción parlamentaria y, por tanto, con varios injertos de parlamentarismo. La crisis del sistema de gobierno, por tanto, en realidad, no estaba en el presidencialismo, sino en el excesivo parlamentarismo, particularmente por el control férreo que existía por parte de los partidos políticos.

En particular, en cuanto a la designación de los titulares de los poderes públicos no electos (Corte Suprema de Justicia, Consejo de la Judicatura, Contralor General de la República, Fiscal General de la República, Consejo Supremo Electoral) por el Congreso, se habían formulado graves críticas por el excesivo partidismo de dichas designaciones, sin participación alguna posible de otras organizaciones sociales intermedias.

Las exigencias de reforma, en todo caso, apuntaban a asegurar mayor balance e independencia entre los poderes, y a la despartidización de su conformación. En materia de control de la constitucionalidad y de garantías judiciales de los derechos constitucionales, la reforma apuntaba a la consolidación de la jurisdicción constitucional y al perfeccionamiento de la acción de amparo.

## III. LOS RESULTADOS DEL PROCESO CONSTITUYENTE: LA REFORMA CONSTITUCIONAL DE 1999 Y LA AUSENCIA DE REFORMA DEL ESTADO

La crisis del sistema político de Estado democrático centralizado de partidos que en las dos primeras décadas de la democracia (1960-1970) había contribuido a consolidar el régimen democrático, pero que en las últimas dos décadas (1980-1990) había sido un instrumento conspirativo contra la propia democracia, por tanto, exigía su transformación en un sistema político de Estado democrático descentralizado y participativo.

La incomprensión del liderazgo partidista en haber entendido la crisis y en haber asumido el cambio político, condujo inevitablemente al proceso constituyente de 1999, derivado del triunfo electoral del Presidente Hugo Chávez Frías en diciembre de 1998, quien, además, había enarbolado en su campaña electoral la bandera del cambio político y de la convocatoria a una Asamblea Nacional Constituyente. Ese proceso debía haber asumido el proceso de reforma del Estado en los aspectos señalados de sistema de gobierno democrático, forma de Estado descentralizado y separación de poderes con pesos, contrapesos y controles recíprocos.

Sin embargo, concluido el proceso constituyente de 1999 con la publicación de la nueva Constitución (30-12-99) elaborada por la Asamblea Nacional Constituyente que había sido electa el 25 de julio de 1999, como consecuencia de un referendo consultivo que le dio origen (25-04-99), se puede constatar que en Venezuela, si bien se produjo una importante reforma constitucional, no se produjo reforma del Estado alguna. Nada de lo que había que cambiar en el sistema político fue cambiado; no hubo, por tanto, una reforma del Estado, y más bien el resultado constitucional del proceso constituyente, fue la acentuación de los aspectos más negativos del sistema.

Sin duda, en 1999 se produjo un cambio político sin procedentes en la historia política del país desde los años cuarenta, en el sentido de que aparecieron nuevos partidos políticos, habiendo sido materialmente barridos los partidos tradicionales, que asumieron el poder con carácter casi monopólico. Un nuevo liderazgo político se entronizó en todos los niveles del Poder, habiendo quedado desplazado el liderazgo partidista y no partidista anterior. Además, se produjeron importantes cambios y reformas constitucionales como, por ejemplo, la separación pentapartita del Poder Público, la eliminación del Senado como parte del Poder Legislativo Nacional, la consagración de la reelección presidencial, la creación de la figura del Vicepresidente de la República, la creación del Defensor del Pueblo, y la constitucionalización de los tratados internacionales sobre derechos humanos. Sin embargo, ninguna de esas reformas produjeron una reforma del Estado, es decir, del sistema político de Estado democrático centralizado representativo de partidos. A pesar del verbalismo constitucional, el Estado continúa montado sobre una democracia meramente representativa de partidos (sólo que ahora son nuevos partidos); el Estado sigue siendo centralizado a pesar de que se lo denomine "descentralizado"; y el presidencialismo se ha exacerbado, agregándose a los poderes del Estado, el poder militar, sin sujeción a la autoridad civil como nunca antes había ocurrido en nuestro constitucionalismo. En definitiva, hay un nuevo y acentuado centralismo y partidismo, con un acentuado presidencialismo y un nuevo militarismo constitucionalizado.

Esas reformas constitucionales, que no pueden considerarse como reformas del Estado, y que se introdujeron en la Constitución de 1999 para dejar todo igual o peor desde el punto de vista democratizador; pueden agruparse en relación con los mismos tres aspectos respecto de los cuales se requería y continúa requiriéndose una reforma del Estado para perfeccionar la democracia.

### 1. *La pervivencia de la democracia representativa de partidos*

La partidocracia o democracia monopolizada en forma exclusiva por los partidos políticos, sistema en la cual los partidos políticos monopolizan la representatividad, controlan la participación política y todas las manifestaciones del poder, ha continuado en Venezuela a pesar del proceso constituyente de 1999 o quizás, como consecuencia de la forma hegemónica como aquél se desarrolló.

En efecto, la Asamblea Nacional Constituyente electa el 25 de julio de 1999, se constituyó con 141 miembros de los cuales 135 fueron electos de las listas de candidatos apoyados abiertamente por el Presidente de la República que había sido electo meses antes, en diciembre de 1998, y de su partido, el Movimiento V República. La Asamblea, por tanto, fue un instrumento de imposición y exclusión y lejos estuvo de ser un instrumento constitucional para establecer un pacto político de la sociedad venezolana que se plasmara en una nueva Constitución. Al contrario, la Constitución de 1999 puede considerarse como un texto impuesto por la mayoría partidista y partidaria del Presidente de la República en la Asamblea Nacional Constituyente, que estuvo sometida a sus designios.

Como consecuencia del proceso constituyente, es cierto, los partidos políticos tradicionales casi desaparecieron, habiéndose trastocado el sistema multipartidista tradicional por un sistema de partido hegemónico cuyo Presidente es el propio Presidente de la República y cuyo coordinador o director nacional ha sido el Ministro de Relaciones Interiores y de Justicia. La Constitución dispone que los funcionarios públicos no pueden estar al servicio de parcialidad alguna, sino al servicio del Estado (art. 145), pero ello parece que no ha importado a los nuevos controladores del poder. Además, el sistema electoral no fue cambiado en la nueva Constitución, conservándose el sistema de representación proporcional personificado, que es un instrumento de dominio partidista.

La nueva Constitución, sin embargo, formalmente estableció un conjunto de regulaciones que evidenciaron lo que puede denominarse una reacción contra los partidos políticos, pero las cuales en la práctica han constituido letra muerta. Entre estas se destacan las siguientes: primero, la eliminación del léxico constitucional de la misma expresión "partidos políticos" y su sustitución por el de organizaciones con fines políticos (art. 67); segundo, la imposición constitucional a los diputados de representar al pueblo en su conjunto y del voto a conciencia, sin estar sujetos a mandatos ni instrucciones, ni a ataduras partidistas (art. 201) lo cual no se cumple; tercero, la pretendida eliminación de las fracciones parlamentarias en la Asamblea Nacional, existiendo en su lugar "bloques de opinión", los cuales controlan los votos en la misma forma; cuarto, la obligación de los representantes de rendir cuenta pública de su gestión (art. 197) y de acompañar su candidatura con un programa (art. 66), lo cual no se ha cumplido; quinto, la obligación de los partidos políticos de escoger sus directivos y candidatos mediante procesos de votación internos (art. 67), lo cual no se ha cumplido; sexto, la atribución al Consejo Nacional Electoral de la organización de las elecciones internas de los partidos políticos (art. 293,6), lo cual constituye una intolerable ingerencia estatal en la sociedad política; y séptimo, la prohibición constitucional del financiamiento público a los partidos políticos (art. 67) lo cual lamentablemente dará pie, no sólo al financiamiento privado ilegítimo (narcotráfico, comisiones de partidos), sino al financiamiento público irregular y corrupto, difícil de identificar en un sistema donde no existe control del ejercicio del poder, precisamente por su control hegemónico partidista.

Pero a pesar de todas estas normas "reactivas" contra los partidos políticos, sin embargo, estos siguen siendo el eje del proceso político, aún cuando ahora se trate de nuevos partidos, entre ellos el del Presidente de la República. Se trata de su instrumento electoral y político, a través del cual, incluso, respaldó políticamente al candidato gubernamental a la presidencia de la Confederación de Trabajadores de Venezuela.

La democracia venezolana, por tanto, sigue siendo esencialmente representativa de los partidos políticos, los cuales la controlan totalmente. Nada ha cambiado en el sistema, salvo que ahora hay nuevos partidos, con nuevos nombres y nuevos líderes, y un Presidente de la República que impunemente actúa como Presidente de un partido político.

Además, el sistema se ha configurado con nuevas e intolerables ingerencias en la sociedad civil, al atribuirse por ejemplo al Consejo Nacional Electoral, la potestad de organizar todas las elecciones sindicales y de gremios profesionales (art. 293,6).

Pero por otra parte, es cierto, la Constitución de 1999 es quizás, el texto constitucional que más emplea la palabra participación, regulando el derecho constitucional a la participación política (art. 62) y calificando al sistema de gobierno como democracia participativa, sentando incluso las bases para un municipalismo que concrete la participación (art. 184). Sin embargo, nada de ello ha ocurrido y es seguro que con un régimen con tendencia a la centralización y concentración del poder, no habrá efectiva descentralización política a la cual, incluso, la Constitución califica como una política nacional (art. 158).

Pero debe destacarse que en un aspecto, la Constitución de 1999 materializó directamente el espíritu de participación que la verbaliza, estableciendo directamente un mecanismo de participación "de los diversos sectores de la sociedad civil" en la designación de los titulares de los Poderes Públicos que no son elegidos por vía de sufragio universal, es decir, de los Magistrados del Tribunal Supremo de Justicia (Poder Judicial), del Contralor General de la República, del Fiscal General de la República y del Defensor del Pueblo (Poder Ciudadano) y de los miembros del Consejo Nacional Electoral (Poder Electoral). En estos casos, y como una reacción contra los partidos políticos que tradicionalmente escogían y se repartían esas posiciones mediante el control de los votos de diputados en el antiguo Congreso Nacional; la Constitución de 1999 le quitó expresamente a la Asamblea Nacional el voto discrecional para tales designaciones, y estableció un complejo sistema conforme al cual las postulaciones para esos cargos sólo la pueden hacer sendos Comités de Postulaciones integrados "por representantes de los diversos sectores de la sociedad" (arts. 264, 279, 295). En esta forma, la Asamblea Nacional no puede recibir directamente postulaciones para esos cargos y no puede designar a nadie que no haya sido postulado por los Comités de Postulaciones.

Por supuesto, este sistema de participación política previsto en la Constitución, puede considerarse como un atentado contra la hegemonía partidista en la Asamblea Nacional, por lo que ésta, simplemente, dictó en el año 2000, una Ley Especial mediante la cual no sólo no desarrolló la Constitución, sino que más bien la violó, atribuyéndose, a si misma, como Asamblea Nacional mediante una Comisión parlamentaria, las designaciones. Ello, lamentablemente fue amparado por una supuesta e indefinida transitoriedad constitucional, convalidada por la Sala Constitucional del Tribunal Supremo de Justicia, a pesar, incluso, de la acción de nulidad y amparo que ejerció contra dicha Ley, la entonces Defensora del Pueblo.

Aparte de lo anterior, sin embargo, no puede dejar de mencionarse que la Constitución de 1999 incorporó al constitucionalismo todos los mecanismos imaginables de democracia directa, mediante toda suerte de referendos (arts. 71 a 74). Pero en relación con la forma de gobierno democrático, el aspecto de las reformas constitucionales de 1999 que podía considerarse como parte de la reforma del Estado, era el de la atribución a los representantes de los diversos sectores de la sociedad civil, la potestad exclusiva de postular a los candidatos para ocupar las altas posiciones en los órganos del Poder Público no electos popularmente. Sin embargo, como hemos señalado, se trató de una reforma fallida, por burlada, por la Asamblea Nacional y la Sala Constitucional del Tribunal Supremo de Justicia.

## 2. *La pervivencia de la Federación centralizada con el nombre de Federación descentralizada*

La gran reforma política del Estado que debió haber signado los debates de la Asamblea Nacional Constituyente, era la concerniente al reforzamiento del federalismo mediante la descentralización política de la Federación. Se trataba de avanzar en las reformas que se habían iniciado en 1989, con la elección directa de los gobernadores de Estado y con el inicio de transferencias de competencias nacionales a los Estados. Era necesario prever una más precisa distribución de competencias exclusivas entre el nivel nacional, el de los Estados y el de los Municipios, así como la identificación, también más precisa, de las competencias concurrentes entre las diversas entidades político-territoriales.

Por lo demás, el aspecto más importante en el cual debía avanzarse para hacer realidad la descentralización política de la Federación, era la previsión expresa de competencias tributarias propias para los Estados.

En esta materia, sin embargo, nada se avanzó respecto de lo que ya había ocurrido con las reformas iniciadas en 1989. Más bien hubo notables retrocesos: primero, se eliminó el Senado y el bicameralismo en el Parlamento nacional, eliminándose en consecuencia toda posibilidad de igualdad entre los Estados (art. 159), pues la única instancia en la cual podrían ser iguales es cuando tienen un mismo voto, con igual valor, en una Cámara Federal; segundo, la competencia tradicionalmente residual de los Estados de la Federación fue trastocada, estableciéndose además, una competencia residual a favor del Poder Nacional en materia tributaria no atribuida expresamente a los Estados y Municipios (art. 156,12); tercero, ninguna competencia tributaria fue atribuida expresamente a los Estados, por lo que incluso la competencia tradicional en materia de impuestos al consumo que tenían como competencia originaria, fue eliminada totalmente (art. 156,12); cuarto, los Estados sólo podrán tener competencias tributarias en las materias que le sean asignadas expresamente por ley nacional (art. 167,5); quinto, las competencias que se identifican como exclusivas de los Estados de orden sustantivo, sólo pueden ejercerse de conformidad con la legislación nacional que se dicte (art. 164); sexto, la autonomía de los Estados fue duramente lesionada, al prescribirse que la regulación de las materias de competencia concurrente sólo pueden dictarla los Consejos Legislativos, cuando en el nivel nacional se dicten leyes de base y conforme a ellas (art. 165); y séptimo, la autonomía estadal fue seriamente limitada al atribuirse a la ley nacional (art. 162) la regulación del régimen y funcionamiento de los Consejos Legislativos de los Estados que son parte de sus poderes públicos, y respecto de los cuales debía corresponder a los Estados regularlos en su propia Constitución (art. 164,1).

La Federación, en Venezuela, por tanto, sólo es "descentralizada" en el calificativo inserto en el artículo 4 de la Constitución; pues en la práctica, está tanto o más centralizada que en la Constitución de 1961. En esta materia, la reforma del Estado, si la hubo, fue regresiva, acentuándose el centralismo.

### 3. *La concentración del Poder Público, el presidencialismo exacerbado y el militarismo*

El tercer aspecto que se puede configurar como un campo para una reforma del Estado, es el que concierne a la separación orgánica de poderes, para el establecimiento de sus autonomías, balances, contrapesos y controles.

En esta materia, en la Constitución de 1999 se introdujo una reforma constitucional de importancia, consistente en la sustitución de la clásica división tripartita del Poder Público (Legislativo, Ejecutivo y Judicial) por una división pentapartita, al agregarse al Poder Ciudadano y al Poder Electoral como parte de la separación orgánica de Poderes.

Sin embargo, es de la esencia de todo sistema de separación orgánica de poderes, la consagración efectiva de la autonomía e independencia entre los poderes, lo que implica, fundamentalmente, que la permanencia de los titulares de los Poderes Públicos no puede estar sujeta a decisiones de los otros poderes del Estado, salvo por lo que respecta a las competencias del Tribunal Supremo de enjuiciar a los altos funcionarios del Estado. Pero salvo estos supuestos de enjuiciamiento, los funcionarios públicos designados como titulares de los órganos del Poder Público, sólo pueden cesar cuando se les revoque su mandato mediante referendo; por lo que los titulares de los Poderes Públicos no electos, tendrían derecho a permanecer en sus cargos durante todo el período de tiempo de su mandato. Esta era la tradición del constitucionalismo venezolano.

Ahora, sin embargo, en la Constitución de 1999, esta autonomía entre los poderes del Estado ha quedado trastocada, distorsionándose la propia esencia de la separación de poderes al atribuirse a la Asamblea Nacional la potestad de remover tanto a los Magistrados del Tribunal Supremo de Justicia (art. 265), como a los titulares de los órganos del Poder Ciudadano, es decir, al Contralor General de la República, al Fiscal General de la República y al Defensor del Pueblo (art. 279) y a los Miembros del Consejo Nacional Electoral (art. 296). Es decir, los titulares de los órganos del Poder Electoral, del Poder Judicial y del Poder Ciudadano han quedado a la merced de la Asamblea Nacional, la cual, como órgano político, puede disponer la remoción de aquellos. Esto es la negación de la separación de poderes, y más bien es un signo de concentración del Poder en una Asamblea que, además, está controlada por el partido de gobierno y por tanto, directamente por el Presidente de la República, quien es el Presidente en ejercicio de dicho partido. Esto es la negación a la separación de poderes y, más bien, es el signo más evidente de su concentración en una sola Magistratura, con grave riesgo para la libertad.

Pero en otro aspecto de la separación de poderes, entre el Legislativo y el Ejecutivo que concierne al sistema de gobierno, tampoco se introdujeron reformas esenciales, salvo las que han provocado la exacerbación del presidencialismo, abandonándose así el sistema tradicional del presidencialismo moderado o con sujeción parlamentaria que era la tradición de nuestro constitucionalismo reciente. Esta exacerbación del presidencialismo, en efecto, resulta de los siguientes elementos: primero, la elección presidencial por mayoría relativa (art. 228), abandonándose la propuesta de la elección por mayoría absoluta y doble vuelta, para buscar una mayor legitimidad; segundo, la extensión del período presidencial de 5 a 6 años (art. 230); tercero, la previsión por primera vez en muchas décadas, de la reelección presidencial inmediata (art. 230); cuarto, la atribución al Presidente de la República de la potestad de legislar, cuando sea habilitado mediante ley, sin que haya límites en cuanto a las materias que pueden ser objeto de la delegación legislativa (arts. 203 y 236,8); y quinto, la posibilidad que tiene el Presidente de la República para disolver las Cámaras Legislativas en el caso de que se produzcan tres votos de censura contra el Vicepresidente de la República (art. 236,21).

Por último, debe señalarse en relación con la separación de poderes, que en la Constitución de 1999 lamentablemente se trastocó la tradicional concepción constitucional de la sujeción del poder militar al poder civil, estableciéndose, al contrario, un régimen específico sobre la "seguridad de la Nación" y de la Fuerza Armada (arts. 322 y sgts.), cuyo único vínculo con el poder civil, materialmente, es la coincidencia de la figura del Presidente de la República con el de Comandante en Jefe de la Fuerza Armada Nacional (art. 236,5), atribuyéndose al Presidente de la República además de la potestad de ejercer el mando supremo de la Fuerza Armada Nacional, la de promover sus oficiales a partir del grado de coronel o capitán de navío (arts. 236, 5 y 6), correspondiendo a la propia Fuerza Armada Nacional las otras promociones.

La Constitución de 1999, por tanto, está imbuida de un militarismo nunca conocido en el constitucionalismo venezolano anterior, el cual se concretiza, entre otros, en las siguientes regulaciones que apuntan a la eliminación de la tradicional subordinación de la autoridad militar a la civil: primero, la eliminación de la prohibición que establecían las Constituciones anteriores del ejercicio simultáneo de autoridad civil y autoridad militar; segundo, la eliminación del control por parte del Parlamento de los ascensos militares; tercero, el abandono de la previsión constitucional del carácter no deliberante y apolítico de la institución militar; cuarto, la eliminación de la obligación constitucional de velar por la estabilidad de las instituciones democráticas que preveía la Constitución de 1961; quinto, la atribución a los militares del derecho al sufragio activo (art. 330); sexto, el establecimiento del privilegio del antejuicio de mérito ante el Tribunal Supremo de Justicia para el enjuiciamiento de altos oficiales (art. 266,3); séptimo, la atribución a la Fuerza Armada del control sobre todas las armas, incluso las civiles (art. 324); octavo, la atribución a la Fuerza Armada Nacional de competencias generales la materia de policía administrativa (art. 329); y por último, la introducción a la Constitución de principios relativos a la doctrina de la seguridad nacional, globalizante y omnicomprensiva, abandonada en el constitucionalismo latinoamericano de las últimas décadas (art. 322 y sigts).

Lamentablemente, las reformas constitucionales antes referidas relativas a aspectos de concentración del poder y debilitamiento de la autonomía e independencia entre los poderes públicos; al presidencialismo exacerbado, y al militarismo; han configurado un marco constitucional, lamentablemente abierto al autoritarismo "democrático" o de presidencialismo plebiscitario, que puede llegar a impedir toda idea de democracia basada en la participación política, y pretender centrar las relaciones de poder en una supuesta relación directa entre un líder y el pueblo, sin siquiera la intermediación de partidos, y sólo con un "partido militar" que, con el apoyo de la fuerza, apuntale un sistema político populista. Todas esas reformas constitucionales, por supuesto, en nada han contribuido a la democratización del Estado y del país.

## CONCLUSIÓN

Del panorama anterior resulta, por tanto, que la reforma del Estado para la democratización efectiva del mismo, todavía es una tarea pendiente en Venezuela. En 1999, luego de un proceso constituyente, se adoptó una nueva Constitución, sin duda, con un conjunto importante de reformas constitucionales; sin embargo, las mismas no llegan a configurarse como un proceso de reforma del Estado que exigía la democracia venezolana, para sustituir el Estado democrático centralizado de partidos por un Estado, igualmente democrático, pero descentralizado y participativo.

El proceso constituyente de Venezuela, en 1999, por tanto, no condujo a una mayor democratización del país y, al contrario fue utilizado para constitucionalizar el autoritarismo, el cual, en definitiva, puede ser un instrumento profundamente antidemocrático.

De ello, puede decirse que el régimen constitucional de 1999, no es un régimen constitucional definitivo y consolidado; pues ni siquiera logró ser el producto de un consenso político. Al contrario, fue el resultado de la imposición de un grupo político sobre el resto de la población. Su duración, por tanto, es previsible que sea corta, tanta como dure en el control del poder, el grupo que lo asaltó en 1999.

La Constitución de 1999, por tanto, puede considerarse como una Constitución de transición, dictada en medio de la crisis de un sistema político, pero que no ha producido su solución. En el futuro, por tanto, continúa pendiente la realización de la reforma del Estado para su democratización, la cual no se logró realizar por la Asamblea Nacional Constituyente de 1999.

# IX

## *Reflexión en Buenos Aires:*

## LOS ACTOS EJECUTIVOS EN LA CONSTITUCIÓN VENEZOLANA Y SU CONTROL JUDICIAL*

Junio, 2001

---

* Texto ampliado de la Conferencia dictada en la *Jornadas Internacionales de Derecho Administrativo* sobre *Acto Administrativo y Reglamento,* Departamento de Derecho Administrativo, Universidad Austral, Buenos Aires, 1° de junio de 2001.

La Constitución venezolana de 1999[1], siguiendo la tradición constitucional precedente, clasifica los actos dictados por los órganos que ejercen el Poder Ejecutivo, (actos ejecutivos), según su graduación conforme a la ejecución de la Constitución, entre actos dictados en ejecución directa e inmediata de la Constitución y, por tanto, en principio, de rango legal;[2] y actos dictados en ejecución indirecta y mediata de la Constitución, los cuales al ser dictados en ejecución de la legislación son, por tanto, en principio, de rango sublegal[3].

Los primeros, son actos que tienen el mismo rango que las leyes sancionadas por la Asamblea Nacional; los segundos, en general, son los reglamentos y demás actos administrativos. Los primeros están sometidos al control de la constitucionalidad que ejerce la Jurisdicción Constitucional; y los segundos, estarían, en principio, sometidos al control de constitucionalidad y legalidad que ejerce la Jurisdicción Contencioso-Administrativa.

Pero en la Constitución de 1999, dentro de los actos ejecutivos dictados en ejecución indirecta y mediata de la Constitución (porque entre ésta y el decreto dictado se encuentra una ley), están los decretos dictados por el Presidente de la República en virtud de delegación legislativa efectuada mediante una ley habilitante (art. 203). Estos decretos, a pesar de que ejecutan una ley, sin embargo, no puede considerarse que tengan rango sublegal, pues en virtud de la propia previsión constitucional que los autoriza tienen "rango y valor de ley" (arts. 203 y 236,8). Estos actos ejecutivos, por ello,

---

1. Véase el texto y los comentarios en Allan R. Brewer-Carías, *La Constitución de 1999*, 3ª edición, Caracas 2001.
2. Terminología que recogen los artículos 334 y 336 de la Constitución.
3. Véase Allan R. Brewer-Carías, *Derecho Administrativo,* Tomo I, Caracas 1975, pp. 378 y ss.

están sometidos al control de la Jurisdicción Constitucional, tanto de constitucionalidad como de sujeción a la ley habilitante.

También pueden considerarse como actos con rango de ley, los decretos del Presidente de la República mediante los cuales fije el número, organización y competencia de los Ministerios y otros órganos de la Administración Pública Nacional conforme al artículo 236,20 de la Constitución, los cuales si bien deben seguir y respetar los "principios y lineamientos" que establece la Ley Orgánica de la Administración Pública, tienen poder derogatorio en la materia respecto de las leyes sectoriales.

Además, en la Constitución están regulados los decretos de estados de excepción (art. 338), los cuales si bien se atribuyen directamente al Presidente de la República, en Consejo de Ministros (art. 236,7), están sometidos al régimen establecido en la Ley Orgánica sobre los Estados de Excepción de 2001[4] prevista en el artículo 338 de la Constitución, que determina las medidas que pueden adoptarse con base en los mismos. Sin embargo, a pesar de que ejecutan una ley, tales decretos tampoco pueden considerarse que tengan rango sublegal, sino que como lo establece la misma Ley Orgánica, tienen "rango y fuerza de Ley" (art. 22), estando, por tanto, sometidos también al control de la Jurisdicción Constitucional.

De lo anteriormente señalado, en consecuencia, puede concluirse que son seis los tipos de actos ejecutivos en el constitucionalismo venezolano: los decretos con rango y valor de Ley, que comprenden los decretos-leyes habilitados (I), los decretos con rango de ley (II) y los decretos de estado de excepción (III); los actos dictados en ejecución directa e inmediata de la Constitución (actos de gobierno) (IV); y los reglamentos (V) y demás actos administrativos (VI), tanto de efectos generales como de efectos particulares; los cuatro primeros son de rango legal y los dos últimos de rango sublegal. Todos por supuesto están sometidos a control judicial.

## I. LOS DECRETOS CON RANGO Y VALOR DE LEY (DECRETOS-LEYES) DELEGADOS

Dentro de las atribuciones constitucionales del Presidente de la República está la de dictar, en Consejo de Ministros y previa autorización por ley habilitante, *decretos con fuerza de ley* (art. 236,8); definiendo, el artículo 203 de la Constitución, a las leyes habilitantes como "las sancionadas por la Asamblea Nacional por las 3/5

---

4. Véase *Gaceta Oficial* N° 37.261 de 15-08-01.

partes de sus integrantes, a fin de establecer directrices, propósitos y marco de las materias que se delegan al Presidente de la República, *con rango y valor de Ley*". Estas leyes habilitantes deben fijar un plazo para su ejecución.

Se estableció, en esta forma, por primera vez en el constitucionalismo venezolano, la figura de la delegación legislativa[5], en el sentido de que si bien la Asamblea Nacional es competente para "legislar en las materias de la competencia nacional y sobre el funcionamiento de las demás ramas del Poder Nacional" (art. 187,1); la misma Asamblea, mediante una ley habilitante puede delegar en el Presidente de la República, en Consejo de Ministros, la potestad legislativa. En dicha ley, que debe ser sancionada mediante una mayoría calificada de las 3/5 partes de los integrantes de la Asamblea, en todo caso, se deben establecer "las directrices, propósitos y marco de las materias que se delegan" al Presidente, y que éste, por tanto, puede regular mediante Decreto con rango y valor de ley.[6]

## 1. *Los límites a la delegación legislativa*

### A. *Las materias cuya legislación es delegable*

Las materias que corresponden a la competencia del Poder Nacional y sobre las cuales puede versar la delegación legislativa, son las enumeradas en el artículo 156 de la Constitución. La legislación relativa a esas materias, por tanto, podría ser delegada al Presidente de la República, pues constitucionalmente no habría límite alguno establecido. Por ello, esta delegación legislativa de la Asamblea Nacional en el Presidente de la República en Consejo de Ministros, no sólo es una innovación de la Constitución de 1999, sino que la misma no tiene precedentes en el constitucionalismo contemporáneo, por la amplitud como está concebida. Esta delegación, por otra parte, cambió el régimen de la Constitución de 1961

5. Véase Allan R. Brewer-Carías, *El Poder Nacional y el sistema democrático de gobierno, Instituciones Políticas y Constitucionales*, Tomo III, Caracas 1996, pp. 40 y ss.
6. Véase Eloisa Avellaneda Sisto, "El régimen de los Decretos-Leyes, con especial referencia a la Constitución de 1999", en F. Parra Aranguren y A. Rodríguez G. (Editores), *Estudios de Derecho Administrativo, Libro Homenaje a la Universidad Central de Venezuela*, Tomo I, Tribunal Supremo de Justicia, Caracas 2001, pp. 69 a 106.

que se limitaba a autorizar al Presidente de la República para dictar medidas extraordinarias en materias económicas y financieras, exclusivamente, previa habilitación por el Congreso (arts. 190, ord. 8)[7].

En la Constitución de 1999, en cambio, se ha regulado una amplísima posibilidad de delegación legislativa, sin limitación respecto de las materias que puede contener, lo cual podría resultar en un atentado inadmisible contra el principio constitucional de la reserva legal. Sobre esta delegación legislativa, incluso, el Tribunal Supremo de Justicia, en Sala Constitucional, se ha pronunciado sin fijarle o buscarle límites, admitiendo, incluso, la delegación legislativa en materias que corresponden ser reguladas por leyes orgánicas, en la siguiente forma:

> Puede apreciarse, en consecuencia, que, de acuerdo con el nuevo régimen constitucional, *no existe un límite material* en cuanto al objeto o contenido del decreto ley, de manera que, a través del mismo, pueden ser reguladas materias que, según el artículo 203 de la Constitución, corresponden a leyes orgánicas; así, *no existe limitación* en cuanto a la jerarquía del decreto ley que pueda dictarse con ocasión de una ley habilitante, por lo cual podría adoptar no sólo el rango de una ley ordinaria sino también de una ley orgánica.
>
> Igualmente aprecia la Sala que el Presidente de la República puede entenderse facultado para dictar -dentro de los límites de las leyes habilitantes- Decretos con fuerza de ley Orgánica, ya que las leyes habilitantes son leyes orgánicas por su naturaleza, al estar contenidas en el artículo 203 de la Constitución de la República Bolivariana de Venezuela, el cual se encuentra íntegramente referido a las leyes orgánicas. Así, las leyes habilitantes son, por definición, leyes marco -lo que determina su carácter orgánico en virtud del referido artículo- ya que, al habilitar al Presidente de la República para que ejerza funciones legislativas en determinadas materias, le establece las directrices y parámetros de su actuación la que deberá ejercer dentro de lo establecido en esa ley; además, así son expresamente definidas las leyes habilitantes en el mencionado artículo al disponer que las mismas tienen por finalidad *"establecer las directrices,*

7. Sobre estos actos en la Constitución de 1961 véase Gerardo Fernández, *Los Decretos Leyes,* Cuadernos de la Cátedra Allan R. Brewer-Carías de Derecho Administrativo, UCAB, Caracas 1992.

*propósitos y marco de las materias que se delegan al Presidente o Presidenta de la República..."*[8]

B. *La limitación a la delegación derivada del régimen de limitación de los derechos humanos*

Ahora bien, el primer problema que plantea esta posibilidad de delegación legislativa sin límites expresos en cuanto a las materias a delegar está, sin embargo, en determinar si es posible tal delegación en materias que impliquen regulación de los derechos y garantías constitucionales.

En efecto, en el artículo 156 de la Constitución, en el cual se enumeran las materias de competencia nacional, que podrían ser, en principio, objeto de delegación, al menos las siguientes tienen incidencia directa en el régimen de los derechos y garantías constitucionales (enumerados y desarrollados en los capítulos de la Constitución sobre la nacionalidad, y derechos civiles, políticos, sociales, culturales y educativos, económicos, de los pueblos indígenas y ambientales) enumerados en el Título III de la misma (artículos 19 a 135): la naturalización, la admisión, la extradición y expulsión de extranjeros (ord. 4); los servicios de identificación (ord. 5); la policía nacional (ord. 6); la seguridad, la defensa y desarrollo nacional (ord. 7); el régimen de la administración de riesgos y emergencias (ord. 9); la regulación del sistema monetario, del régimen cambiario, del sistema financiero y del mercado de capitales (ord. 10); el régimen del comercio exterior y la organización y régimen de las aduanas (ord. 15); la legislación sobre ordenación urbanística (ord. 19); el régimen y organización del sistema de seguridad social (ord. 22); la legislación en materia de sanidad, vivienda, seguridad alimentaria, ambiente, turismo y ordenación del territorio (ord. 23); las políticas y los servicios nacionales de educación y salud (ord. 25); el régimen de la navegación y del transporte aéreo, terrestre, marítimo, fluvial y lacustre de carácter nacional (ord. 26); y, en general, la legislación en materia de derechos, deberes y garantías constitucionales; la civil, mercantil, penal, penitenciaria, de procedimientos y de derecho internacional privado; la de elecciones; la de expropiación por causa de utilidad públi-

8. Véase sentencia Nº 1716 de 19-09-01, dictada con ocasión de la revisión constitucional del Decreto con fuerza de Ley Orgánica de los Espacios Acuáticos e Insulares de 2001.

ca o social; la de propiedad intelectual, artística e industrial; la del patrimonio cultural y arqueológico; la agraria; la de inmigración y poblamiento; la de los pueblos indígenas y territorios ocupados por ellos; la del trabajo, previsión y seguridad sociales; la de sanidad animal y vegetal; la de notarías y registro público; la de bancos y seguros; la de loterías, hipódromos y apuestas en general (ord. 32).

Es un principio constitucional fundamental, de la esencia del Estado de derecho en cuanto al régimen de los derechos y garantías constitucionales, el de la reserva legal[9], es decir, que las regulaciones, restricciones y limitaciones a los derechos y garantías constitucionales sólo pueden ser establecidas mediante *ley formal*, y "ley", conforme al artículo 202 de la Constitución, no es otra cosa que "el acto sancionado por la Asamblea Nacional como cuerpo legislador"; es decir, el acto normativo emanado del cuerpo que conforma la representación popular.

Es decir, las limitaciones o restricciones a los derechos y garantías constitucionales, de acuerdo con el principio de la reserva legal, sólo puede ser establecidas por el órgano colegiado que represente al pueblo, es decir, por la Asamblea Nacional.

Por ello, frente a una delegación legislativa tan amplia como la que regula la Constitución, sin límites expresos en ella establecidos, sin embargo, lo primero que debe precisarse son los límites que tienen que imponerse a la misma derivados de los propios principios constitucionales. De ello deriva que siendo el principio de la reserva legal de la esencia del régimen constitucional del Estado de derecho, la delegación legislativa mediante leyes habilitantes al Presidente de la República para dictar decretos con rango y valor de Ley, no puede abarcar materias que se refieran al régimen relativo a los derechos y garantías constitucionales.

La Convención Interamericana de Derechos Humanos, que en Venezuela tiene rango constitucional y es de aplicación prevalente en el derecho interno (art. 23), establece que:

> *Artículo 30*: *Alcance de las Restricciones*. Las restricciones permitidas, de acuerdo con esta Convención, al goce y ejercicio de los derechos y libertades reconocidos en la misma, no pueden ser aplicadas sino conforme a leyes que se dicten por razones de interés general y con el propósito para el cual han sido establecidas.

---

9. Véase Allan R. Brewer-Carías, "Prólogo" a la obra de Daniel Zovatto G., *Los Estados de Excepción y los Derechos Humanos en América Latina*, Caracas-San José 1990, pp. 24 y ss.

La Corte Interamericana de Derechos Humanos ha establecido que la expresión "leyes" contenida en esta norma sólo puede referirse a los actos legales emanados de "los órganos legislativos constitucionalmente previstos y democráticamente electos"[10], y que, en el caso de Venezuela, es la Asamblea Nacional.

En consecuencia, las leyes habilitantes que dicte la Asamblea Nacional delegando la potestad legislativa al Presidente de la República, en nuestro criterio, no pueden referirse a normativa alguna que implique la restricción o limitación de derechos y garantías constitucionales, pues de lo contrario violaría el principio de la reserva legal como garantía constitucional fundamental de tales derechos.

### C. *La obligación de consulta como mecanismo de participación*

Pero la habilitación legislativa que pueda delegarse al Presidente de la República, tiene otros límites impuestos en la Constitución para garantizar la participación política, que es uno de los valores fundamentales del texto constitucional.

En efecto, la Constitución establece expresamente previsiones donde se impone a la Asamblea Nacional, la obligación de consulta en el procedimiento de formación de las leyes: en primer lugar, con carácter general, el artículo 211 exige a la Asamblea Nacional y a las Comisiones Permanentes que, durante el procedimiento y aprobación de los proyectos de leyes, deben consultar (consultarán) a los otros órganos del Estado, a los ciudadanos y a la sociedad organizada para oír su opinión sobre los mismos; y en segundo lugar, el artículo 206 exige a la Asamblea Nacional, que debe consultar a los Estados (serán consultados), a través de los Consejos Legislativos, cuando se legisle en materias relativas a los mismos.

La delegación legislativa al Presidente de la República no puede configurarse como un mecanismo para eludir el cumplimiento de esta obligación constitucional de consulta en el proceso de elaboración de los Decretos leyes respectivos, la cual no se elimina por el hecho de la delegación legislativa. En consecuencia, los proyectos de Decreto-Ley deben someterse a consulta por el Ejecutivo Nacional en la misma forma indicada en la Constitución, antes de su adopción en Consejo de Ministros.

---

10. Opinión Consultiva OC-6/87 de 09-03-86. *Revista IIDH,* Nº 3, San José 1986, pp. 107 y ss.

Pero adicionalmente a las previsiones constitucionales sobre consultas de leyes, la Ley Orgánica de la Administración Pública de 2001[11] estableció la obligación general de los órganos de la Administración Pública, y el Presidente de la República es el de más alta jerarquía, de promover "la participación ciudadana en la gestión pública" (art. 135). En tal sentido, el artículo 136 de la referida Ley Orgánica obliga al Presidente de la República cuando vaya a adoptar "normas legales", es decir, decretos-leyes en ejecución de una ley habilitante, a remitir el anteproyecto "para su consulta a las comunidades organizadas y las organizaciones públicas no estatales" inscritas en el registro que debe llevarse en la Presidencia de la República (arts. 135, 136).

Pero paralelamente a ello, la Presidencia de la República debe publicar en la prensa nacional la apertura del proceso de consulta indicando su duración, para recibir las observaciones. De igual manera la Presidencia de la República debe informar sobre el período de consulta a través de la página en la internet que obligatoriamente debe tener, en la UCLA se expondrá el proyecto del decreto-ley a que se refiere la consulta (art. 136).

Durante el proceso de consulta, cualquier persona puede presentar por escrito sus observaciones y comentarios sobre el correspondiente anteproyecto, sin necesidad de estar inscrito en el registro antes mencionado (art. 135).

Aún cuando el resultado del proceso de consulta "no tendrá carácter vinculante" (art. 136), lo importante del régimen de la consulta obligatoria prevista en la ley, es la disposición del artículo 137 de la misma ley orgánica que prohíbe al Presidente de la República "aprobar normas" que no hayan sido consultados conforme a lo antes indicado, previendo expresamente la norma que

> Las normas que sean aprobadas por los órganos o entes públicos ...serán nulas de nulidad absoluta si no han sido consultadas según el procedimiento previsto en el presente Título.

Sólo en casos de emergencia manifiesta y por fuerza de la obligación del Estado en la seguridad y protección de la sociedad, es que el Presidente podría aprobar normas sin la consulta previa; pero el artículo 137 de la Ley Orgánica en todo caso exige que las normas aprobadas deben ser consultadas seguidamente bajo el mismo procedimiento a las comunidades organizadas y a las orga-

11. *Gaceta Oficial* N° 37.305 de 17-10-2001.

nizaciones públicas no estatales; estando obligado el Presidente de la República a considerar el resultado de la consulta, pudiendo ratificar, modificar o eliminar el decreto-ley.

## 2. *El control de constitucionalidad de la delegación legislativa*

La ley habilitante que se dicte por la Asamblea Nacional, conforme al artículo 203 de la Constitución, como cualquier ley, está sometida al control de constitucionalidad por parte de la Sala constitucional del Tribunal Supremo de Justicia (art. 336,1), que se ha instituido como Jurisdiccional Constitucional[12], la cual puede ejercerlo a instancia de cualquier persona, mediante el ejercicio de una acción popular.[13]

Dichas leyes habilitantes, sin embargo, no tienen previsto un control preventivo de la constitucionalidad de sus normas, como sucede con las leyes orgánicas así declaradas por la Asamblea Nacional (art. 202). De ello resulta una inconsistencia constitucional: la Asamblea Nacional puede dictar leyes habilitantes que la Sala Constitucional ha calificado como leyes orgánicas y que no están sometidas a control preventivo por parte de la misma; pero los decretos con fuerza de "ley orgánica" que dicte el Presidente de la República en ejecución de esa ley habilitante, si están sujetos al control preventivo de la Sala Constitucional. Así lo ha indicado la Sala Constitucional en su sentencia de 19-09-01, señalando lo siguiente:

> En este contexto, debe destacarse la particular característica que poseen las leyes habilitantes, ya que, a pesar de ser leyes marco (categoría 4), no requieren del control previo que ejerce esta Sala para determinar si las mismas tienen carácter orgánico; ello debido a que ha sido el propio Constituyente, en su artículo 203, quien las definió como tales, lo que significa que dichas leyes deban ser consideradas como orgánicas, aparte del quórum calificado que, para su sanción, prevé el artículo 203 de la Constitución de la República Bolivariana de Venezuela.
>
> Así, visto que el Presidente de la República puede dictar decretos con rango de leyes orgánicas, debe esta Sala determinar si los mis-

12. En general, véase Allan R. Brewer-Carías, *El sistema de Justicia Constitucional en la Constitución de 1999,* Caracas 2000.
13. Véase Allan R. Brewer-Carías, *La Justicia Constitucional. Instituciones Políticas y Constitucionales,* Tomo VI, Caracas 1996.

mos están sujetos al control previo de la constitucionalidad de su carácter orgánico por parte de la Sala Constitucional.

En este sentido, observa la Sala que el decreto con fuerza de Ley Orgánica de los Espacios Acuáticos e Insulares, fue dictado con base en la ley habilitante sancionada por la Asamblea Nacional, publicada en la Gaceta Oficial de la República Bolivariana de Venezuela N° 37.076 del 13 de noviembre de 2000, en la cual se delegó en el Presidente de la República la potestad de dictar actos con rango y fuerza de ley en las materias expresamente señaladas.

A este respecto, el artículo 203 hace referencia a que las "leyes que la Asamblea Nacional haya calificado de orgánicas serán sometidas antes de su promulgación a la Sala Constitucional del Tribunal Supremo de Justicia, para que se pronuncie acerca de la constitucionalidad de su carácter orgánico" (subrayado nuestro); ello en razón de que la formación (discusión y sanción) de leyes es una atribución que por su naturaleza le corresponde al órgano del Poder Legislativo. No obstante, si en virtud de una habilitación de la Asamblea Nacional se autoriza al Presidente para legislar, el resultado de dicha habilitación (legislación delegada) tiene que someterse al mismo control previo por parte de la Sala Constitucional.

En este sentido, el control asignado a esta Sala tiene que ver con la verificación previa de la constitucionalidad del carácter orgánico de la ley (control objetivo del acto estatal), independientemente del órgano (sujeto) que emite el acto estatal, siempre que esté constitucionalmente habilitado para ello (Asamblea Nacional o Presidente de la República en virtud de la habilitación legislativa).

Así, si bien el Decreto con fuerza de Ley Orgánica de los Espacios Acuáticos e Insulares no fue dictado por la Asamblea Nacional, lo fue por delegación de ésta, razón por la cual esta Sala resulta competente para pronunciarse acerca de la constitucionalidad del carácter orgánico del mismo, y así se declara[14].

En todo caso, los decretos leyes dictados por el Presidente de la República, en ejecución de una ley habilitante, a pesar de ser actos de ejecución directa e inmediata de dicha ley y por tanto, de ejecución indirecta y mediata de la Constitución, tienen, en virtud de ésta, rango y valor de Ley (art. 203), por lo que están sometidos al control de la constitucionalidad que ejerce la Sala Constitucional del Tribunal Supremo de Justicia, como Jurisdicción Constitucional.

---

14. Véase sentencia N° 1716 de 19-09-01, caso, Revisión constitucional del Decreto con fuerza de Ley Orgánica de los Espacios Acuáticos e Insulares de 2001.

En efecto, el artículo 334 de la Constitución dispone que:

> Corresponde a la Sala Constitucional del Tribunal Supremo de Justicia como jurisdicción constitucional, declarar la nulidad de las leyes y demás actos de los órganos que ejercen el Poder Público dictados en ejecución directa e inmediata de esta Constitución o que *tengan rango legal,* cuando colidan con aquella.

Esta competencia se reitera, además, en el artículo 336,3, al atribuir a la Sala Constitucional competencia para:

> Declarar la nulidad total o parcial de los actos de *rango de ley* dictados por el Ejecutivo nacional que colidan con esta Constitución.

En el ordenamiento jurídico venezolano, conforme al artículo 112 de la Ley Orgánica de la Corte Suprema de Justicia, la acción de inconstitucionalidad que se intenta contra las leyes, los actos ejecutivos con rango legal y los actos dictados en ejecución directa e inmediata de la Constitución, es una acción popular, que puede ejercer cualquier persona alegando un simple interés en la constitucionalidad.[15]

Los motivos de impugnación de un decreto-ley dictado en ejecución de una ley habilitante, en principio, son motivos de constitucionalidad, es decir, que el mismo "colida con la Constitución" (arts. 334 y 336,3), que viole las disposiciones o principios constitucionales.

Pero en este supuesto de los decretos-leyes, también habría otro motivo de impugnación de orden constitucional, que sería la violación por el Presidente de la República de las "directrices, propósitos y marco" de las materias que se le delegan conforme a la ley habilitante, así como el plazo para el ejercicio de la habilitación que se establezca en ella (art. 203). La violación de estos límites que establezca la ley habilitante, además de violar dicha ley, significarían una trasgresión del propio artículo 203 de la Constitución que regula dichas leyes habilitantes, configurándose por tanto, además, como vicios de inconstitucionalidad.

---

15. Véase Allan R. Brewer-Carías, *El control de la constitucionalidad de los actos estatales,* Caracas 1971, p.120 y ss.; *El control concentrado de la constitucionalidad de las leyes,* (*Estudio de derecho comparado*), Caracas 1994, pp. 48 y ss.

### 3. *La abrogación popular de los decretos leyes habilitados*

Conforme se establece expresamente en el artículo 74 de la Constitución, además de las leyes, los decretos con fuerza de ley que dicte el Presidente de la República en uso de la atribución prescrita en el artículo 236,8 de la Constitución, también pueden ser sometidos a referendo abrogatorio, cuando fuere solicitado por un número no menor del 5% de los electores inscritos en el Registro Civil y Electoral.

## II. LOS DECRETOS CON RANGO DE LEY EN MATERIA DE ORGANIZACIÓN ADMINISTRATIVA

Además de los decretos-leyes habilitados o dictados en virtud de delegación legislativa, la Constitución regula otros actos ejecutivos *con rango de ley* según la terminología de los artículos 335 y 336,3 de la Constitución, particularmente aquellos relativos a la organización administrativa.

En efecto, de acuerdo con el artículo 236,20, es atribución del Presidente en Consejo de Ministros, "fijar el número, organización y competencia de los ministerios y otros organismos de la Administración Pública Nacional, así como también la organización y funcionamiento del Consejo de Ministros, dentro de los principios y lineamientos señalados por la correspondiente Ley Orgánica".

Se trata, por tanto, de una actuación que si bien está prevista en la Constitución, no se realiza en ejecución directa e inmediata de la Constitución, sino en ejecución de una ley orgánica específica, teniendo sin embargo, rango de ley por el poder derogatorio de otras leyes que tienen los decretos respectivos.

Estos decretos, incluso, han sido regulados expresamente en la Ley Orgánica de la Administración Pública de 17-10-2001[16], en cuyo artículo 58 se atribuye al Presidente de la República la potestad de fijar, mediante decreto, el número, denominación, competencias y organización de los ministerios y otros órganos de la Administración Pública Nacional, con base en parámetros de adaptabilidad de las estructuras administrativas a las políticas públicas que desarrolla el Poder Ejecutivo Nacional y en los principios de organización y funcionamiento establecidos en la ley orgánica. En ejecución de estas normas se ha dictado el Decreto N° 1475 de 17-

---

16. Véase *Gaceta Oficial* N° 37.305 de 17-10-2001.

10-01 sobre organización y funcionamiento de la Administración Pública Central[17].

Este decreto, no puede considerarse como de contenido reglamentario ya que no tiene rango sublegal, sino rango de ley, dado el poder derogatorio no sólo respecto de las normas de la vieja Ley Orgánica de la Administración Central, sino de las leyes sectoriales atributivas de competencia a los Ministerios[18].

En el mismo sentido de decreto con rango legal debe considerarse al decreto del Presidente de la República, mediante el cual pueda variar la adscripción de los entes descentralizados funcionalmente a los Ministerios respectivos prevista en las correspondientes leyes o acto jurídico de creación, de acuerdo con las reformas que tengan lugar en la organización ministerial (art. 115,2 LOAP). Se trata, aquí también, de un decreto con poder derogatorio respecto de las leyes.

Estos decretos de rango legal en materia de organización administrativa, en todo caso, no sólo están sujetos a la Constitución, sino a la Ley Orgánica de la Administración Central, y particularmente a "los principios y lineamientos" que señale conforme al artículo 236,20 de la Constitución.

Como decretos de rango legal, corresponde a la Sala Constitucional controlar la constitucionalidad de los mismos (arts. 334 y 336,3) cuando colidan con la Constitución.

## III. LOS DECRETOS DE ESTADOS DE EXCEPCIÓN

### 1. *Los estados de excepción*

El Capítulo II del Título VIII de la Constitución, relativo a la "Protección de la Constitución", está destinado a regular las circunstancias excepcionales que pueden originar situaciones de excepción que afecten gravemente la seguridad de la Nación, de las instituciones y de las personas, y que ameriten la adopción de medidas político constitucionales para afrontarlas.

En cuanto al régimen de los estados de excepción, el artículo 338 remite a una ley orgánica (LO) para regularlos y determinar las medidas que pueden adoptarse con base en los mismos; y en tal

17. Véase *Gaceta Oficial* N° 37.305 de 17-10-2001.
18. Nos apartamos, así, de la apreciación inicial que formulamos al sancionarse la Constitución de 1999, en Allan R. Brewer-Carías, *La Constitución de 1999*, Caracas 2000, p. 123.

sentido se dictó la Ley Orgánica sobre Estados de Excepción de 15-08-2001[19] que no sólo los regula en sus diferentes formas, sino que además regula "el ejercicio de los derechos que sean restringidos con la finalidad de restablecer la normalidad en el menor tiempo posible" (art. 1).

Ahora bien, el artículo 337 de la Constitución califica expresamente como estados de excepción,

> Las circunstancias de orden social, económico, político, natural o ecológico, que afecten gravemente la seguridad de la Nación, de las instituciones y de los ciudadanos y ciudadanas, a cuyo respecto resultan insuficientes las facultades de las cuales se disponen para hacer frente a tales hechos.

La ley orgánica precisa que "los estados de excepción *son circunstancias* de orden social, económico, político, natural o ecológico, que afecten gravemente la seguridad de la Nación, de sus ciudadanos y ciudadanas o de sus instituciones", por lo que "solamente pueden declararse ante situaciones objetivas de suma gravedad que hagan insuficientes los medios ordinarios que dispone el Estado para afrontarlos" (art. 2) y en caso de "estricta necesidad para solventar la situación de anormalidad" (art. 6).

Por otra parte, la Ley Orgánica exige que "toda medida de excepción debe ser proporcional a la situación que se quiere afrontar en lo que respecta a gravedad, naturaleza y ámbito de aplicación" (art. 4), debiendo además "tener una duración limitada a las exigencias de la situación que se quiere afrontar, sin que tal medida pierda su carácter excepcional o de no permanencia" (art. 5).

Se trata, por tanto, de circunstancias excepcionales que sobrepasan las posibilidades de su atención mediante los mecanismos institucionales previstos para situaciones normales, pero que solo pueden dar lugar a la adopción de medidas que estén enmarcadas dentro de principios de logicidad, racionalidad, razonabilidad y proporcionalidad, lo que se configura como un límite al ejercicio de las mismas.

Además, debe señalarse que la declaratoria del estado de excepción en ningún caso interrumpe el funcionamiento de los órganos del Poder Público (art. 339); lo que se confirma la Ley Orgánica respectiva (art. 3).

---

19. *Gaceta Oficial* N° 37.261 de 15-08-2001.

Por último, debe señalarse que la declaración de los estados de excepción no modifica el principio de la responsabilidad del Presidente de la República, ni la del Vicepresidente Ejecutivo, ni la de los Ministros de conformidad con la Constitución y la ley (art. 232).

## 2. *Las diversas formas de los estados de excepción*

Las diversas formas específicas de estados de excepción, se enumeran en el artículo 338 de la Constitución, en el cual se distingue el estado de alarma, el estado de emergencia económica, el estado de conmoción interior y el estado de conmoción exterior; las cuales se regulan en los arts. 8 a 14 de la Ley Orgánica.

### A. *El estado de alarma*

Conforme al artículo 338 de la Constitución y el artículo 8 de la Ley Orgánica puede decretarse el estado de alarma en todo o parte del territorio nacional cuando se produzcan catástrofes, calamidades públicas u otros acontecimientos similares que pongan seriamente en peligro la seguridad de la Nación o de sus ciudadanos. La Ley Orgánica incluye también, como motivo, el peligro a la seguridad de las instituciones de la Nación (art. 8).

Dicho estado de excepción sólo puede tener una duración de hasta treinta días, siendo prorrogable por treinta días más desde la fecha de su promulgación.

### B. *El estado de emergencia económica*

El estado de emergencia económica puede decretarse en todo o parte del territorio nacional cuando se susciten circunstancias económicas extraordinarias que afecten gravemente la vida económica de la Nación (art. 338 C; art. 10 LO).

Su duración no puede ser mayor a sesenta días, prorrogables, sin embargo, por un plazo igual.

### C. *El estado de conmoción interior*

También puede decretarse el estado de conmoción interior en caso de conflicto interno, que ponga seriamente en peligro la seguridad de la Nación, de sus ciudadanos o de sus instituciones (art. 338 C; art. 13 LO).

De acuerdo con el artículo 13 de la Ley Orgánica, constituyen causas para declarar el estado de conmoción interior entre otras, todas aquellas circunstancias excepcionales que impliquen grandes perturbaciones del orden público interno y que signifiquen un notorio o inminente peligro para la estabilidad institucional, la convivencia ciudadana, la seguridad pública, el mantenimiento del orden libre y democrático, o cuando el funcionamiento de los Poderes Públicos esté interrumpido.

En este caso, la duración puede ser de hasta noventa días, siendo prorrogable hasta por noventa días más.

D. *El estado de conmoción exterior*

El estado de conmoción exterior puede decretarse en caso de conflicto externo, que ponga seriamente en peligro la seguridad de la Nación, de sus ciudadanos o de sus instituciones (art. 338 C; 14 LO).

De acuerdo con el artículo 14 de la Ley Orgánica constituyen causas, entre otras, para declarar el estado de conmoción exterior todas aquellas situaciones que impliquen una amenaza a la Nación, la integridad del territorio o la soberanía.

El estado de conmoción exterior tampoco puede exceder de noventa días, siendo prorrogable hasta por noventa días más.

3. *El decreto de estado de excepción*

En las circunstancias excepcionales antes mencionadas, corresponde al Presidente de la República, en Consejo de Ministros, decretar los estados de excepción. (art. 337).

Este decreto, como lo precisa el artículo 22 de la Ley Orgánica, tiene "rango y fuerza de Ley" y entra "en vigencia una vez dictado por el Presidente de la República, en Consejo de Ministros", agregando la norma que "deberá ser publicado en la Gaceta Oficial de la República Bolivariana de Venezuela y difundido en el más breve plazo por todos los medios de comunicación social, si fuere posible."

Esta previsión legal, sin duda, es inconstitucional, pues no puede establecerse que un Decreto que tiene rango y fuerza de Ley pueda entrar en vigencia antes de su publicación, es decir, desde que se dicte por el Presidente de la República. Conforme al artículo 215 de la Constitución, la ley sólo queda promulgada al publicarse con el correspondiente "Cúmplase" en la *Gaceta Oficial*, disponiendo el Código Civil, en su artículo 1, que "la Ley es obligatoria *desde su publicación* en la Gaceta Oficial" o desde la fecha posterior que ella misma indique (art. 1).

En decreto de estado de excepción, por tanto, sólo puede entrar en vigencia desde su publicación en la *Gaceta Oficial*, no pudiendo entenderse este requisito publicación y vigencia, como una mera formalidad adicional de divulgación como parece derivarse del texto del artículo 22 de la Ley Orgánica.

Por otra parte, el decreto debe cumplir con las exigencias, principios y garantías establecidos en el Pacto Internacional de Derechos Civiles y Políticos y en la Convención Americana sobre Derechos Humanos (art. 339 C).

Conforme al artículo 4 del Pacto Internacional de Derechos Civiles y Políticos, el estado de excepción debe ser "proclamado oficialmente". Con base en ello sólo se pueden "adoptar disposiciones" que, en la medida estrictamente limitada a las exigencias de la situación, suspendan las obligaciones contraídas (por los Estados) en virtud de este Pacto. Las medidas, además, no pueden "ser incompatibles con las demás obligaciones que les impone el derecho internacional y no entrañen discriminación alguna fundada únicamente en motivos de raza, color, sexo, idioma, religión u origen social". En igual sentido se dispone en el artículo 27 de la Convención Americana sobre Derechos Humanos.

Por otra parte, el Pacto exige que todo Estado "que haga uso del derecho de suspensión" debe informar inmediatamente a todos los demás Estados Partes en el Pacto, por conducto del Secretario General de las Naciones Unidas, "de las disposiciones cuya aplicación haya suspendido y de los motivos que hayan suscitado la suspensión". Igualmente, deben comunicar la fecha "en que haya dado por terminada tal suspensión" (art. 4,3). La Convención Americana establece una disposición similar de información a los Estados Partes en la Convención, por conducto del Secretario General de la Organización de Estados Americanos (art. 27,3).

Por último, la Ley Orgánica dispone que el Presidente de la República puede solicitar a la Asamblea Nacional la prórroga del Decreto por un plazo igual, correspondiendo a la Asamblea la aprobación de dicha prórroga (art. 338). Este puede ser revocado por el Ejecutivo Nacional o por la Asamblea Nacional o por su Comisión Delegada, antes del término señalado, al cesar las causas que lo motivaron.

## 4. *Medidas que pueden adoptarse en virtud del decreto de estado de excepción*

### A. *Régimen general*

Conforme al artículo 15 de la Ley Orgánica, el Presidente de la República, en Consejo de Ministros, tiene las siguientes facultades:

> a) Dictar todas las medidas que estime convenientes en aquellas circunstancias que afecten gravemente la seguridad de la Nación, de sus ciudadanos y ciudadanas o de sus instituciones, de conformidad con los artículos 337, 338 y 339 de la Constitución de la República Bolivariana de Venezuela.
>
> b) Dictar medidas de orden social, económico, político o ecológico cuando resulten insuficientes las facultades de las cuales disponen ordinariamente los órganos del Poder Público para hacer frente a tales hechos.

Además, en particular, en el caso del decreto que declare el estado de emergencia económica, conforme al artículo 11 de la Ley Orgánica, en el mismo se pueden disponer "las medidas oportunas, destinadas a resolver satisfactoriamente la anormalidad o crisis e impedir la extensión de sus efectos".

Asimismo, en el caso del decreto que declare el estado de conmoción exterior, se pueden tomar "todas las medidas que se estimen convenientes, a fin de defender y asegurar los intereses, objetivos nacionales y la sobrevivencia de la República" (art. 14).

En todo caso, decretado el estado de excepción, el Presidente de la República puede delegar su ejecución, total o parcialmente, en los gobernadores, alcaldes, comandantes de guarnición o cualquier otra autoridad debidamente constituida, que el Ejecutivo Nacional designe (art. 16).

### B. *La restricción de las garantías constitucionales*

Conforme se establece en el artículo 337 de la Constitución, en los casos en los cuales se decreten estados de excepción, el Presidente de la República en Consejo de Ministros también puede restringir temporalmente las garantías consagradas en la Constitución,

Salvo las referidas a los derechos a la vida, prohibición de incomunicación o tortura, el derecho al debido proceso, el derecho a la información y los demás derechos humanos intangibles.

Este es el único supuesto establecido en la Constitución de 1999 conforme al cual el Presidente puede restringir las garantías constitucionales (art. 236, ord. 7), habiéndose eliminado toda posibilidad de "suspender" dichas garantías como lo autorizaba la Constitución de 1961 (art. 241). De ello deriva, además, que tampoco podrían restringirse los derechos constitucionales, sino sólo sus "garantías"[20].

Ahora bien, en relación con la restricción de garantías constitucionales con motivo de un decreto de estado de excepción, el artículo 6 de la Ley Orgánica dispone que

> *Artículo 6*: El decreto que declare los estados de excepción será dictado en caso de estricta necesidad para solventar la situación de anormalidad, ampliando las facultades del Ejecutivo Nacional, con la restricción temporal de las garantías constitucionales permitidas y la ejecución, seguimiento, supervisión e inspección de las medidas que se adopten conforme a derecho. El Presidente de la República, en Consejo de Ministros, podrá ratificar las medidas que no impliquen la restricción de una garantía o de un derecho constitucional. Dicho decreto será sometido a los controles que establece esta Ley.

Por otra parte, en relación con la enumeración de las garantías constitucionales de derechos que no pueden ser objeto de restricción, en forma alguna, conforme al antes mencionado artículo 337 de la Constitución (regulados en los artículos 43; 43, ord. 2; 46, ord. 1; 49 y 58 de la Constitución), sin duda, debe considerarse que forman parte de "los demás derechos humanos intangibles" cuyas garantías tampoco pueden restringirse, los indicados como no restringibles en el Pacto Internacional de Derechos Civiles y Políticos (art. 4), y en la Convención Americana de Derechos Humanos (art. 27), que son: la garantía de la igualdad y no discriminación; la garantía de no ser condenado a prisión por obligaciones contractuales; la garantía de la irretroactividad de la ley; el derecho a la personalidad; la libertad religiosa; la garantía de no ser sometido a esclavitud o servidumbre; la garantía de la integridad perso-

20. Véase Allan R. Brewer-Carías, "Consideraciones sobre la suspensión o restricción de las garantías constitucionales", en *Revista de Derecho Público*, Nº 37, EJV, Caracas 1989, pp. 5 y ss.

nal; el principio de legalidad; la protección de la familia; los derechos del niño; la garantía de la no privación arbitraria de la nacionalidad y el ejercicio de los derechos políticos al sufragio y el acceso a las funciones públicas[21].

Ahora bien, en relación con esta materia, el artículo 7 de la Ley Orgánica indica que:

> *Artículo 7*: No podrán ser restringidas, de conformidad con lo establecido en los artículos 339 de la Constitución de la República Bolivariana de Venezuela, 4.2 del Pacto Internacional de Derechos Civiles y Políticos y 27.2 de la Convención Americana sobre Derechos Humanos, las garantías de los derechos a:
>
> 1. La vida.
> 2. El reconocimiento a la personalidad jurídica.
> 3. La protección de la familia.
> 4. La igualdad ante la ley.
> 5. La nacionalidad.
> 6. La libertad personal y la prohibición de práctica de desaparición forzada de personas.
> 7. La integridad personal física, psíquica y moral.
> 8. No ser sometido a esclavitud o servidumbre.
> 9. La libertad de pensamiento, conciencia y religión.
> 10. La legalidad y la irretroactividad de las leyes, especialmente de las leyes penales.
> 11. El debido proceso.
> 12. El amparo constitucional.
> 13. La participación, el sufragio y el acceso a la función pública.
> 14. La información.

Lamentablemente, en esta enumeración, la Ley Orgánica omitió la "prohibición de incomunicación o tortura" que establece el artículo 337 de la Constitución; la garantía a no ser condenado a prisión por obligaciones contractuales; y los derechos del niño que enumeran las Convenciones Internacionales mencionadas, que tienen rango constitucional (art. 23).

En todo caso, de las anteriores regulaciones relativas a la restricción de garantías constitucionales como consecuencia de un decreto de estado de excepción, debe destacarse lo siguiente:

En *primer lugar*, debe insistirse en el hecho de que se eliminó de la Constitución la posibilidad de que se pudiesen "suspender"

---

21. Véase Allan R. Brewer-Carías, *La Constitución de 1999, cit.*, pp. 236 y 237.

las garantías constitucionales, como lo autorizaba el artículo 241, en concordancia con el artículo 190, ordinal 6 de la Constitución de 1961, y que dio origen a tantos abusos institucionales[22], quedando la potestad de excepción, a la sola posibilidad de "restringir" (art. 236, ord. 7) las garantías constitucionales.

En *segundo lugar*, la Constitución exige expresamente que el Decreto que declare el estado de excepción y restrinja garantías constitucionales, obligatoriamente debe "regular el ejercicio del derecho cuya garantía se restringe" (art. 339). Es decir, no es posible que el decreto "restrinja" una garantía constitucional pura y simplemente, sino que es indispensable que en el mismo decreto se regule en concreto el ejercicio del derecho. Por ejemplo, si se restringe la libertad de tránsito, por ejemplo, en el mismo decreto de restricción, que tiene entonces que tener contenido normativo, debe especificarse en qué consiste la restricción, estableciendo por ejemplo, la prohibición de circular a determinadas horas (toque de queda), o en determinados vehículos.[23]

Lamentablemente, sin embargo, en la Ley Orgánica no se desarrolló esta exigencia constitucional, quizás la más importante en materia de restricción de garantías constitucionales. Sólo regulándose normativamente su ejercicio, en el decreto que restrinja las garantías constitucionales, es que podría tener sentido la previsión del artículo 21 de la Ley Orgánica que dispone que:

> *Artículo 21*: El decreto que declare el estado de excepción suspende temporalmente, en las leyes vigentes, los artículos incompatibles con las medidas dictadas en dicho decreto.

Para que esta "suspensión" temporal de normas legales pueda ser posible, por supuesto, es necesario e indispensable que el decreto establezca la normativa sustitutiva correspondiente.

---

22. Véase Allan R. Brewer-Carías, "Consideraciones sobre la suspensión o restricción de las garantías constitucionales", *loc. cit.*, pp. 5 a 25; y Allan R. Brewer-Carías, *Derecho y acción de amparo, Instituciones Políticas y Constitucionales*, Tomo V, Caracas 1997, pp. 11 a 44.
23. Véase las críticas a la suspensión no regulada de las garantías constitucionales con motivo de los sucesos de febrero de 1989, en Allan R. Brewer Carías, "Consideraciones sobre la suspensión...", *loc. cit*, págs. 19 y ss., y en Allan R. Brewer Carías, en "Prólogo" el libro de Daniel Zovatto G., *Los estados de excepción y los derechos humanos en América Latina, cit.*, pp. 24 y ss.

### C. *La movilización*

Conforme al artículo 23 de la Ley Orgánica, decretado el estado de excepción, el Presidente de la República en su condición de Comandante en Jefe de la Fuerza Armada Nacional puede, además, ordenar la movilización de cualquier componente o de toda la Fuerza Armada Nacional, operación que debe regirse por las disposiciones que sobre ella establece la ley respectiva.

### D. *La requisición*

Con motivo de la declaración de estado de excepción, conforme al artículo 24 de la Ley Orgánica, el Ejecutivo Nacional tiene la facultad de requisar los bienes muebles e inmuebles de propiedad particular que deban ser utilizados para restablecer la normalidad.[24]

En estos supuestos, para que se ejecutase cualquier requisición, es indispensable la orden previa del Presidente de la República o de la autoridad competente designada, dada por escrito, en la cual se debe determinar la clase, cantidad de la prestación, debiendo expedirse una constancia inmediata de la misma.

En todo caso, terminado el estado de excepción, deben restituirse los bienes requisados a sus legítimos propietarios, en el estado en que es encuentren, sin perjuicio de la indemnización debida por el uso o goce de los mismos. En los casos que los bienes requisados no pudieren ser restituidos, o se trate de bienes fungibles o perecederos, la República debe pagar el valor total de dichos bienes, calculados con base en el precio que los mismos tenían en el momento de la requisición (art. 25 LO).

### E. *Las medidas relativas a los artículos de primera necesidad y a los servicios públicos*

Por otra parte, una vez decretado el estado de excepción, también se puede limitar o racionar el uso de servicios o el consumo de artículos de primera necesidad, tomar las medidas necesarias para asegurar el abastecimiento de los mercados y el funcionamiento de los servicios y de los centros de producción (art. 19 LO).

---

24. Sobre la requisición véase Allan R. Brewer-Carías, "Adquisición de propiedad privada por parte del Estado en el Derecho Venezolano" en Allan R. Brewer-Carías, *Jurisrprudencia de la Corte Suprema 1930-1974* y *Estudios de Derecho Administrativo,* Tomo VI, Caracas 1979, pp. 24 y 33.

Salvo que el decreto regule otra cosa, estas medidas deben adoptarse conforme a la Ley de Protección al Consumidor o al Usuario.

### F. *Las medidas de orden presupuestarias en cuanto al gasto público*

Conforme al artículo 20 de la Ley Orgánica,

> Decretado el estado de excepción, el Ejecutivo puede hacer erogaciones con cargo al Tesoro Nacional que no estén incluidas en la Ley de Presupuesto y cualquier otra medida que se considere necesaria para regresar a la normalidad, con fundamento en la Constitución de la República Bolivariana de Venezuela y la presente Ley.

Se pretendió, en esta forma, establecer una excepción al principio constitucional del artículo 314 de la Constitución que, al contrario, prescribe terminantemente y sin posibilidad de excepción, que "No se hará ningún tipo de gastos que no haya sido previsto en la Ley de Presupuesto".

Esta excepción del artículo 20 de la Ley Orgánica, por tanto, sin duda, es inconstitucional, pues la Constitución no autoriza en forma alguna que puedan hacerse gastos o erogaciones no previstos en la Ley de Presupuesto, salvo mediante la utilización del mecanismo de "créditos adicionales" que autoriza al artículo 314 de la propia Constitución.

### G. *Los efectos jurídicos de los estados de excepción respecto de los ciudadanos: la obligación de cooperar*

Como se ha señalado, el decreto de estado de excepción tiene rango y valor de ley, por lo que sus disposiciones, tienen el mismo valor vinculante de las leyes respecto de los ciudadanos.

Pero además, conforme al artículo 17 de la Ley Orgánica, toda persona natural o jurídica, de carácter público o privado, está obligada a cooperar con las autoridades competentes para la protección de personas, bienes y lugares, pudiendo imponerles servicios extraordinarios por su duración o por su naturaleza, con la correspondiente indemnización de ser el caso.

El incumplimiento o la resistencia de esta obligación de cooperar conforme al artículo 18 de la Ley Orgánica, "será sancionado con arreglo a lo dispuesto en las respectivas leyes" pudiéndose así acudir al tipo delictivo de desacato a la autoridad, por ejemplo.

En todo caso, si esos actos fuesen cometidos por funcionarios, las autoridades pueden suspenderlos de inmediato en el ejercicio de sus cargos y deben notificar al superior jerárquico, a los efectos del oportuno expediente disciplinario. Cuando se trate de autoridades electas por voluntad popular, el artículo 18 sólo indica que "se procederá de acuerdo con lo contemplado en la Constitución de la República Bolivariana de Venezuela y en las leyes". Sin embargo, lo único en esta materia que regula la Constitución es el referendo revocatorio de mandato (art. 72).

### 5. *El control de los decretos de estados de excepción*

De acuerdo con el artículo 339, el decreto que declare el estado de excepción debe ser presentado, dentro de los 8 días siguientes de haberse dictado, a la Asamblea Nacional o a la Comisión Delegada, para su consideración y aprobación, y a la Sala Constitucional del Tribunal Supremo de Justicia, para que se pronuncie sobre su constitucionalidad (art. 336,6).

Este doble régimen general de control parlamentario y judicial, lo desarrolla la Ley Orgánica, estableciendo normas particulares en relación con el control por parte de la Asamblea Nacional, por parte de la Sala Constitucional del Tribunal Supremo y por parte de los jueces de amparo.

#### A. *El control por la Asamblea Nacional*

##### a. *El sometimiento del decreto a la Asamblea*

Como se ha dicho, el decreto que declare el estado de excepción debe ser remitido por el Presidente de la República a la Asamblea Nacional, dentro de los 8 días continuos siguientes a aquel en que haya sido dictado, para su consideración y aprobación.

En el mismo término, deben ser sometidos a la Asamblea Nacional los decretos mediante los cuales se solicite la prórroga del estado de excepción o aumento del número de garantías restringidas.

Si el Presidente de la República no diere cumplimiento al mandato establecido en el lapso previsto, la Asamblea Nacional se debe pronunciar de oficio (art. 26).

### b. *La aprobación por la Asamblea*

El decreto que declare el estado de excepción, y la solicitud de prórroga o aumento del número de garantías restringidas, deben ser aprobados por la mayoría absoluta de los diputados presentes en sesión especial que se debe realizar sin previa convocatoria, dentro de las 48 horas de haberse hecho público el decreto (art. 27). El tema de la publicidad, de nuevo, tiene que vincularse a la publicación del decreto en la Gaceta Oficial.

Si por caso fortuito o fuerza mayor la Asamblea Nacional no se pronunciare dentro de los 8 días continuos siguientes a la recepción del decreto, éste se debe entender aprobado. Se establece así, un silencio parlamentario positivo con efectos aprobatorios tácitos.

Si el decreto que declare el estado de excepción, su prórroga o el aumento del número de garantías restringidas, se dicta durante el receso de la Asamblea Nacional, el Presidente de la República lo debe remitir a la Comisión Delegada, en el mismo término fijado en el artículo 26 de la Ley Orgánica. En este caso, conforme al artículo 29, la Comisión Delegada sólo puede considerar la aprobación del decreto que declare el estado de excepción, su prórroga, o el aumento del número de garantías restringidas, si por las circunstancias del caso le resulta imposible convocar una sesión ordinaria de la Asamblea Nacional, dentro de las 48 horas a que hace referencia el artículo 27 de la Ley Orgánica, o si a la misma no concurriere la mayoría absoluta de los diputados.

En todo caso, dice el artículo 30 de la Ley Orgánica, que el acuerdo dictado por la Asamblea Nacional "entra en vigencia inmediatamente, por lo que debe ser publicado en la *Gaceta Oficial* de la República Bolivariana de Venezuela y difundido en el más breve plazo, por todos los medios de comunicación social, al día siguiente en que haya sido dictado, si fuere posible" (art. 30). De nuevo encontramos aquí la incongruencia de que pueda considerarse que un acto parlamentario de aprobación de un decreto "con rango y fuerza de ley", pueda entrar en vigencia antes de su publicación en la *Gaceta Oficial*, lo cual es totalmente inadmisible.

### B. *El control por el Tribunal Supremo de Justicia*

De acuerdo con el artículo 336,6 de la Constitución, compete a la Sala Constitucional "revisar en todo caso, aún de oficio, la constitucionalidad de los decretos que declaren estados de excepción dictados por el Presidente de la República". Se trata de un control de la constitucionalidad automático y obligatorio que la Sala, incluso, puede ejercer de oficio.

La Ley Orgánica desarrolla el ejercicio de este control, estableciendo diferentes regulaciones que deben destacarse.

### *a. La remisión del decreto a la Sala Constitucional*

Conforme al artículo 31 de la Ley Orgánica, el decreto que declare el estado de excepción, su prórroga o el aumento del número de garantías restringidas, deben ser remitidos por el Presidente de la República dentro de los 8 días continuos siguientes a aquél en que haya sido dictado, a la Sala Constitucional del Tribunal Supremo de Justicia, a los fines de que ésta se pronuncie sobre su constitucionalidad. En el mismo término, el Presidente de la Asamblea Nacional debe enviar a la Sala Constitucional, el Acuerdo mediante el cual se apruebe el estado de excepción.

Si el Presidente de la República o el Presidente de la Asamblea Nacional, según el caso, no dieren cumplimiento al mandato establecido en el presente artículo en el lapso previsto, la Sala Constitucional del Tribunal Supremo de Justicia se pronunciará de oficio (art. 31). Por supuesto, estimamos que este no es el único supuesto en el cual la Sala Constitucional puede revisar de oficio el decreto, lo cual puede hacer desde que se dicte y se publique en la *Gaceta Oficial*, y no sólo al final del lapso indicado ni sólo si no se le remite oficialmente al decreto.

Debe destacarse que con la previsión de este sistema de control de constitucionalidad automático y obligatorio, una vez que el mismo se efectúa por la Sala Constitucional y ésta, por ejemplo, declara la constitucionalidad del decreto, no podría entonces ejercerse una acción popular de inconstitucionalidad contra el decreto, pues contrariaría la cosa juzgada constitucional.

Por otra parte, debe destacarse que el artículo 33 de la Ley Orgánica dispone que:

> *Artículo 33*: La Sala Constitucional del Tribunal Supremo de Justicia omitirá todo pronunciamiento, si la Asamblea Nacional o la Comisión Delegada desaprobare el decreto de estado de excepción o denegare su prórroga, declarando extinguida la instancia.

Esta norma, sin duda, también puede considerarse como inconstitucional pues establece una limitación al ejercicio de sus poderes de revisión por la Sala, no autorizada en la Constitución.

La revisión, aún de oficio, del decreto de estado de excepción puede realizarse por la Sala Constitucional, independientemente de que la Asamblea Nacional haya negado su aprobación, máxime si el decreto, conforme a la Ley Orgánica al entrar en vigencia "en forma inmediata" incluso antes de su publicación, ha surtido efectos.

### *b. Motivos de control*

La Sala Constitucional tiene competencia para revisar la constitucionalidad de los decretos de excepción, es decir, que en su emisión se hubieran cumplido los requisitos establecidos en la Constitución (constitucionalidad formal) y en la Ley Orgánica; y segundo, que el decreto no viole la normativa constitucional ni la establecida en la Ley Orgánica. Los motivos de inconstitucionalidad a ser considerados por la Sala, por otra parte, pueden ser alegados por interesados en la constitucionalidad, como se señala más adelante.

Es de destacar, en relación con estos motivos de inconstitucionalidad, por ejemplo, el incumplimiento por el decreto de estado de excepción que restrinja una garantía constitucional, de la exigencia de que el decreto debe "regular el ejercicio del derecho cuya garantía se restringe" (art. 339); es decir, que tiene que tener contenido normativo en relación con las restricciones al ejercicio del derecho constitucional respectivo. Se trata, en definitiva, de una exigencia constitucional que busca suplir el principio de la reserva legal.

En efecto, como se ha dicho, el principio básico de la regulación constitucional de los derechos y libertades públicas en Venezuela, es decir, la verdadera "garantía" de esos derechos y libertades radica en la reserva establecida a favor del legislador para limitar o restringir dichos derechos. Sólo por ley pueden establecerse limitaciones a los derechos y libertades consagrados en la Constitución. Pero la propia Constitución admite la posibilidad de que las garantías constitucionales puedan ser restringidas en circunstancias excepcionales, por decisión del Presidente de la República en Consejo de Ministros, lo que implica que durante el tiempo de vigencia de estas restricciones, las garantías de los derechos y libertades podrían ser regulados por vía ejecutiva.

Por ello, la consecuencia fundamental del decreto de excepción que establezca la restricción de garantías constitucionales, es la posibilidad que tiene el Poder Ejecutivo de regular el ejercicio del derecho, asumiendo competencias que normalmente corresponderían al Congreso. Si la esencia de la garantía constitucional es la reserva legal para su limitación y reglamentación; restringida la garantía constitucional, ello implica la restricción del monopolio del legislador para regular o limitar los derechos, y la consecuente ampliación de los poderes del Ejecutivo Nacional para regular y limitar, por vía de Decreto, dichas garantías constitucionales[25].

Por supuesto, tal como lo aclara la propia Constitución, la declaración del estado de excepción (y la eventual restricción) de garantías "no interrumpe el funcionamiento de los órganos del Poder Público" (art. 339); es decir, si bien amplía las competencias reguladoras del Poder Ejecutivo, no impide ni afecta las competencias legislativas ordinarias del Congreso.

### c. *Procedimiento y la participación de interesados*

Conforme al artículo 32, la Sala Constitucional del Tribunal Supremo de Justicia debe decidir la revisión del decreto de estado de excepción en el lapso de 10 días continuos contados a partir de la comunicación del Presidente de la República o del Presidente de la Asamblea Nacional, o del vencimiento del lapso de 8 días continuos previsto en el artículo anterior.

Si la Sala Constitucional no se pronuncia en el lapso mencionado, conforme al artículo 32 de la Ley Orgánica, los Magistrados que la componen "incurren en responsabilidad disciplinaria, pudiendo ser removido de sus cargos de conformidad con lo establecido en el artículo 265 de la Constitución". Este es el primer supuesto de "falta grave" para la remoción de los Magistrados del Tribunal Supremo que se regula en la legislación, por parte de la Asamblea Nacional.

En el curso del procedimiento, para cuyo desarrollo todos los días y horas se consideran hábiles (art. 39 LO), los interesados, durante los 5 primeros días del lapso para decidir que tiene la Sala Constitucional, pueden consignar los alegatos y elementos de convicción que sirvan para demostrar la constitucionalidad o la inconstitucionalidad del decreto que declare el estado de excepción, acuerde su prórroga o aumente el número de garantías restringidas.

No precisa el artículo, sin embargo, quienes pueden ser considerados "interesados", por lo que debe entenderse que al tratarse

25. Cfr. Allan R. Brewer-Carías, *Las garantías constitucionales de los derechos del hombre,* Caracas 1976, pp. 33, 40 y 41.

de un juicio de inconstitucionalidad relativo a un decreto "con rango y valor de ley", debe dársele el mismo tratamiento que el establecido para la acción popular, es decir, que para ser interesado basta alegar un simple interés en la constitucionalidad.

En todo caso, la Sala Constitucional del Tribunal Supremo de Justicia, dentro de los 2 días siguientes debe admitir los alegatos y elementos de prueba que resulten pertinentes y desechar aquellos que no lo sean. Contra esta decisión, dispone la Ley Orgánica, "no se admitirá recurso alguno", lo cual es absolutamente superfluo, pues no existe recurso posible alguno en el ordenamiento jurídico constitucional, contra las decisiones de la Sala Constitucional.

*d. Decisión*

La Sala Constitucional del Tribunal Supremo de Justicia debe decidir dentro de los 3 días continuos siguientes a aquel en que se haya pronunciado sobre la admisibilidad de los alegatos y las pruebas presentadas por los interesados (art. 36).

En su decisión, conforme al artículo 37 de la Ley Orgánica:

> *Artículo 37*: La Sala Constitucional del Tribunal Supremo de Justicia declarará la nulidad total o parcial del decreto que declara el estado de excepción, acuerda su prórroga o aumenta el número de garantías restringidas, cuando no se cumpla con los principios de la Constitución de la República Bolivariana de Venezuela, tratados internacionales sobre derechos humanos y la presente Ley.

En relación con los efectos de la decisión de la Sala Constitucional en el tiempo, la ley orgánica expresamente prescribe los efectos *ex tunc*, disponiendo que:

> *Artículo 38*: La decisión de nulidad que recaiga sobre le decreto tendrá efectos retroactivos, debiendo la Sala Constitucional del Tribunal Supremo de Justicia restablecer inmediatamente la situación jurídica general infringida, mediante la anulación de todos los actos dictados en ejecución del decreto que declare el estado de excepción, su prórroga o aumento del número de garantías constitucionales restringidas, sin perjuicio del derecho de los particulares de solicitar el restablecimiento de su situación jurídica individual y de ejercer todas las acciones a que haya lugar. Esta decisión deberá ser publicada íntegramente en la *Gaceta Oficial* de la República Bolivariana de Venezuela.

### C. *El control por los demás tribunales*

De acuerdo con el artículo 27 de la Constitución, el ejercicio del derecho de amparo "no puede ser afectado en modo alguno por la declaratoria de estado de excepción o de la restricción de garantías constitucionales", derogándose en forma tácita el ordinal del artículo de la Ley Orgánica de Amparo sobre Derechos y Garantías Constitucionales de 1988 que restringía el ejercicio de la acción de amparo en las situaciones de restricción de Garantías Constitucionales[26]. Por ello, incluso, la propia Ley Orgánica enumera, entre las garantías no restringibles "el amparo constitucional" (art. 7, ord. 12).

En consecuencia, el artículo 40 de la Ley Orgánica dispone que:

> *Artículo 40*: Todos los jueces o juezas de la República, en el ámbito de su competencia de amparo constitucional, están facultados para controlar la justificación y proporcionalidad de las medidas adoptadas con base al estado de excepción.

Esta norma, sin embargo, puede considerarse como inconvenientemente restrictiva, pues parecería que los jueces de amparo no podrían ejercer su potestad plena de protección frente a las violaciones de derechos y garantías constitucionales en estas situaciones de los estados de excepción, sino sólo en los aspectos señalados de justificación y proporcionalidad de las medidas que se adopten con motivo de los mismos.

### D. *El control por la comunidad organizada y las organizaciones públicas no estatales*

La Ley Orgánica de la Administración Pública, como hemos señalado, establece un mecanismo preciso de participación ciudadana al regular el procedimiento de consulta obligatoria a las comunidades organizadas y a las organizaciones políticas no estatales, respecto de los anteproyectos de normas legales o reglamentarias que se proponga dictar el Presidente de la República (arts. 135, 136). Como hemos señalado, esencialmente, un decreto de estado de excepción debe contener la regulación legal relativa al ejercicio

26. Véase Allan R. Brewer-Carías, "El amparo a los derechos y la suspensión o restricción de garantías constitucionales", *El Nacional,* Caracas 14-4-89, p. A-4.

del derecho cuya garantía se restringe, por lo que en el ámbito de los decretos de estados de excepción esa consulta debe realizarse obligatoriamente.

En este supuesto de los decretos de estado de excepción, sin embargo, la consulta obligatoria para promover la participación ciudadana no es previa sino posterior a la emisión del acto. En efecto, el artículo 137 de la Ley Orgánica de la Administración Pública dispone que "en casos de emergencia manifiesta y por fuerza de la obligación del Estado en la seguridad y protección de la sociedad" el Presidente de la República podría dictar esos decretos con contenido normativo sin consulta previa; pero en todo caso, está obligado a consultar seguidamente "bajo el mismo procedimiento" de consultas públicas, a las comunidades organizadas y a las organizaciones públicas no estatales; estando obligado a considerar el resultado de la consulta.

## IV. LOS ACTOS EJECUTIVOS DICTADOS EN EJECUCIÓN DIRECTA E INMEDIATA DE LA CONSTITUCIÓN (ACTOS DE GOBIERNO)

### 1. *Los actos de gobierno*

Además de los decretos con rango y valor de ley que conforme a la Constitución, puede emitir el Presidente de la República, éste puede dictar otros actos de igual rango que la Ley, pero desvinculados de ésta por ser emanados en ejecución directa e inmediata de la Constitución, los cuales en Venezuela se denominan "actos de gobierno"[27].

Estos actos de gobierno, que son dictados en el ejercicio de la función de gobierno, y que, por tanto, no son actos administrativos[28], emanan del Presidente de la República en ejercicio de atribuciones que la Constitución le asigna directamente. Por tal razón, el legislador no puede regular el ejercicio de la función de gobierno por parte del Poder Ejecutivo. No se trata, por tanto, de actos de carácter sublegal, sino de igual rango que la ley, aún cuando no

27. Véase Allan R. Brewer-Carías, *Derecho Administrativo,* Tomo I, Caracas, 1975, pp. 378 y 391.
28. Véase Allan R. Brewer-Carías, *Las Instituciones Fundamentales del Derecho Administrativo y la Jurisprudencia Venezolana,* Caracas 1964, pp. 26, 108 y 323 y ss.

tengan "valor" de ley por no tener poder derogatorio respecto de las mismas.

Sobre estos actos de gobierno, la antigua Corte Suprema de Justicia en Corte Plena, en sentencia de 11-03-93 señaló:

> Es ampliamente conocida en el ámbito constitucional la teoría del "acto de gobierno", "gubernativo" o "acto político", conforme a la cual, en su formulación clásica, el Presidente de la República como cabeza del Ejecutivo y Jefe de Estado (artículo 181 de la Constitución) ejerce, además de funciones propiamente administrativas, otras de contenido distinto, atinentes a la "oportunidad política" o actos que por su naturaleza, intrínsecamente ligada a la conducción y subsistencia del Estado, no son en la misma medida enjuiciables. Se institucionalizaba así, la figura intimidante de la "razón de Estado" como justificación a toda cuestión de la cual el Gobierno no tuviera que rendir debida cuenta.
>
> Semejante construcción sustentada en la tesis de la llamada "soberanía suprema", cuyo nacimiento teórico ubican distintos autores en la época posterior a la caída del régimen napoleónico, pronto empezó a ser revisada con criterios cada vez más estrictos que llevaron a una categorización jurisprudencial de los actos de esa naturaleza excluidos del control jurisdiccional, también cada vez más reducida.
>
> En Venezuela, la falta de una disposición expresa al respecto en el Texto Fundamental, ha sentado este Alto Tribunal, como nota identificadora de esa especie jurídica, aquellos actos que, en ejecución directa e inmediata de la Constitución, son de índole eminentemente política. (Vid. SPA del 21-11-88, Caso Jorge Olavaria).
>
> Dentro de este contexto, concuerdan autores y jurisprudencia nacional y extranjera en mantener dentro de esa clasificación, entre otros, el indulto, los actos relativos a la conducción de las relaciones entre el Gobierno y países extranjeros...[29]

En el mismo sentido, la antigua Corte Suprema de Justicia en Sala Político Administrativa, en sentencia de 21-11-88 precisó la noción del acto de gobierno, como un acto ejecutivo dictado en ejecución directa de la Constitución y no de la ley ordinaria, distinguiéndolos así de los actos administrativos, en la forma siguiente:

> Permanecen todavía incólumes los principios sentados por la Corte -a los que se refieren los apoderados del Consejo, pero aplicándolos inexactamente al caso de autos- respecto de los "actos de gobierno",

29. Véase *Revista de Derecho Público*, Nº 53-54, Caracas 1993, pp. 155 y ss.

especie jurídica que, en razón de su *superior jerarquía, derivada del hecho de que son producidos en ejecución directa e inmediata de la Constitución y no de la ley ordinaria,* ha sido excluida hasta ahora, por la propia Corte, de la totalidad del control jurisdiccional de constitucionalidad, "en atención -como ella misma ha expresado- a que *por su propia esencia* son actos de *índole eminentemente política* o actos de gobierno, o de índole *discrecional;* situaciones en que no cabe aplicar a los motivos determinantes de la actuación el expresado control constitucional".

Los principios jurisprudenciales alegados por los defensores de la actuación del Consejo en la Resolución recurrida, permanecen, en efecto, aún vigentes (a más de la comentada decisión del 29-04-65, en Corte Plena, véase la de 28-06-83: CENADICA, dictada en SPA); mas, no son aplicables al caso de autos como ellos lo pretenden, sino -insiste la Sala- sólo a las *actuaciones emanadas de la cúspide del Poder Ejecutivo en función de gobierno, es decir, a los denominados por la doctrina "actos de gobierno", emitidos justa y precisamente en ejecución directa e inmediata de la Constitución;* y no a los producidos, como los de autos, por una administración -la electoral en el caso- que ejecutó, de manera directa e inmediata, normas de rango inferior al de la Carta Magna, a saber: las de la Ley Orgánica del Sufragio. Así se declara[30].

De acuerdo con esta categorización, entre los actos de gobierno que puede dictar el Presidente de la República, estarían por ejemplo, la concesión de indultos (art. 236, ord. 9); los actos relativos a la dirección de las relaciones exteriores de la República (art. 236, ord. 4); la adopción de decisiones como Comandante en Jefe de las Fuerzas Armadas, como el fijar el contingente de las mismas y promover sus oficiales (art. 236, ords. 5 y 6); la convocatoria a la Asamblea Nacional a sesiones extraordinarias (art. 236, ord. 9) y la disolución de la Asamblea Nacional en caso de que se produzcan tres votos de censura contra el Vicepresidente (arts. 236,21 y 240).

En esta forma, la noción del acto de gobierno en Venezuela ha sido delineada con base en un criterio estrictamente formal: se trata de los actos dictados por el Presidente de la República, en ejecución directa e inmediata de la Constitución, en ejercicio de la función de gobierno[31].

30. Véase en *Revista de Derecho Público,* N° 36, Caracas 1988, pp. 62 y ss.
31. Véase Allan R. Brewer-Carías, *Las Instituciones Fundamentales del Derecho Administrativo y la Jurisprudencia Venezolana,* Caracas 1964, pp. 26, 108 y 323 y ss. y *Derecho Administrativo,* Tomo I, *cit.,* pp. 391 y ss.

No se trata, por tanto, de actos administrativos que siempre son de rango sublegal, ni de actos en cuyo dictado el Presidente deba someterse a normas legislativas. Como actos dictados en ejercicio de atribuciones constitucionales por el Presidente de la República, el Poder Legislativo no puede regular la forma o manera de sus dictados, pues incurriría en una usurpación de funciones.

## 2. *El control constitucional de los actos de gobierno*

Los actos de gobierno, por tanto, si bien no son actos que estén sometidos a la ley en sentido formal, pues la función de gobierno no puede ser regulada por el legislador, por supuesto que son actos sometidos a la Constitución, en virtud de que son dictados por el Presidente de la República en ejercicio de competencias constitucionales. Como actos sometidos a la Constitución, también están sometidos al control de la constitucionalidad que ejerce el Tribunal Supremo de Justicia[32] en Sala Constitucional, la cual puede declarar su nulidad, por inconstitucionalidad, con carácter absoluto, es decir, con *erga omnes*.

A tal efecto, el artículo 334 de la Constitución establece que corresponde exclusivamente a la Sala Constitucional como Jurisdicción Constitucional,

> Declarar la nulidad de los actos de los órganos que ejercen el Poder Público dictados en ejecución directa e inmediata de esta Constitución o que tenga rango de ley, cuando colidan con aquella.

Por tanto, los actos de gobierno como actos de naturaleza política pueden ser objeto de control por la Jurisdicción Constitucional, y bastaría un solo ejemplo, para darse cuenta de la necesidad del control: el caso, por ejemplo, de la fijación del contingente de las Fuerzas Armadas Nacionales, por el Presidente de la República, estableciendo un cupo por razas, lo que violaría el artículo 21 de la Constitución, por lo que sería a todas luces inconstitucional y anulable. Entre los motivos de impugnación, de los actos de gobierno, por tanto y por supuesto, estaría la violación directa de la Constitución.

---

32. Véase Allan R. Brewer-Carías, "Comentarios sobre la doctrina del acto de gobierno, del acto político, del acto de Estado y de las cuestiones políticas como motivo de inmunidad jurisdiccional de los Estados en sus tribunales nacionales", *Revista de Derecho Público*, N° 26, Caracas 1986, pp. 65-68.

Debe señalarse, en todo caso, que en la sentencia de la antigua Corte Suprema de Justicia en Corte Plena de 29-04-65, dictada con motivo de la impugnación de la Ley aprobatoria del Tratado de Extradición con los Estados Unidos, la Corte había sentado el criterio siguiente:

> En lo relativo a los actos que el Presidente de la República está facultado para realizar en ejercicio de sus atribuciones constitucionales, un atento examen de las mismas conduce a la conclusión de que determinadas actuaciones presidenciales, en cualquiera de los dos caracteres de Jefe del Ejecutivo Nacional o Jefe del Estado venezolano asignados a aquél por el artículo 181 de la Constitución, están excluidos del control jurisdiccional de constitucionalidad en atención a que por su propia esencia son actos de índole discrecional; situaciones en que no cabe aplicar a los motivos determinantes de la actuación el expresado control constitucional.
>
> Entre tales actos encuéntranse según el artículo 190 de la Constitución Nacional los siguientes: Fijar el contingente de las Fuerzas Armadas Nacionales; convocar el Congreso a sesiones extraordinarias y reunir en Convención a algunos o a todos los Gobernadores de las entidades federales.
>
> Con base en las excepciones que se han indicado en lo relativo al control jurisdiccional sobre la constitucionalidad intrínseca de los actos del Poder Público, puede sentarse la conclusión de que este control no ha sido establecido en forma rígida o absoluta, pues están, sustraídas a su dominio diversas situaciones tanto en el orden legislativo, como en el judicial y en el ejecutivo[33].

Esta decisión, como se ha dicho, ahora totalmente superada, originó la doctrina de supuestos actos excluidos de control aún cuando no en si mismos, sino en los aspectos de los mismos que pudieran ser controlados[34]. En todo caso, la interpretación doctrinal sobre la exclusión del control de constitucionalidad "intrínseca" de los actos de gobierno, que sólo podía referirse a los motivos del acto, como acto discrecional, pero no a los aspectos relativos a la competencia o a la forma, no fue acogida totalmente de inmediato, al punto que en una sentencia de 21-11-88, la Sala Político Adminis-

---

33. Véase Allan R. Brewer-Carías, *Jurisprudencia de la Corte Suprema 1930-1974 y Estudios de Derecho Administrativo,* Tomo IV, Caracas 1977, p. 83.
34. Véase Luis H. Farías Mata, "La doctrina de los actos excluidos en la jurisprudencia del Supremo Tribunal", en *Archivo de Derecho Público y Ciencias de la Administración,* Instituto de Derecho Público, UCV, Vol. I, (1968-1969), Caracas 1971, pp. 329 a 331.

trativa de la antigua Corte Suprema de Justicia al conocer de la impugnación de un acto del Consejo Supremo Electoral, afirmó al distinguirlo de los actos de gobierno, que en relación con éstos que:

> Permanecen todavía incólumes los principios sentados por la Corte -a los que se refieren los apoderados del Consejo, pero aplicándolos inexactamente al caso de autos- respecto de los "actos de gobierno", especie jurídica que, en razón de su superior jerarquía, derivada del hecho de que son producidos en ejecución directa e inmediata de la Constitución y no de la ley ordinaria, ha sido excluida hasta ahora, por la propia Corte, de la totalidad del control jurisdiccional de constitucionalidad, "en atención -como ella misma ha expresado- a que por su propia esencia son actos de índole eminentemente política o actos de gobierno, o de índole discrecional; situaciones en que no cabe aplicar a los motivos determinantes de la actuación el expresado control constitucional"[35].

La discusión sobre el control de constitucionalidad de los actos de gobierno, en todo caso, fue definitivamente cancelada por la antigua Corte Suprema de Justicia en Corte Plena en sentencia de 11-03-93 (caso *Gruber Odreman*), al decidir sobre la impugnación por inconstitucionalidad de los decretos de suspensión de garantía y su ejecución, de noviembre de 1992 dictados luego de la sublevación militar del día 27 de ese mes. La Corte entró directamente al tema preguntándose lo siguiente:

> Ahora bien, ¿cabe dentro del marco constitucional venezolano sostener la no enjuiciabilidad de actuaciones de la Administración, de rango ejecutivo o legislativo, en razón de su contenido político?
>
> Para llegar a una respuesta adecuada, se hace imperativo, en primer término, acudir a la construcción que sobre el tema ha hecho esta Corte a través de decisiones donde se pone en evidencia, una vez más, la nunca suficientemente entendida relación de causalidad existente entre el avance del sistema de control jurisdiccional sobre los actos del Poder Público y el desarrollo institucional democrático de un país.
>
> En efecto, no es esta la primera ocasión que se presenta a la Corte de discernir sobre la teoría de los actos exentos de control pues, no pocas veces, ha ido su Sala Político-Administrativa extendiendo pausada pero invariablemente, su ámbito de control -como órgano de la jurisdicción contencioso-administrativa- a toda la actividad del Poder Público; y así igualmente, en cuanto al control constitu-

35. Véase en *Revista de Derecho Público*, N° 36, Caracas 1988, pp. 62 y ss.

cional directo, este Alto Tribunal en Pleno ha traspasado barreras conceptuales antes defendidas por la preeminencia de un Estado todopoderoso, criterio hoy francamente superado[36].

Para fundamentar este criterio, la Corte acudió a su doctrina original sentada en 1962 sobre la universalidad del control de constitucionalidad y citando la sentencia de 15-03-62 (dictada con motivo de la acción de nulidad de la ley aprobatoria del contrato con el Banco de Venezuela, como auxiliar de tesorería) señaló:

> Tal amplitud de criterio, mantenida casi invariablemente por esta Suprema Corte, se ha puesto ya de manifiesto en actos conocidos como típicamente gubernativos, como es el caso, aunque en materia contencioso-administrativa y no constitucional, de la sentencia de fecha 31 de octubre de 1972 (Caso Manuel Elpidio Páez Almeida, SPA).
>
> 3. Con arreglo a lo anterior, es indispensable para esta Corte que las actuaciones de la rama ejecutiva del Poder Público, a tenor del artículo 117 de la Constitución que consagra el principio de legalidad ("La Constitución y las leyes definen las atribuciones del Poder Público, y a ellas debe sujetarse su ejercicio"), están sujetas, por imperio de la Carta Fundamental, a la ley en su sentido más amplio y por ende, a revisión judicial: constitucional en aplicación del artículo 215, ordinal 6 *ejusdem* y contencioso-administrativo, por previsión del artículo 206 *ibídem*.
>
> Luego, en Venezuela, el problema de los "actos de gobierno" no se contrae a una categoría jurídica revestida de inmunidad jurisdiccional, pues como se ha visto, existe frente a éstos la posibilidad de recurrirlos con base a una garantía constitucional. La cuestión se circunscribe entonces al mayor o menor grado de sujeción al cuerpo normativo, asunto atinente a la competencia reglada y al poder discrecional del funcionario que, en ejecución de la Ley Fundamental, dicta el acto[37].

En esta forma, la Corte identificó el problema del control de la constitucionalidad de los actos de gobierno, como un problema de control de actos discrecionales. Para ello, aplicó los principios que la misma Corte había venido estableciendo sobre el control de los actos administrativos discrecionales desde la década de los

36. Véase en *Revista de Derecho Público*, Nº 53-54, Caracas 1993, pp. 218 y ss.
37. *Idem*.

cincuenta[38]. Particularmente, se destaca en esa línea, la sentencia de la Sala Político-Administrativa (caso *Depositaria Judicial*) de 02-11-82 en la cual al admitir el control de los actos administrativos discrecionales en relación con la competencia, las formalidades y la finalidad, la Corte señaló que si bien no controla las razones de fondo, mérito de oportunidad y conveniencia, el Juez puede:

> Revisar la veracidad y la congruencia de los hechos que, a través de la motivación, el funcionario alega que ocurrieron, y con base en los cuales adoptó -apreciándolas según las circunstancias de oportunidad y de conveniencia que tuvo a la vista- la medida posteriormente recurrible ante la jurisdicción contencioso-administrativa[39].

En todo caso, en la Constitución de 1999 quedó definitivamente establecido el control de constitucionalidad de los actos de gobierno, al atribuir a la Sala Constitucional del Tribunal Supremo de Justicia, competencia para declarar la nulidad de los mismos cuando colida con la Constitución, cualquiera sea la forma de dicha violación constitucional (arts. 334 y 336,3 y 4).

## V. LOS REGLAMENTOS

La Constitución de 1999, utiliza la expresión acto administrativo en dos artículos: en primer lugar, en el artículo 259, al atribuir a los órganos de la Jurisdicción Contencioso-Administrativa competencia para "anular los actos administrativos generales o individuales contrarios a derecho incluso por desviación de poder"; y en segundo lugar, en el artículo 266,5, al atribuir específicamente a la Sala Político Administrativa del Tribunal Supremo de Justicia, que forman parte de esa Jurisdicción, competencia para "declarar la nulidad total o parcial de los reglamentos y demás actos administrativos generales o individuales del Ejecutivo Nacional, cuando sea procedente".

De estas normas surge claramente que en Venezuela, los reglamentos son y siempre han sido considerados como actos administrativos[40], en el sentido de que son declaraciones de voluntad

---

38. Véase Allan R. Brewer-Carías, "Los límites a las potestades discrecionales de las autoridades administrativas", *Revista de la Facultad de Derecho*, Universidad Católica Andrés Bello, Nº 2, Caracas 1965.
39. Véase en *Revista de Derecho Público*, Nº 12, Caracas 1982, pp. 124 y ss.
40. Véase por ejemplo Allan R. Brewer-Carías, *Las Instituciones Fundamentales del Derecho Administrativo..., op. cit.*, p. 119.

emanadas de órganos que ejercen el Poder Público, de carácter sublegal, para producir efectos jurídicos. La única peculiaridad que tienen es que los reglamentos son actos administrativos de efectos generales y, por tanto, de carácter normativo. Se distinguen, así, de los otros actos administrativos generales, de contenido no normativo, y de los actos administrativos de efectos particulares.

## 1. *Los reglamentos como actos administrativos de efectos generales*

La característica de los reglamentos como actos administrativos es, en primer lugar, que son actos dictados en ejecución mediata de la Constitución, e inmediata de la legislación; por ello, como todo acto administrativo, siempre son de carácter sublegal. En segundo lugar, se trata de actos administrativos, siempre son de efectos generales, es decir, de carácter normativo, y que, por tanto, integran o modifican el ordenamiento jurídico. El contenido de los reglamentos, por tanto, siempre es de carácter normativo, y se identifican por su generalidad, efectos *erga omnes* y por estar destinados a un número indeterminado e indeterminable de personas[41]. El reglamento, en esta forma, tal como lo definió la antigua Corte Suprema,

> Es norma jurídica de carácter general dictado por la Administración Pública, para su aplicación a todos los sujetos de derecho y en todos los casos que caigan dentro de sus supuestos de hecho[42].

Pero como se dijo, el reglamento, aún cuando tiene contenido normativo e integra el ordenamiento jurídico, está siempre subordinado a la ley. Tal como lo ha señalado la antigua Corte Suprema de Justicia:

> Las disposiciones de los reglamentos que conforme a ella han de dictarse, tienen el carácter de normas secundarias respecto a las de la Ley, que son en este caso, las primarias. O sea, que cada reglamento es el complemento de la determinada Ley, cuya finalidad es facilitar la ejecución de ésta[43].

---

41. Véase sobre la distinción Allan R. Brewer-Carías, *El control de la constitucionalidad de los actos estadales, op.cit.*, pp. 8 y ss.
42. Véase sentencia de la Corte Suprema de Justicia en Sala Político Administrativa de 27-05-68, en *Gaceta Forense*, N° 60, 1968, pp. 115 a 118.
43. Véase sentencia de la Corte Suprema de Justicia en Sala Político Administrativa de 10-05-65, en *Gaceta Forense*, N° 48, 1968, pp. 122 a 123.

De lo anterior resulta, por otra parte, que no todo acto administrativo general es un reglamento, lo que permite distinguir entre "actos de efectos generales" como los reglamentos, y "actos generales"; es decir, entre actos normativos, por una parte, y por la otra, los actos generales no normativos[44]. Es decir, el reglamento, es siempre "de efectos generales", pero hay actos administrativos generales que aún cuando tienen como destinatarios a un grupo de personas, no son con carácter normativo, es decir, no son de efectos generales, sino particulares.

En otra sentencia, la antigua Corte Suprema de Justicia destacó la "generalidad e impersonalidad" como las características propias del reglamento señalado:

> El reglamento como todos los actos de efectos generales, va dirigido a un indeterminado número de personas, por lo cual se hace imposible nombrarlas a todas. En cambio, la Resolución impugnada va dirigida a cierto número de personas, perfectamente identificables, ya que ellas han celebrado un contrato previamente con el Ejecutivo Nacional, pues todas y cada unas, son concesionarias de hidrocarburos. Por lo tanto, el contenido de la Resolución citada debe tomarse como un conjunto de decisiones individuales que se han condensado en un solo texto legal, en forma aparentemente colectiva, pero que en realidad no lo es, en virtud de la peculiaridad anteriormente anotada.
>
> La Ley y el Reglamento ejecutivo, no son, como parece creerlo la impugnante, la única fuente de los actos administrativos de efectos generales, ya que éstos pueden provenir, además, de disposiciones de otros órganos del poder público: nacionales, estadales, municipales y aun de entes autónomos y descentralizados[45].

Ahora bien, la Constitución de 1999, conforme a la tradición constitucional precedente, atribuye al Presidente de la República la facultad de "reglamentar total o parcialmente las leyes, sin alterar su espíritu, propósito y razón" (art. 236,10). De ello deriva que el Presidente de la República puede reglamentar las leyes, lo que no implica que tenga una potestad exclusiva para dictar actos administrativos de efectos generales, pues otros órganos del Estado, en ejercicio del Poder Público, pueden hacerlo.

---

44. Véase sentencia de la Corte Suprema de Justicia en Sala Político Administrativa de 02-11-67 en *Gaceta Forense* N° 57, 1967, pp. 38 y 39.
45. Véase sentencia de la Corte Suprema de Justicia en Sala Político Administrativa de 07-11-73, en *Gaceta Oficial* N° 1.643 Extra. de 21-03-74, p. 13.

En consecuencia, los actos administrativos de efectos generales, por ejemplo, pueden emanar de otros órganos de la Administración Pública como los Ministros, que son órganos directos del Presidente de la República, los cuales tienen potestad normativa en las materias que le asigna la ley.

Pero además, en el ámbito de la Administración Central, los órganos que en la misma han sido desconcentrados legalmente, con autonomía funcional, también ejercen la potestad normativa en los asuntos que la ley les ha atribuido. Es el caso, por ejemplo, de la Comisión Nacional de Valores.

También, en el ámbito de la Administración Pública Descentralizada, las personas jurídicas de derecho público que la componen, tanto las estatales como las no estatales, tienen potestad reglamentaria conforme a la ley que las rige. En tal sentido, los Institutos Autónomos, por ejemplo, como personas de derecho público estatales; y los Colegios Profesionales, como personas jurídicas de derecho público no estatales, ejercen la potestad normativa en el ámbito de sus respectivas competencias, conforme a las leyes que los rigen[46].

Pero en el ordenamiento jurídico venezolano y a pesar de la definición de acto administrativo que trae el artículo 7 de la Ley Orgánica de Procedimientos Administrativos, no sólo los órganos ejecutivos o, en general, los órganos que conforman la Administración Pública Central o Descentralizada, dictan actos administrativos normativos o reglamentarios, sino que también éstos pueden emanar de los demás órganos del Estado que ejercen otros Poderes Públicos distintos al ejecutivo, cuando ejercen la potestad normativa.

Es decir, en Venezuela los actos administrativos, incluidos los reglamentos, no se definen orgánicamente[47], por lo que no siempre son "actos ejecutivos" ya que también emanan de los otros órganos del Estado que ejercen el Poder Judicial, el Poder Legislativo, el Poder Electoral y el Poder Ciudadano[48]. Por ello, se consideran actos administrativos de efectos generales, los reglamentos que

---

46 Véase Allan R. Brewer-Carías, *Principios del régimen jurídico de la organización administrativa venezolana,* Caracas 1991, pp. 78 y ss.

47. Véase Allan R. Brewer-Carías, "El problema de la definición del acto administrativo" en *Libro Homenaje al Doctor Eloy Lares Martínez,* UCV, Tomo I, Caracas 1984, pp. 25 a 78.

48. Véase Allan R. Brewer-Carías, *Estado de Derecho y Control Judicial,* Madrid 1987, pp. 429 y ss; y *Justicia Contencioso Administrativa. Instituciones Políticas y Constitucionales,* Tomo VII, Caracas 1997, pp. 321 y ss.

dicta el Tribunal Supremo de Justicia para su funcionamiento interno y en relación con el gobierno y administración del Poder Judicial que le corresponde (art. 44,15, Ley Orgánica de la Corte Suprema de Justicia). También es el caso de los reglamentos o actos administrativos normativos dictados por el Consejo Nacional Electoral (art. 55,3, Ley Orgánica del Sufragio y Participación Ciudadana), por el Fiscal General de la República (art. 21,8, Ley Orgánica del Ministerio Público), o por el Contralor General de la República (art. 13,1, Ley Orgánica de la Contraloría General de la República). Todos estos actos administrativos reglamentarios, por supuesto, son de rango sublegal y están sujetos, ante todo, a las leyes reguladoras de esos actos de los Poderes Públicos Nacionales.

Por último, por supuesto, en un Estado con forma federal, los Gobernadores de Estado los Alcaldes Municipales tienen en el respectivo ámbito de sus competencias potestad normativa, conforme a las Constituciones y leyes de los Estados y a las Ordenanzas Municipales, respectivamente, pudiendo dictar actos administrativos de efectos generales.

2. *La consulta previa obligatoria no vinculante de las normas reglamentarias*

La Ley Orgánica de la Administración Pública, como antes se ha dicho, ha introducido una novedad en cuanto al régimen de emisión de actos normativos por los órganos ejecutivos, en particular, de los reglamentos, como mecanismo para promover la participación ciudadana. Se ha regulado, así, un procedimiento de consulta obligatorio, aunque no vinculante previo a la emisión de reglamentos o actos administrativos normativos por cualquier autoridad ejecutiva.

En efecto, el artículo 136 de dicha Ley Orgánica dispone que los órganos ejecutivos, sea el Presidente de la República u otro órgano, que se propongan adoptar un reglamento o cualquier acto administrativo de efectos generales, deben realizar previamente una consulta obligatoria del anteproyecto normativo, así:

*Primero,* deben remitir el anteproyecto para su consulta a las comunidades organizadas y las organizaciones públicas no estatales inscritas en el registro de dichas entidades que debe llevar el órgano emisor. En dicho oficio, se debe indicar el lapso durante el cual se recibirán por escrito las observaciones; lapso que no comenzará a correr antes de los 10 días hábiles siguientes a la entrega del anteproyecto correspondiente.

*Segundo,* paralelamente el órgano que proyecte adoptar el reglamento o acto administrativo de efectos generales, debe publicar en la prensa nacional la apertura del proceso de consulta indicando su duración; e informar a través de la página en el internet que tiene que tener conforme a dicha ley orgánica, en la cual se expondrá el proyecto de reglamento o acto administrativo de efectos generales sobre la cual verse la consulta. Durante este proceso de consulta cualquier persona puede presentar por escrito sus observaciones y comentarios sobre el correspondiente anteproyecto, sin necesidad de estar inscrito en el registro indicado.

*Tercero,* una vez concluido el lapso de recepción de las observaciones, el órgano respectivo debe fijar una fecha para que sus funcionarios, especialistas en la materia que sean convocados y las comunidades organizadas y las organizaciones públicas no estatales intercambien opiniones, hagan preguntas, realicen observaciones y propongan adoptar, desechar o modificar el anteproyecto propuesto o considerar un anteproyecto nuevo.

*Cuarto,* el resultado del proceso de consulta no tiene carácter vinculante. Sin embargo, en virtud del carácter obligatorio de la consulta pública respecto de los actos administrativos reglamentarios o normativos, el órgano ejecutivo respectivo no puede adoptar normas que no hayan sido consultadas conforme se indica anteriormente, al punto de que la ley orgánica considera nulas de nulidad absoluta, las normas que sean aprobadas sin haber sido consultadas conforme al procedimiento antes indicado.

La Ley Orgánica de la Administración Pública, además, establece particularmente un procedimiento para la elaboración de los reglamentos, con la obligación de una consulta pública previa respecto de los mismos. El artículo 88 de dicha ley, en efecto, dispone que la elaboración de los reglamentos de leyes se debe ajustar al siguiente procedimiento:

1. La iniciación del procedimiento de elaboración de un reglamento se debe llevar a cabo por el Ministerio competente según la materia, mediante la elaboración del correspondiente proyecto al que se debe acompañar un informe técnico y un informe sobre su impacto o incidencia presupuestaria;
2. A lo largo del proceso de elaboración del proyecto de reglamento, debe recabarse, además de los informes, los dictámenes correspondientes y cuantos estudios y consultas se estimen conveniente para garantizar la eficacia y la legalidad del texto;

3. Elaborado el texto, se debe someter a consulta pública para garantizar el derecho de participación de las personas de conformidad con lo dispuesto en el Título VI de la misma ley orgánica, según se ha indicado anteriormente.

Durante el proceso de consultas las personas, directamente o a través de las organizaciones y asociaciones que los agrupen o representen, pueden presentar observaciones y propuestas sobre el contenido del reglamento las cuales deben ser analizadas por el ministerio encargado de la elaboración y coordinación del reglamento.

La emisión de un reglamento sin que se haya sometido a consulta pública, conforme al artículo 137 de la Ley Orgánica, lo vicia de nulidad absoluta.

4. Aprobado el reglamento por el Presidente de la República en Consejo de Ministros, el mismo sólo puede entrar en vigencia con su publicación en la Gaceta Oficial de la República, salvo que el reglamento disponga otra cosa.

Por último, debe destacarse que conforme al artículo 89 de la Ley Orgánica, el Ejecutivo Nacional debe aprobar los reglamentos necesarios para la eficaz aplicación y desarrollo de las leyes, dentro del año inmediatamente siguiente a su promulgación.

### 3. *Los límites a la potestad reglamentaria*

Tratándose de actos administrativos de efectos generales, los reglamentos son siempre de carácter sublegal, es decir, sometidos a la ley, por lo que su límite esencial deriva de la reserva legal.

Es decir, los reglamentos no pueden regular materias reservadas al legislador en la Constitución, y esas son fundamentalmente, el establecimiento de delitos, faltas e infracciones y las penas y sanciones correspondientes; la regulación y limitación a los derechos y garantías constitucionales; y el establecimiento de tributos.

Estos límites a la potestad reglamentaria derivados de la reserva legal, por otra parte, están expresamente establecidos en la Ley Orgánica de la Administración Pública, cuyo artículo 86 establece que

> Los reglamentos no podrán regular materias objeto de reserva legal, ni infringir normas con dicho rango. Además, sin perjuicio de su función de desarrollo o colaboración con respecto a la ley, no podrán tipificar delitos, faltas o infracciones administrativas, esta-

blecer penas o sanciones, así como tributos, cánones u otras cargas o prestaciones personales o patrimoniales de carácter público.

## 4. *El control de constitucionalidad y legalidad de los Reglamentos y demás actos administrativos de efectos generales*

Todos los reglamentos dictados por cualquier autoridad pública, e, incluso, en algunos casos por entidades privadas en ejercicio de autoridad, están sometidos al control de constitucionalidad y legalidad que ejercen los órganos de la Jurisdicción Contencioso-Administrativa.

En cuanto a los "reglamentos ejecutivos" dictados por el Presidente de la República, los mismos están sometidos, como todos los actos administrativos del Ejecutivo Nacional (Administración Pública Nacional Centralizada) al control de la Sala Político Administrativa del Tribunal Supremo de Justicia (art. 266,5 C) que constituye la instancia de mayor grado en el ámbito de dicha jurisdicción.

Ese control judicial tiene por objeto verificar el sometimiento al derecho por parte los Reglamentos ya que, conforme lo ha dicho la antigua Corte Suprema:

> La actividad reglamentaria está... limitada y encauzada por la norma legal, y de ahí que toda disposición reglamentaria que viole la Constitución o las leyes es susceptible de anulación o de inaplicación en los casos concretos[49].

Además, en particular, respecto de los Reglamentos Ejecutivos, la Constitución exige en particular, que deben respetar el "espíritu, propósito y razón de la Ley", y "se altera el espíritu de la Ley cuando el acto reglamentario contiene excepciones o sanciones no previstas o disposiciones contrarias a los fines perseguidos por el legislador"[50].

Esta sujeción la precisó la Corte Suprema en los siguientes términos:

---

49. Véase sentencia de la Corte Suprema de Justicia en Sala Político Administrativa de 10-05-65 en *Gaceta Forense* N° 48, 1965, pp. 122 y 123.
50. Véase sentencia de la Corte Federal y de Casación en Corte Plena de 04-06-52 en *Gaceta Forense* N° 11, 1962, p. 25.

> El decreto reglamentario o Reglamento Ejecutivo, tomado en su acepción estricta -que es el que interesa en este caso-, tiene como antecesor a la Ley, de la cual es derivación, efecto y corolario. Esta sienta el principio, aquél, prevé y desarrolla sus consecuencias, facilita su aplicación a los pormenores y determina las medidas necesarias para su aplicación. De ahí que cuando el reglamento ejecutivo se propasa y se ocupa de reparar las diferencias de la Ley, regula cuestiones no comprendidas en ella, o se aparta del espíritu, propósito y razón que lógicamente han debido guiar al Legislador en su elaboración, se está en presencia de una extralimitación de atribuciones, en el primer caso, y de una violación del texto constitucional en el segundo; y en uno y otro, de un reglamento ejecutivo viciado, en todo o en parte, de ilegalidad por violatorio de expresas normas de la Ley Fundamental[51].

Sin embargo, el hecho de que el Reglamento Ejecutivo esté sometido a la ley que ejecuta, no significa que la actividad reglamentaria se convierta en una mera ejecución mecánica de la Ley. En efecto, la propia Corte Suprema de Justicia ha señalado en este sentido lo siguiente:

> Sin embargo, dentro de estas limitaciones se reconoce a los reglamentos un campo de acción relativamente amplio en cuanto tienden al desarrollo del texto legal, especialmente cuando la ley sólo consagra normas fundamentales. Se admite así, que por vía reglamentaria, puedan establecerse formalidades o requisitos no previstos en la ley pero necesarios para asegurar su cumplimiento, o definirse palabras usadas por el legislador y cuyo alcance conviene precisar a fin de evitar dudas. Pero en este último supuesto y, en general, cuando la administración interpreta el sentido de la ley por vía reglamentaria, insiste la doctrina en que ha de entenderse que la interpretación afirmativa es válida en cuanto esté conforme a la voluntad legislativa[52].

Sobre esto, la antigua Corte Suprema, fue aún más clara en otra parte de esa misma sentencia de 10 de mayo de 1965, que resolvió el recurso de inconstitucionalidad de un reglamento de una Ley, indicando que:

---

51. Véase sentencia de la Corte Federal y de Casación en Corte Plena de 24-09-52 en *Gaceta Forense*, N° 1, 1958, p. 151.
52 Véase sentencia de la Corte Suprema de Justicia en Sala Político Administrativa de 10-05-65 en *Gaceta Forense*, N° 48, 1965, pp. 122 y 123.

> Considera la Corte que la mera circunstancia de que un Reglamento contemple alguna formalidad que no aparezca en la ley, no es razón suficiente para estimar alterada la relación de legalidad entre ambos estatutos. Lo contrario sería establecer que los Reglamentos deberían ser la reproducción fiel y exacta de la ley, y, por consiguiente, carentes de toda utilidad y objeto.
>
> Por tanto, pues, si puede y debe el Reglamento desarrollar las normas de la ley mediante disposiciones acordes con ella, siempre que no contradigan su texto y su intención, e, incluso, establecer formalidades o requisitos no previstos en el texto legal pero indispensables para asegurar su cumplimiento, según el criterio doctrinal ya expuesto[53].

Pero la Sala Político Administrativa del Tribunal Supremo de Justicia, como órgano de la jurisdicción contencioso-administrativa, sólo tiene competencia para controlar la conformidad con el derecho de los reglamentos y demás actos administrativos de efectos generales que emanen del Ejecutivo Nacional, es decir, de la Administración Central compuesta, básicamente, por la Presidencia de la República y la organización ministerial[54].

En cambio, el conocimiento de los juicios de nulidad contra los reglamentos y demás actos administrativos de efectos generales emanados de los órganos desconcentrados de la Administración Central y de la Administración Pública Descentralizada, corresponde a la Corte Primera de lo Contencioso Administrativo en primera instancia (art. 185,3 LOCSJ) y en segunda instancia, a la Sala Político Administrativa del Tribunal Supremo de Justicia.

En cuanto a los actos administrativos de efectos generales o reglamentos dictados por los órganos de los Estados y Municipios, la competencia para conocer de las acciones de nulidad contra los mismos por razones de ilegalidad o inconstitucionalidad, corresponde a los Tribunales Superiores en lo Contencioso Administrativo de las diversas circunscripciones judiciales, en primera instancia, correspondiendo la segunda instancia a la Corte Primera de lo Contencioso-Administrativo (art. 181 LOCSJ).

---

53. *Idem*, pp. 123 y 124.

54 Véase Josefina Calcaño de Temeltas y Allan R. Brewer-Carías, *Ley Orgánica de la Corte Suprema de Justicia,* Caracas 1991, pp. 77 y ss.

## VI. LOS ACTOS ADMINISTRATIVOS

### 1. *El problema de la definición del acto administrativo*

Por último, además de los Decretos con rango y valor de ley, de los actos de gobierno y de los Reglamentos, dentro de los actos ejecutivos por excelencia se encuentran los actos administrativos, es decir, las manifestaciones de voluntad de la Administración de carácter sublegal, destinadas a producir efectos jurídicos.

Ahora bien, en esta definición del acto administrativo, por supuesto, el elemento clave es la determinación de qué debe entenderse por "Administración" pues los actos administrativos en general, se dictan por todos los órganos estatales y en ejercicio de todas las funciones estatales. Por tanto, su individualización, a pesar de su carácter sublegal, no puede estar fundamentada en la sola utilización del criterio orgánico, del criterio formal o criterio material, sino, de la mezcla y combinación de ellos[55], pues de lo contrario quedarían fuera de caracterización, por ejemplo, los actos administrativos que dictan los funcionarios de los órganos legislativos o de los órganos judiciales.

Por ello, en nuestro ordenamiento constitucional no puede sostenerse que los actos administrativos sólo son aquellos que emanan de los órganos de la Administración Pública que ejerce el Poder Ejecutivo. Al contrario, como se dijo, los actos administrativos, pueden emanar de los órganos legislativos actuando en función administrativa[56], de los tribunales, de los órganos del Poder Electoral y del Poder Ciudadano, actuando en tanto en función normativa como en función administrativa[57]. Los actos administrativos, en esta forma, y contrariamente a lo que sucede con las leyes, los decretos leyes, los decretos de estados de excepción, los actos de gobierno y las sentencias judiciales, no están reservados a determinados órganos del Estado, sino que pueden ser dictados por todos ellos, y no sólo en ejercicio de la función administrativa.

---

55. Véase Allan R. Brewer-Carías, "El problema de la definición del acto administrativo", en *Libro Homenaje al Doctor Eloy Lares Martínez, cit.*, Tomo I, pp. 31 a 38.
56. Véase, por ejemplo, la sentencia de la Corte Suprema de Justicia en Sala Político-Administrativa de 19-12-74, en *Gaceta Oficial* N° 1.741 Extraordinario de 21-05-75.
57. Véase, por ejemplo, la sentencia de la Corte Suprema de Justicia en Sala Político-Administrativa de 26 de mayo de 1981, en *Revista de Derecho Público,* N° 7, julio-septiembre 1981, EJV, Caracas, pp. 17 y ss.

Pero además, para definir los actos administrativos, no es aceptable la sola utilización del criterio formal, de actividad de carácter sublegal, pues los actos judiciales también tienen carácter sublegal; por último, tampoco es aceptable la utilización exclusiva de un criterio material, basado en la noción de función administrativa, pues quedarían excluidos del concepto, los actos administrativos cumplidos en ejercicio de la función normativa y de la función jurisdiccional por los órganos del Poder Ejecutivo, así como los actos administrativos dictados en ejercicio de la función normativa por los órganos jurisdiccionales.

Por ello es que hemos propuesto una definición del acto administrativo que combine diversos criterios, pues es la única forma de reconducir a la unidad, la heterogeneidad de los mismos. En esta forma debe considerarse como acto administrativo toda manifestación de voluntad de carácter sublegal (criterio formal) realizada por los órganos del Poder Ejecutivo, actuando en ejercicio de la función administrativa, de la función normativa y de la función jurisdiccional (criterio orgánico); por los órganos del Poder Legislativo, actuando en ejercicio de la función administrativa y de carácter sublegal (criterio material), y por los órganos del Poder Judicial actuando en ejercicio de la función administrativa y de la función normativa (criterio material), con el objeto de producir efectos jurídicos que pueden ser o la creación de una situación jurídica individual o general, o la aplicación a un sujeto de derecho de una situación jurídica general[58].

Considerando a los actos estatales dentro de una perspectiva general, entonces, quedarían fuera de la clasificación como actos administrativos, los actos cumplidos por los órganos del Poder Ejecutivo en función normativa con valor de Ley y en función de gobierno (actos de gobierno) y que, por tanto, son de rango legal; los actos cumplidos por los órganos del Poder Legislativo en función normativa (leyes), en función de gobierno (leyes, actos parlamentarios sin forma de ley), en función jurisdiccional (actos parlamentarios sin forma de ley) y en función administrativa de rango

58. Véase Allan R. Brewer-Carías, *Derecho Administrativo,* Tomo I, *cit.,* pp. 393 y ss.

legal (leyes y actos parlamentarios sin forma de ley); y los actos cumplidos por los órganos del Poder Judicial actuando en función jurisdiccional (sentencias, autos).

De lo anteriormente señalado, es claro, por tanto, que en las definiciones tradicionales del acto administrativo, que lo precisan como toda "declaración de voluntad realizada por la Administración con el propósito de producir un efecto jurídico"[59], como señalamos anteriormente, el problema se reduce a determinar qué debe entenderse por "administración". O dicho termino se define un criterio orgánico, identificándolo con los órganos del Poder Ejecutivo (autoridades administrativas) o dicho término se define con un criterio material, identificándolo con el ejercicio de la función administrativa; o dicho término se define con criterios combinados, como lo hemos hecho anteriormente. En las dos primeras alternativas, quedaría fuera de la calificación de actos administrativos, diversos actos estatales que ni son judiciales, ni legislativos, ni de gobierno y que indudablemente tienen carácter administrativo. En la última alternativa, que hemos acogido, en cambio, así como todos los actos estatales encuentran su calificación, también todos los actos administrativos, sean cumplidos por la autoridad estatal que sea, encuentran su debido encuadramiento.

---

59. En términos generales este ha sido la definición que la Corte Suprema ha adoptado cuando ha necesitado definir el acto administrativo. En efecto, la antigua Corte Federal ha definido el acto administrativo individual como aquella "declaración de voluntad realizada por la administración con el propósito de producir un efecto jurídico y tendiente a crear una situación jurídico individualizada (V. sentencia de 3 de junio de 1959 en *Gaceta Forense* N° 24, 1959, p. 206); o más propiamente, ha definido el acto administrativo, como aquellas manifestaciones de voluntad de la administración pública que afectan a la situación jurídico-administrativa personal o patrimonial de un Administrado, como son las que crean o definen una situación de derecho administrativo" (V. sentencia de 3 de diciembre de 1959, en *Gaceta Forense* N° 26, 1959, p. 142). Además, la Corte Suprema de Justicia ha repetido el mismo concepto al definir los actos administrativos individuales, como aquellas "declaraciones en virtud de las cuales la Administración tiende a crear, reconocer, modificar, o extinguir situaciones jurídicas subjetivas" (Véase Sentencia de la Sala Político-Administrativo de 2 de junio de 1964 en *Gaceta Oficial* N° 27.474 de 25 de junio de 1964).

## 2. *El control judicial de los actos administrativos*

Ahora bien, no estando excluido el control jurisdiccional de inconstitucionalidad o legalidad ningún acto estatal[60], resulta imperativo que todos los actos administrativos pueden ser objeto de control contencioso-administrativo, resultando inadmisibles las definiciones de tales actos que provoquen exclusiones de control. Como lo ha dicho la antigua Corte Suprema de Justicia, en sentencia del 10-01-80, al referirse a las decisiones de las Comisiones Tripartitas,

> Resulta contrario a nuestro ordenamiento constitucional que los pronunciamientos de las Comisiones Tripartitas laborales son irreversibles en vía jurisdiccional. En efecto, en Venezuela existen tres vías para la impugnación de los actos estatales, la acción de nulidad por inconstitucionalidad contra los actos legislativos o de gobierno; el recurso de casación contra los actos jurisdiccionales; y el recurso contencioso-administrativo de anulación contra los actos administrativos. No podría el legislador, sin infringir el orden jurídico constitucional, establecer expresa o tácitamente una derogatoria a los principios que informan nuestro sistema de derecho, que someten la actividad de todas las ramas del Poder Público al control de su regularidad por parte del máximo Tribunal de la República, o de los demás órganos de la jurisdicción contencioso-administrativa[61].

Con esta tesis del carácter comprensivo del control jurisdiccional sobre los actos estatales que hemos propugnado siempre[62], la Corte Suprema se apartó, sin duda, en materia de control de

---

60. En tal sentido, la Corte Suprema de Justicia en Sala Político Administrativa, por sentencia del 11 de mayo de 1981 estableció lo siguiente: "Ahora bien, sin entrar, por innecesario, en un análisis más profundo de la cuestión, parece evidente que, en nuestro medio, hoy en día tal tesis resulta definitivamente superada: primero, porque de acuerdo con la letra constitucional no puede discutirse que ningún acto administrativo está exento del control jurisdiccional, y, segundo, porque tampoco puede ponerse en duda en la concepción actual de nuestro derecho administrativo, que los recursos jurisdiccionales contra los actos administrativos sólo pueden versar en razones de ilegalidad del acto, y no del mérito u oportunismo de la actuación administrativa". Véase en *Revista de Derecho Público,* N° 7, julio-septiembre 1981, EJV, pp. 157 y 158.
61. Véase la sentencia de 10-01-80, de la Sala Político-Administrativa dela Corte Suprema de Justicia en *Revista de Derecho Público,* N° 1, enero-marzo 1980, p. 130.
62. Véase por ejemplo, Allan R. Brewer-Carías, *El control de la constitucionalidad de los actos estatales, cit.,* pp. 31, 32, 112, 113 y 114.

actos administrativos de la doctrina sentada en algunas sentencias de años anteriores, en las cuales había excluido del control contencioso-administrativo, por ejemplo, los actos administrativos emanados de los Inspectores del Trabajo[63], y los actos emanados de los Registros Públicos[64]. Por ello, para excluir o incluir actos administrativos en el ámbito de control contencioso-administrativo, la Corte Suprema tuvo que recurrir a identificar una noción de acto administrativo, que le permitiera definir el ámbito de sus poderes de control.

Precisamente por ello, ha sido posible que, los órganos de la jurisdicción contencioso-administrativa, hayan considerado como actos administrativos sujetos a control contencioso administrativo, en primer lugar, actos emanados de una Asamblea Legislativa (órgano legislativo) (designación de funcionarios); en segundo lugar, los actos de las Comisiones Tripartitas laborales dictados en función jurisprudencial por órganos administrativos; en tercer lugar, ciertos actos dictados por los Tribunales en función administrativa; y en cuarto lugar, ciertos actos dictados por entidades privadas que cumplen funciones públicas[65].

En la actualidad, por tanto, todos los actos administrativos pueden ser sometidos a control de legalidad e inconstitucionalidad por parte de los tribunales contencioso-administrativos, incluso los actos administrativos emanados de entidades privadas no estatales en ejercicio de autoridad; y, por supuesto, conforme lo antes expuesto, no sólo los emanados de los órganos del Poder Ejecutivo, sino de los órganos de todos los otros Poderes del Estado.

Este control judicial de la conformidad con el derecho (inconstitucionalidad o ilegalidad) de los actos administrativos corresponde a los órganos de la jurisdicción contencioso-administrativa de la cual forman parte, según la graduación de la

---

63. Véase por ejemplo, la Sentencia de 18-06-63, en *Gaceta Oficial* N° 871, Ext. de 26-08-63. Véanse los comentarios de Luis E. Farías Mata en "La doctrina de los actos excluidos en la jurisprudencia del Supremo Tribunal", en Instituto de Derecho Público, *Archivo de Derecho Público y Ciencias de la Administración*, Vol. I, 1968-1969, *cit.*, pp. 333 y ss.
64. Véase la Sentencia de la Sala Político-Administrativa de 13-03-67, en *Gaceta Forense*, N° 55, 1968, pp. 107 y 116. Sobre esta materia véase Allan R. Brewer-Carías "La impugnación de los actos administrativos de registro ante la jurisdicción contencioso-administrativa" en *Libro a la Memoria de Joaquín Sánchez Covisa*, Caracas, 1975, pp. 440 y ss.
65. Véase Allan R. Brewer-Carías, *Justicia Contencioso Administrativa, cit.*, pp. 352 y ss.

competencia antes indicada, la Sala Político Administrativa y la Sala Electoral del Tribunal Supremo de Justicia; la Corte Primera de lo Contencioso-Administrativo y los Tribunales Superiores Contencioso-Administrativos.

Los motivos de impugnación de los actos administrativos, conforme al artículo 259 de la Constitución, que pueden dar lugar a su anulación, son el que sean "contrarios al derecho, incluso por desviación de poder", lo que abarca todos los motivos de ilegalidad de los mismos, tanto de fondo como de forma[66].

66. *Idem,* pp. 430 y ss.

# X

## *Reflexión en Cartagena de Indias:*

# FORMAS CONSTITUCIONALES DE TERMINACIÓN DEL MANDATO DEL PRESIDENTE DE LA REPÚBLICA EN VENEZUELA*

Octubre, 2001

* Texto de la exposición en la *XXV Reunión del Grupo Santa Lucía*, Cartagena de Indias, 10-14 de octubre de 2001.

Contrariamente a lo que preveía la Constitución de 1961, la nueva Constitución de 1999 regula expresamente tres formas generales de terminación del mandato del Presidente de la República que son: en *primer lugar,* el vencimiento del período constitucional presidencial; en *segundo lugar,* cuando se produzca la falta absoluta del Presidente de la República en los casos de sometimiento a enjuiciamiento penal, abandono del cargo, revocación popular del mandato, destitución, incapacidad física o mental, renuncia o muerte; y en *tercer lugar,* la cesación del mandato decidida por una Asamblea Nacional Constituyente.

Estas notas tienen por objeto analizar esas diversas formas posibles de terminación del mandato del Presidente de la República, los principios que las rigen, y los requisitos que deben cumplirse para su ejecución.

## I. EL VENCIMIENTO DEL PERÍODO CONSTITUCIONAL

De acuerdo con la Constitución de 1999 el período presidencial es de seis años (art. 230).

En la actualidad, ejerce el Presidente Hugo Chávez Frías, quien fue electo inicialmente el 6 de diciembre de 1998, por un período de 5 años conforme a la Constitución de 1961 (art. 135), el cual vencía en enero de 2004.

Con motivo del proceso constituyente desarrollado en 1999 y luego de aprobada popularmente la Constitución de 1999 (15-12-99), en el Régimen de Transición del Poder Público que dictó la Asamblea Nacional Constituyente el 22-12-99, se estableció que el Presidente de la República Hugo Chávez Frías, quien había sido electo un año antes, continuaría en el ejercicio de sus funciones hasta tanto se produjera la elección de un nuevo Presidente mediante comicios populares (art. 16). A tal efecto, la Asamblea Nacional Constituyente dictó el Estatuto Electoral del Poder Público de 30-1-2000 y decretó la realización de las elecciones de los titulares de los órganos del Poder Público para el 28-5-2000.

Después del fracaso de la llamada "megaelección" prevista para el 28 de mayo de 2000, el 30-7-2000 se produjo la elección, de nuevo, de Hugo Chávez Frías como Presidente de la República, esta vez por un período de 6 años conforme lo establece la nueva Constitución.

Ahora bien, la Constitución precisa, que el Presidente debe tomar posesión de su cargo el 10 de enero del primer año de su período constitucional (art. 231) (presumiendo que las elecciones se realizan en diciembre del año anterior), lo que provocó que se planteara la duda respecto de la fecha de inicio del nuevo período del Presidente Chávez, en el sentido de determinar si los 6 años se comenzaban a contar a partir del 10 de enero de 2000 o del 10 de enero de 2001.

Se sometió el asunto a interpretación constitucional por parte del Tribunal Supremo de Justicia cuyos Magistrados habían sido designados por la Asamblea Nacional Constituyente en el mismo Decreto del Régimen de Transición del Poder Público de 22-12-99; y la Sala Constitucional de dicho Tribunal, como era de esperarse y había sido anunciado previamente hasta por el propio Presidente de la República, en sentencia N° 457 de 5-4-2001 interpretó que el período presidencial de 6 años del Presidente Chávez había comenzado el 10-01-2001, es decir, seis meses después de su juramentación en la Asamblea Nacional el 19-8-2000 luego de su segunda elección el 30 de julio de 2000 y tres años después de su primera elección de diciembre de 1998; período que termina entonces el 10-01-2007.

En todo caso en las elecciones que deben ocurrir en diciembre de 2006, el Presidente puede presentarse a la reelección, por una sola vez, para un nuevo período (art. 230).

El primer escenario de la salida del Presidente de la República de su cargo, por tanto, es por el vencimiento del período constitucional, sea porque no decida ir a la reelección, sea porque sea derrotada su candidatura en la votación.

## II. LA FALTA ABSOLUTA DEL PRESIDENTE DE LA REPÚBLICA

En segundo lugar, también se produce la terminación del mandato del Presidente de la República, cuando ocurre la falta absoluta del mismo, lo que se puede producir en las siguientes circunstancias: como consecuencia del enjuiciamiento penal; cuando se produzca el abandono del cargo; por revocación popular del mandato; cuando sea destituido; por incapacidad física o mental; por renuncia al cargo o por muerte.

### 1. *El sometimiento a enjuiciamiento penal*

El Presidente de la República puede ser enjuiciado penalmente por los delitos que cometa, como cualquier ciudadano.

Sin embargo, para que se lleve a cabo el enjuiciamiento deben cumplirse una serie de condiciones que se configuran como prerrogativas del Jefe de Estado.

Conforme al artículo 266 de la Constitución, corresponde al Tribunal Suprema de Justicia en Sala Plena, declarar si hay o no méritos para el enjuiciamiento del Presidente de la República. La solicitud ante el Tribunal Supremo corresponde formularla al Ministerio Público (art. 285,5). En igual sentido se establece en el artículo 377 del Código Orgánico Procesal Penal (COPP).

Si el Tribunal Supremo de Justicia decide que hay méritos para enjuiciar al Presidente, el asunto debe pasar a la Asamblea Nacional para que autorice el enjuiciamiento (art. 266,2).

En la Constitución de 1961, esta autorización correspondía ser adoptada por al Senado; pero eliminando este en la nueva Constitución, corresponde ahora a la Asamblea Nacional. Una vez que la Asamblea autorice el enjuiciamiento, entonces el Tribunal Supremo debe continuar conociendo de la causa hasta sentencia definitiva (art. 266,2).

La Constitución de 1999, sin embargo, nada dispuso sobre los efectos del enjuiciamiento del Presidente de la República en relación con el ejercicio de su cargo. La Constitución de 1961, en la norma que atribuía la autorización de enjuiciamiento al Senado, expresamente señalaba que "autorizado el enjuiciamiento, el Presidente quedará suspendido en el ejercicio de sus funciones" (art. 150,8). Esta suspensión daba origen a una falta temporal forzosa del Presidente de la República.

Como se dijo, la Constitución de 1999 nada dispone sobre la necesaria separación temporal del ejercicio de su cargo por el Presidente de la República una vez autorizado su enjuiciamiento y durante el lapso que dure el juicio. Este vacío lo suple, sin embargo, el Código Orgánico Procesal Penal, el cual regula expresamente la situación al señalar que "Cumplidos los trámites necesarios para el enjuiciamiento, el funcionario quedará suspendido e inhabilitado para ejercer cualquier cargo público durante el proceso" (art. 380).

En consecuencia, autorizado por la Asamblea Nacional el enjuiciamiento, el Presidente de la República queda suspendido del cargo, configurándose dicha situación jurídica como una falta temporal.

La Constitución dispone que estas faltas temporales del Presidente de la República deben ser suplidas por el Vicepresidente hasta por 90 días, prorrogables por decisión de la Asamblea Nacional hasta por 90 días más (art. 234). Por tanto, si el proceso se prolonga por más de 90 días consecutivos, al termino de dicho lapso la Asamblea Nacional debe decidir prorrogarlo o decidir por mayoría de sus integrantes si debe considerarse la falta como una falta absoluta (art. 234). Esta falta absoluta también se produce en forma automática al vencimiento de la prorroga de los 90 días de la falta temporal, de haber sido acordada.

Si la situación de falta absoluta, derivada del enjuiciamiento del Presidente de la República, se produce durante los primeros cuatros años del período constitucional, se debe proceder a una nueva elección universal, directa y secreta dentro de los 30 días consecutivos subsiguientes. Mientras se elige y toma posesión el nuevo Presidente, el Vicepresidente Ejecutivo (art. 233) se debe encargar de la Presidencia. En este caso, el nuevo Presidente una vez que tome posesión del cargo, debe sólo completar el período constitucional correspondiente.

En cambio, si la falta absoluta se produce durante los dos últimos años del período constitucional, el Vicepresidente Ejecutivo debe asumir la Presidencia de la República hasta complementar dicho período.

### 2. *El abandono del cargo: la conversión de una falta temporal en falta absoluta*

La Constitución establece que el Presidente de la República puede separarse temporalmente del ejercicio de su cargo. En tales supuestos, las faltas temporales las suple el Vicepresidente Ejecutivo (art. 234).

Una falta temporal puede consistir, por ejemplo, en ausencia por enfermedad o por un viaje dentro o fuera del territorio nacional. En el caso de ausencias del territorio nacional cuando se prolongue por un lapso superior a 5 días consecutivos, entonces se requiere de la autorización de la Asamblea Nacional o de la Comisión Delegada (art. 235; 187, 17; 196,2).

Las faltas temporales, como se dijo, sólo pueden tener un lapso de 90 días. Al termino de dicho lapso, la Asamblea Nacional tiene el poder de decidir a prorrogarla por 90 días más, o decidir por mayoría de sus integrantes si debe considerarse que hay falta absoluta (art. 234). En este caso se da el supuesto de abandono del cargo declarado por la Asamblea Nacional (art. 233).

También se produce la situación de falta absoluta en forma automática, cuando concluya la prórroga de 90 días, es decir, cuando la falta absoluta sea de 180 días.

En caso de falta absoluta, como se dijo anteriormente, asume el Vicepresidente y debe o no realizarse una elección, según que la falta absoluta se produzca dentro de los 4 primeros años del período constitucional, o con posterioridad (Véase lo indicado en el punto II,1).

### 3. *La revocación popular del mandato*

La Constitución de 1999 declara al gobierno de la República como democrático, participativo, electivo, descentralizado, alternativo, responsable, pluralista y de *mandatos revocables* (art. 6).

En consecuencia, "todos los cargos y magistraturas de elección popular son revocables" como lo dice el artículo 72 de la Constitución; constituyendo la revocatoria del mandato de los funcionarios, de la esencia del régimen democrático. Se constituye, además como uno de los "medios (en lo político) de participación y protagonismo del pueblo en ejercicio de su soberanía" (art. 70).

Ahora bien, la revocatoria del mandato de los funcionarios electos, entre ellos del Presidente de la República, sólo puede producirse mediante la realización de un referendo revocatorio, que conforme al artículo 72 de la Constitución, el cual se rige por las siguientes reglas:

Primero, la realización de un referendo revocatorio sólo puede efectuarse una vez transcurrido la mitad del período presidencial. En el caso del Presidente de la República actual, ello podría ocurrir a partir de enero de 2004.

Segundo, la solicitud de la convocatoria de un referendo para revocar el mandato del Presidente de la República sólo puede tener su origen en una iniciativa popular, respaldada por un número no menor del 20% de electores inscritos en el Registro Civil y Electoral en la Circunscripción Nacional. Debe señalarse, además, que en ningún caso se puede hacer más de una solicitud de revocación del mandato durante el período presidencial o para el cual fue elegido el funcionario.

Tercero, la solicitud se formula ante el Consejo Nacional Electoral, a quien compete la organización, administración, dirección y vigilancia de los referendos (art. 293, 5).

Cuarto, al referendo revocatorio convocado deben concurrir, como votantes, un número de electores igual o superior al 25% de los electores inscritos en el Registro Electoral.

Quinto, para que se produzca la revocatoria del mandato de un funcionario público, incluido el Presidente de la República, deben votar a favor de la revocación, un número igual o mayor al número de electores que lo eligieron. En este caso, se considera revocado el mandato del funcionario y debe entonces procederse de inmediato a cubrir la falta absoluta de acuerdo con lo dispuesto en la Constitución (art. 72; 233).

Si se trata del Presidente de la República la revocatoria del mandato se considera una falta absoluta, en cuyo caso debe procederse como se indicó anteriormente (Véase lo señalado en el punto II,1).

### 4. *La destitución del Presidente de la República*

Dentro de los supuestos de faltas absolutas del Presidente de la República, está la destitución decretada por sentencia del Tribunal Supremo de Justicia (art. 233).

Esta norma es una innovación de la Constitución de 1999, ya que fue sólo en la Constitución de 1858 que se previó la figura de la "destitución" del Presidente de la República (art. 92), pero sin indicar el órgano que tenía el poder de decidir la destitución a algún órgano del Poder Público.

La Constitución de 1999, por otra parte, no indica ni las causales de destitución, ni la iniciativa para iniciar un proceso tendiente a la destitución. Por ello, tratándose de una sanción, para que el Tribunal Supremo pudiera imponer esta pena, sería necesario que previamente y mediante Ley, se establezca el delito, la falta o la infracción que la origine (art. 49,6). En todo caso, debe garantizarse al Presidente de la República el debido proceso (art. 49).

La pena de destitución, por supuesto, también se configura como una falta absoluta del Presidente de la República, rigiéndose la situación conforme a los principios antes analizados (Véase lo señalado en el punto II,1).

### 5. *La incapacidad del Presidente de la República*

El artículo 233 de la Constitución también considera que habría una falta absoluta del Presidente de la República, cuanto la Asamblea Nacional apruebe la certificación que emita una junta médica designada por el Tribunal Supremo de Justicia, en la cual se determine que el Presidente de la República tiene incapacidad física o mental permanente para ejercer el cargo.

Para que pueda darse este supuesto de falta absoluta, por tanto, se requiere:

Primero, que exista una iniciativa ante la Corte Suprema de Justicia para que ésta designe una junta médica para que certifique sobre la incapacidad. Nada se indica en la Constitución sobre el número de médicos que deben formar la Junta; ni sobre quien tiene la iniciativa, ni si el Tribunal Supremo puede ejercer de oficio esta facultad de designación.

Segundo, luego de que la junta médica certifique la incapacidad del Presidente de la República, ello debe ser aprobado por la Asamblea Nacional. La Constitución nada indica sobre el quórum para esta aprobación ni dispone votación calificada alguna.

En este supuesto de declaratoria de incapacidad física o mental del Presidente, también se produciría una falta absoluta del Presidente de la República, en cuyo caso rige lo antes señalado (Véase lo señalado en el punto II,1).

### 6. *La renuncia del Presidente de la República*

Otra causal que originaría una falta absoluta del Presidente de la República es su renuncia al cargo, es decir, la separación voluntaria del cargo de Presidente de la República.

Tratándose de un supuesto de falta absoluta (art. 233), también rigen los principios antes indicados (Véase lo señalado en el punto II,1).

### 7. *La muerte del Presidente de la República*

El artículo 233 de la Constitución también considera que se produciría una falta absoluta con la muerte del Presidente de la República, en cuyo caso debería procederse como se indicó anteriormente (Véase lo señalado en el punto II,1) respecto de las falta absolutas.

## III. LA CESACIÓN DEL MANDATO DEL PRESIDENTE DE LA REPÚBLICA POR DECISIÓN DE UNA ASAMBLEA NACIONAL CONSTITUYENTE

Entre los mecanismos de reforma constitucional, previstos en la Constitución, los artículos 347 y siguientes, conforme a la experiencia de hecho derivada de la Asamblea Nacional Constituyente de 1999, se reguló la figura de la Asamblea Nacional Constituyente la cual, como es sabido, no estaba contemplada en la Constitución de 1961.

De acuerdo con estas normas, resulta el siguiente régimen relativo a tal Asamblea Nacional Constituyente:

*Primero*, se declara que el pueblo "es el depositario del poder constituyente originario"; en consecuencia, no puede haber ningún otro órgano o institución del Estado, ni siquiera una Asamblea Nacional Constituyente, que pretenda erigirse en poder constituyente originario, como sucedió con la Asamblea Nacional Constituyente de 1999 (art. 347).

*Segundo*, el pueblo, en ejercicio del poder constituyente originario, "puede convocar" una Asamblea Nacional Constituyente con el objeto de transformar el Estado, crear un nuevo ordenamiento jurídico y redactar una nueva Constitución (art. 347). Esta convocatoria sólo puede hacerla "el pueblo", y este sólo puede expresarse mediante una votación popular, en este caso, mediante un referendo decisorio cuyas condiciones de realización, sin embargo, no están reguladas totalmente en la Constitución.

*Tercero*, "la iniciativa de convocatoria a la Asamblea Nacional Constituyente" la pueden tener, en primer lugar, el Presidente de la República en Consejo de Ministros; en segundo lugar, la Asamblea Nacional, mediante acuerdo de las dos terceras partes de sus integrantes; en tercer lugar, los Concejos Municipales en Cabildo, mediante el voto de las dos terceras partes de los mismos (existen 338 Municipios aproximadamente) y, en cuarto lugar, el 15% de los electores inscritos en el Registro Civil y Electoral (art. 348) (aproximadamente 1.5 millones).

Debe entenderse que, en este caso, se trata de la iniciativa para la convocatoria del referendo decisorio para que el pueblo se pronuncie sobre la convocatoria de la Asamblea Nacional Constituyente. El referendo decisorio, por tanto, debe contener las bases del estatuto de la Asamblea cuya elección debe convocarse, de resultar positivo la votación en el referendo. No tendría sentido interpretar de esas normas deduciendo que se pueda convocar una Asamblea Nacional Constituyente al margen del pueblo.

*Cuarto*, "los poderes constituidos no podrán en forma alguna impedir las decisiones de la Asamblea Nacional Constituyente" (art. 349). Esto implicaría, por tanto, la posibilidad de que la Asamblea Nacional Constituyente pueda decidir la cesación en el ejercicio de su cargo del Presidente de la República y de todos los otros titulares de los poderes constituidos, como ocurrió de facto, con la Asamblea Nacional Constituyente de 1999.

*Quinto*, la nueva Constitución que adopte la Asamblea, no puede ser objetada por el Presidente de la República y la nueva Constitución, una vez promulgada, debe publicarse en la *Gaceta Oficial* (art. 349). No se dispone en la Constitución que la nueva Constitución deba ser sometida a referendo aprobatorio.

En consecuencia, estableciéndose que los poderes constituidos, entre ellos el Presidente de la República, no pueden en forma alguna impedir las decisiones de la Asamblea Nacional Constituyente, una de esas decisiones podría ser precisamente, la cesación del mandato de los órganos de los poderes constituidos. Por ello, esta podría ser otra forma de terminación del mandato del Presidente de la República.

# XI
## *Reflexión en Lima*

# LA JUSTICIA CONSTITUCIONAL EN LA CONSTITUCIÓN DE VENEZUELA DE 1999*

Mayo, 2001

*. Texto ampliado de la conferencia dictada en el *Seminario Internacional sobre Constitución y Democracia en los Umbrales del Siglo XXI*, Universidad de Lima, 3 de mayo de 2001.

## I. PRINCIPIOS GENERALES DEL SISTEMA VENEZOLANO DE JUSTICIA CONSTITUCIONAL

En Venezuela se ha venido desarrollando desde el siglo XIX, un sistema de justicia constitucional[1] mixto o integral[2], que combina, por una parte, el método difuso de control de constitucionalidad, conforme al cual todos los jueces tienen competencia para decidir la inaplicación de una ley o cualquier norma jurídica cuando la consideren contraria a la Constitución, competencia que incluso pueden ejercer *ex officio*, aplicando preferentemente la Constitución en el caso concreto sometido a su conocimiento y decisión; y por la otra, el método concentrado de control de la constitucionalidad de las leyes y demás actos normativos (nacionales, estadales y municipales), mediante la atribución al Tribunal Supremo de Justicia y a partir de 2000 a su Sala Constitucional, de poderes anulatorios de las leyes y demás actos normativos de similar rango, contrarios a la Constitución, los cuales se ejercen cuando conoce del asunto mediante el ejercicio de acciones populares de inconstitucionalidad.

---

1. Véase en general Mauro Cappelletti, *Judicial Review in the Contemporary World*, Indianápolis, 1971; "El control judicial de la constitucionalidad de las leyes en el Derecho Comparado", en *Revista de la Facultad de Derecho de México*, N° 61, México 1966; Allan R. Brewer-Carías, *Judicial Revieu in-comparative Law*, Cambridge 1989.
2. Véase Allan R. Brewer-Carías, *El sistema mixto o integral de control de la constitucionalidad en Colombia y Venezuela*, Bogotá 1995; Manuel Gaona Cruz, "El control de la constitucionalidad de los actos jurídicos en Colombia ante el Derecho Comparado", en *Archivo de Derecho Público y Ciencias de la Administración, Derecho Público en Venezuela y Colombia*, Vol. VII 1984-1985, Instituto de Derecho Público, UCV, Caracas 1986, pp. 39 a 114.

Este sistema, que también han adoptado otros países[3] se han venido perfeccionando por un lapso de más de 150 años, encontrando su marco regulatorio actual en la Constitución de 1999, texto que recoge toda la tradición anterior[4].

En efecto el artículo 7 de la Constitución de 1999[5] declara, *expressis verbis*, que su texto es "la norma suprema y el fundamento de todo el ordenamiento jurídico"; por lo que para garantizar esa supremacía y lograr que la Constitución tenga plena efectividad, en su mismo texto se regula todo un sistema de justicia constitucional mediante la asignación a todos los jueces de la República, en el ámbito de sus respectivas competencias y conforme a lo previsto en la Constitución y en la ley, de la obligación "de asegurar la integridad de la Constitución" (art. 334)[6].

En consecuencia, la justicia constitucional, como competencia judicial para velar por la integridad y supremacía de la Constitución, en Venezuela se ejerce por *todos los jueces* y no sólo por el Tribunal Supremo de Justicia, en cualquier causa o proceso que conozcan y, además, especialmente, cuando conozcan de acciones de amparo o de las acciones contencioso administrativas al tener la potestad para anular actos administrativos por contrariedad a la Constitución (como forma de contrariedad al derecho) (art. 259)[7].

En cuanto al Tribunal Supremo de Justicia, en materia de justicia constitucional todas sus Salas tienen expresamente como competencia garantizar "la supremacía y efectividad de las normas y principios constitucionales", correspondiéndoles, a todas, ser "el máximo y último intérprete de la Constitución" y velar "por su uniforme interpretación y aplicación" (art. 335). También lo es la

3. Véase Allan R. Brewer-Carías, "La jurisdicción constitucional en América Latina", en Domingo García Belaúnde y Francisco Fernández Segado (editores), *La jurisdicción constitucional en Ibero-América,* Madrid 1997, pp. 117-161.
4. Véase en general Allan R. Brewer-Carías, *El sistema de justicia constitucional en la Constitución de 1999,* Caracas 2000.
5. El texto de la Constitución de 30-12-99 fue inicialmente publicado en *Gaceta Oficial* N° 36.860 de 30-12-99. Posteriormente, con correcciones se publicó en *Gaceta Oficial* N° 5.453 Extraordinario de 24-3-00. Véanse los comentarios que hemos formulado en Allan R. Brewer-Carías, *La Constitución de 1999,* Caracas, 2000; 3ª ed. Caracas 2001.
6. Véase nuestra propuesta en relación con este artículo en Allan R. Brewer-Carías, *Debate Constituyente (Aportes a la Asamblea Nacional Constituyente),* Tomo II, (9 septiembre - 17 octubre 1999), Caracas 1999, pp. 24 y 34.
7. Véase Allan R. Brewer-Carías, *La Justicia Contencioso-Administrativa, Instituciones Políticas y Constitucionales,* Tomo VII, Caracas 1997, pp. 26 y ss.

Sala Constitucional, mediante la cual el Tribunal Supremo de Justicia concentra la Jurisdicción Constitucional (arts. 266, ord. 1° y 336).

En los países europeos, dicha Jurisdicción Constitucional corresponde a los Tribunales o Cortes Constitucionales (muchas, incluso, ubicadas fuera del Poder Judicial), al igual que en algunos países latinoamericanos. En cambio, en Venezuela, la Jurisdicción Constitucional siempre ha correspondido al Supremo Tribunal de Justicia[8], y ahora, a través de su Sala Constitucional, al cual se ha atribuido el monopolio para anular ciertos y determinados actos estatales: las leyes y demás actos de rango legal o de ejecución directa e inmediata de la Constitución.

Por tanto, la Sala Constitucional no tiene el monopolio del control concentrado de la constitucionalidad *de todos* los actos estatales; lo que tiene es el monopolio de dicho control *sólo respecto de determinados actos estatales* (los de rango y fuerza de ley y los dictados en ejecución directa e inmediata de la Constitución). Ello es lo que, además, caracteriza la "Jurisdicción Constitucional" en el derecho comparado: la atribución exclusiva a un órgano judicial del poder anulatorio de determinados, y sólo de determinados actos estatales[9].

Por ello puede decirse, en general, que el control concentrado de la constitucionalidad de los actos estatales conforme a la Constitución, se ejerce por dos Jurisdicciones distintas: la Jurisdicción Constitucional y la Jurisdicción Contencioso Administrativa. Así, los órganos de esta última tienen competencia, conforme al artículo 259 de la Constitución, para controlar la constitucionalidad de los otros actos de los órganos del Poder Ejecutivo y de los otros Poderes del Estado dictados en ejecución indirecta de la Constitución: los actos administrativos, tanto normativos (Reglamentos) como no normativos, que son siempre actos de rango sublegal, es decir, *no* son actos dictados "en ejecución directa e inmediata de la Constitución" (sino más bien, dictados en ejecución de la legislación), cuyo control de constitucionalidad es el que corresponde exclusivamente a la Sala Constitucional del Tribunal Supremo.

Ahora bien, de lo antes expuesto resulta que el sistema de justicia constitucional en Venezuela permite el ejercicio del control

8. Véase Allan R. Brewer-Carías, *La Justicia Constitucional, Instituciones Políticas y Constitucionales,* Tomo VI, Caracas 1996, pp. 131 y ss.
9. Véase en general, Allan R. Brewer-Carías, *Judicial Review in Comparative Law, op. cit.*, p. 190; y Allan R. Brewer-Carías, *El control concentrado de la constitucionalidad de las leyes (Estudio de Derecho Comparado),* Caracas 1994, p. 19.

de la constitucionalidad de los actos estatales mediante los siguientes mecanismos: el método difuso de control de la constitucionalidad de las leyes y demás actos normativos; la protección de los derechos constitucionales mediante las acciones de amparo; el control por contrariedad al derecho de los actos administrativos por motivos de inconstitucionalidad mediante las acciones contencioso administrativas de anulación; y el control de la constitucionalidad de ciertos actos estatales que corresponde a la Jurisdicción Constitucional[10].

En esta forma, en la Constitución de 1999 se recogen todos los principios del sistema mixto o integral del sistema de justicia constitucional, propio de la tradición venezolana[11].

## II. EL MÉTODO DIFUSO DE CONTROL DE LA CONSTITUCIONALIDAD DE LAS LEYES

Uno de los medios específicos para el ejercicio de la justicia constitucional, es la posibilidad que tiene todo juez de la República de ser juez de la constitucionalidad de las leyes y demás actos normativos. Se trata del método denominado de control difuso de la constitucionalidad de leyes que existe en nuestro país desde el siglo XIX[12], regulado en el artículo 20 del Código de Procedimiento Civil, que establece que:

> *Artículo 20:* Cuando la ley vigente, cuya aplicación se pida, colidiere con alguna disposición constitucional, los jueces aplicarán ésta con preferencia.

El principio del control difuso, más recientemente, se recogió en el artículo 19 del Código Orgánico Procesal Penal, con este texto:

---

10. Véase sentencia Nº 194 de la Sala Constitucional de 15-02-2001, caso: *Gobernación del Estado Trujillo vs. Comisión Legislativa del Estado Yaracuy.*
11. Véase Allan R. Brewer-Carías, "La justicia constitucional en la nueva Constitución" en *Revista de Derecho Constitucional* Nº 1, Editorial Sherwood, Caracas sep.-dic. 1999, pp. 35 a 44; Allan R. Brewer-Carías, *El Sistema de justicia constitucional en la Constitución de 1999,* Caracas 2000.
12. Fue consagrado expresamente en el derecho positivo en el Código de Procedimiento Civil de 1897. Véase Allan R. Brewer-Carías, *Judicial Review in Comparative Law, op. cit.* pp. 127 y ss.; Allan R. Brewer-Carías, *La Justicia Constitucional, Instituciones Políticas y Constitucionales,* Tomo VI, *op. cit.*, Caracas 1996, pp. 86 y ss.

*Artículo 19: Control de la Constitucionalidad.* Corresponde a los jueces velar por la incolumidad de la Constitución de la República. Cuando la ley cuya aplicación se pida colidiere con ella, los tribunales deberán atenerse a la norma constitucional.

A los efectos de consolidar constitucionalmente el método de control difuso de la constitucionalidad de las leyes, como ha ocurrido, por ejemplo, en Colombia, desde 1910 (art. 4); Guatemala, en 1965 (art. 204); Bolivia, en 1994 (art. 228); Honduras, en 1982 (art. 315) y Perú, en 1993 (art. 138); propusimos incorporar a la Constitución una disposición similar[13], que terminó siendo ubicada, también a propuesta nuestra[14], en el artículo 334, con el siguiente texto:

*Artículo 334*: En caso de incompatibilidad entre esta Constitución y una ley u otra norma jurídica, se aplicarán las disposiciones constitucionales, correspondiendo a los tribunales en cualquier causa, aun de oficio, decidir lo conducente.

En esta forma, el método de control difuso de la constitucionalidad adquirió en Venezuela rango constitucional[15], el cual, incluso, puede ser ejercido *de oficio* por los tribunales[16], incluyendo, por supuesto, las diversas Salas del Supremo Tribunal.

Este método difuso de control de la constitucionalidad de las leyes, en Venezuela, puede decirse que sigue los principios desarrollados en el derecho comparado: tiene su fundamento en el principio de la supremacía constitucional, conforme al cual los actos inconstitucionales son nulos y sin ningún valor, aún cuando esta constatación de la nulidad corresponda a la autoridad judicial. Todo juez, por tanto, al conocer de un caso o una controversia concreta, puede resolver sobre la inconstitucionalidad de la norma jurídica que debe aplicar a la resolución del caso, como cuestión incidental en el mismo; poder que en el caso de Venezuela puede

---

13. Véase nuestras propuestas respecto del artículo 7 en Allan R. Brewer-Carías, *Debate Constituyente,* Tomo II, *op. cit.*, pp. 24 y 34.
14. Véase Allan R. Brewer-Carías, *Debate Constituyente (Aportes a la Asamblea Nacional Constituyente),* Tomo III, (18 octubre-30 noviembre 1999), Caracas 1999, pp. 94 a 105.
15. Véase sentencia N° 1213 de la Sala Político Administrativa de 30-05-2000, caso: *Carlos P. García P. vs. Cuerpo Técnico de la Policía Judicial.*
16. En contraste con la regla general en el derecho comparado que siempre exige instancia de parte interesada, ésta ha sido una de las características del sistema venezolano. Véase Allan R. Brewer-Carías, *La Justicia Constitucional, Instituciones Políticas y Constitucionales,* Tomo VI, *op. cit.*, p. 101.

ejercer *ex officio*, sin requerimiento de parte interesada. La decisión del juez tiene sólo efectos *inter partes* en el proceso concreto y por tanto, efectos declarativos[17].

En cuanto a la legitimación activa para plantear la cuestión de inconstitucionalidad en un proceso, en principio, corresponde a las partes en el procedimiento, con fundamento en el interés concreto que defienden en el mismo.

Ahora bien, la Constitución de 1999, ha consagrado el derecho de acceso a los órganos de administración de justicia no sólo para hacer valer los derechos e intereses de la persona en concreto, sino "incluso los colectivos o difusos" (art. 26), con lo cual se ha constitucionalizado la posibilidad de acciones procesales que se intenten en representación de intereses colectivos o difusos[18].

En consecuencia, si se trata de un juicio iniciado para la defensa de intereses colectivos o difusos, quien ejerza la representación en el juicio o sea parte en el mismo, puede también alegar la cuestión de constitucionalidad para el ejercicio, por el juez, del control difuso de la constitucionalidad[19].

Hemos dicho además, que en el sistema venezolano, conforme a la Constitución (art. 334), el propio juez *de oficio* puede plantearse, al decidir, la cuestión de constitucionalidad de la ley que debe regir el caso, por lo que también puede considerarse que tiene la legitimación activa necesaria para ello. Estimamos, sin embargo, que en esos casos, el juez debería oír a las partes, antes de decidir, sobre la cuestión de constitucionalidad que plantee, a fin de garantizar el derecho al debido proceso y a la defensa de las partes (art. 49,C).

Por otra parte, el Ministerio Público en los procesos judiciales en los cuales interviene, sean de orden civil (arts. 129 y sigts. CPC) o de carácter penal (art. 285 C; art. 105 Código Orgánico Procesal Penal), también tiene la legitimación necesaria para plantear la cuestión de constitucionalidad para que el juez ordinario la decida en el caso concreto, respecto de la ley que lo rige.

Por último, la Constitución de 1999 creó como un órgano del Poder Público Nacional (Poder Ciudadano) la figura del Defensor

---

17. Véase Allan R. Brewer-Carías, *Judicial Review in Comparative Law, cit.*, pp. 127 y ss.
18. Destacados nuestros. Véase sentencia de la Sala Constitucional Nº 656 de 05-06-2001, caso: *Defensor del Pueblo vs. Comisión Legislativa Nacional.*
19. Véase sentencia de la Sala Constitucional Nº 1048 de 17-02-2000, caso: *William O. Ojeda O. vs. Consejo Nacional Electoral.*

del Pueblo, con amplias facultades para velar por el efectivo respeto y garantía de los derechos humanos, y proteger los derechos e intereses legítimos, colectivos y difusos de las personas contra las arbitrariedades, desviaciones de poder y errores cometidos en la prestación de los servicios públicos, pudiendo interponer acciones y recursos (art. 281 C). En los juicios respectivos, por supuesto, el Defensor del Pueblo y las partes intervinientes en los mismos, tienen la legitimación necesaria para plantear la cuestión de constitucionalidad de las leyes.

## III. EL CONTROL JUDICIAL DE LA CONSTITUCIONALIDAD EJERCIDO MEDIANTE EL AMPARO JUDICIAL A LOS DERECHOS Y GARANTÍAS CONSTITUCIONALES

En la Constitución de 1999, la institución del amparo ha quedado consolidada como un *derecho constitucional*[20] y, en consecuencia, como una obligación que tienen todos los tribunales de amparar, en el ámbito de su competencia, a todas las personas en el goce y ejercicio de todos sus derechos y garantías constitucionales.

En tal sentido y dentro de la orientación que tenía el artículo 49 de la Constitución de 1961, en el artículo 27 de la Constitución de 1999 se estableció que:

> Toda persona *tiene derecho* a ser amparada por los tribunales en el goce y ejercicio de los derechos, aún de aquellos inherentes a la persona humana que no figuren expresamente en esta Constitución o en los instrumentos internacionales sobre derechos humanos.

Ahora bien, en el caso de la acción de amparo constitucional, la Constitución precisó además, expresamente, que el procedimiento debe ser oral, público, breve, gratuito y no sujeto a formalidad, teniendo el juez competente potestad para restablecer inmediatamente la situación jurídica infringida o la situación que más se asemeje a ella; para lo cual todo tiempo debe ser hábil y el tribunal debe tramitar el asunto con preferencia a cualquier otro.

En consecuencia, conforme a la Ley Orgánica de Amparo sobre Derechos y Garantías Constitucionales de 1988[21], los tribunales

---

20. Véase Allan R. Brewer-Carías, *El Derecho y la Acción de Amparo, Instituciones Políticas y Constitucionales,* Tomo V, Caracas, 1998, pp. 19 y ss.
21. Véase en *Gaceta Oficial* N° 33.891 de 22-01-88. Véase en general Allan R. Brewer-Carías y Carlos M. Ayala Corao, *Ley Orgánica de Amparo sobre Derechos y Garantías Constitucionales,* Caracas 1988.

competentes para conocer de dichas acciones, que son los de primera instancia, actúan como jueces constitucionales. En caso de no existir tribunales de primera instancia en la localidad respectiva, cualquier juez de la misma puede conocer de la acción de amparo (art. 9 LOADGC). Por eso, el control de constitucionalidad que se ejerce por los jueces al decidir acciones de amparo también puede considerarse como un control difuso.

La Constitución de 1999, en consecuencia, no derogó tácitamente, en forma alguna la Ley Orgánica de Amparo, la cual continúa vigente. Sin embargo, la Sala Constitucional, al interpretar el artículo 27 de la Constitución ha introducido algunas "reformas" a la Ley Orgánica, en forma totalmente irregular pues la Jurisdicción Constitucional no puede ser un "legislador positivo"[22].

En todo caso, del ordenamiento constitucional venezolano, debe destacarse que la institución del amparo ha sido concebida en forma amplia, de manera de asegurar un medio judicial expedito para que toda persona afectada en cualquiera de sus derechos constitucionales (y no sólo los que puedan considerarse como "fundamentales") pueda requerir la protección judicial inmediata, contra toda violación o amenaza de violación, provenga de actos, hechos u omisiones de los entes y autoridades públicas o de particulares y corporaciones privadas.

La legitimación activa para intentar la acción de amparo corresponde a toda persona afectada en sus derechos y garantías constitucionales, cualquiera que sean[23], incluso aquellos inherentes a la persona humana no enumerados expresamente en la Constitución o en los tratados internacionales sobre derechos humanos ratificados por la República. Se destaca, en este sentido, que tales tratados tienen en Venezuela jerarquía constitucional y que, inclu-

---

22. Fue Hans Kelsen quien comparó a los Tribunales Constitucionales con ser "*legisladores negativos*" al equiparar la anulación de una ley con su derogación. Véase Allan R. Brewer-Carías, *Judicial Review in Comparative Law, op. cit.*, p. 192. Véase las "reformas" indicadas en Allan R. Brewer-Carías, *El Sistema de Justicia Constitucional en la Constitución de 1999*, Caracas, 2000, pp. 28 a 64.
23. Estos, como se ha dicho, pueden ser los derechos individuales, políticos, sociales, culturales, educativos, económicos, indígenas y ambientales y sus garantías constitucionales enumerados en los arts. 19 a 129 de la Constitución. En Venezuela no existe la limitación que se establece en otros países (pe. Alemania y España) que reduce la acción de amparo para proteger sólo los "derechos fundamentales". Véase Allan R. Brewer-Carías, *El amparo a los derechos y garantías constitucionales (una aproximación comparativa)*, Caracas 1993.

so, su aplicación prevalece en el orden interno en la medida en que contengan normas sobre el goce y ejercicio de los derechos que sean más favorables que las establecidas en la propia Constitución y en las leyes (art. 23 C).

Ahora bien, la jurisprudencia ha sido constante en atribuir a la acción de amparo un carácter personalísimo, de manera que la legitimación activa corresponde, en principio, a "la persona directamente afectada por la vulneración de los derechos y garantías constitucionales"[24].

Por tanto, como se ha dicho, en Venezuela la acción de amparo procede contra toda actuación u omisión de los órganos del Estado, contra toda persona jurídica, natural o moral, estatal o no estatal, incluso contra particulares, por cualquier violación o amenaza de violación de derechos y garantías constitucionales. Incluso, las personas jurídicas de derecho público pueden intentar una acción de amparo para defender los derechos constitucionales de los que pueden ser titulares, como el derecho al debido proceso, el derecho a la igualdad o a la irretroactividad de la ley. El Tribunal Supremo de Justicia en Sala Constitucional, en cambio, basándose en una errada y restrictiva concepción del amparo y de lo que debe entenderse por garantía constitucional, ha negado la procedencia de la acción de amparo intentada por los Estados de la Federación, para tutelar la garantía constitucional de la autonomía política-territorial que la Constitución establece[25].

Por otra parte, en virtud de reconocimiento constitucional de la tutela judicial de los intereses difusos y colectivos, la Sala Constitucional del Tribunal Supremo ha admitido la posibilidad del ejercicio de la acción de amparo en protección de derechos colectivos y difusos, como el de los electores en sus derechos políticos, e incluso ha acordado medidas cautelares con efectos *erga omnes* "tanto para las personas naturales y organizaciones que han solicitado la protección de amparo constitucional como para todos los electores en su conjunto"[26].

---

24. Véase por ejemplo, sentencia de la Sala Constitucional de 15-03-2000, *Revista de Derecho Público,* N° 81, EJV, 2000, pp. 322-323.
25. Véase sentencia N° 1.395 de 21-11-2000, caso: *Gobernaciones de Estado vs. Ministerio de Finanzas.*
26. Sentencia de la Sala Constitucional N° 483 de 29-05-2000, caso: *"Queremos Elegir" y otros, Revista de Derecho Público,* N° 82, 2000, EJV, pp. 489-491. En igual sentido sentencia de la misma Sala N° 656 de 5-6-2001, caso *Defensor del Pueblo vs. Comisión Legislativa Nacional,* y N° 714 de 13-07-2000, caso: *APRUM.*

Por otra parte, teniendo el Defensor del Pueblo competencia para la promoción, defensa y vigilancia de los derechos y garantías constitucionales "además de los intereses legítimos, colectivos o difusos de los ciudadanos" (arts. 280 y 281,2 C), la Sala Constitucional ha admitido la legitimación activa del Defensor del Pueblo para intentar acciones de amparo en representación de la globalidad de los ciudadanos, como por ejemplo, contra la amenaza por parte de la Comisión Legislativa Nacional de nombrar a los miembros del Consejo Nacional Electoral sin cumplir con los requisitos constitucionales[27].

Debe puntualizarse, por último, en relación con la protección de los derechos humanos, que la Constitución de 1999 incorporó expresamente a sus normas la institución de la *acción de habeas data,* conforme al antecedente de Brasil seguido en Colombia, regulada en el artículo 28, con el siguiente texto:

> *Artículo 28:* Toda persona tiene derecho de acceder a la información y a los datos que sobre sí misma o sobre sus bienes consten en registros oficiales o privados, con las excepciones que establezca la ley, así como de conocer el uso que se haga de los mismos y su finalidad, y a solicitar ante el tribunal competente la actualización, la rectificación o la destrucción de aquellos, si fuesen erróneos o afectasen ilegítimamente sus derechos. Igualmente, podrá acceder a documentos de cualquier naturaleza que contengan información cuyo conocimiento sea de interés para comunidades o grupos de personas. Queda a salvo el secreto de las fuentes de información periodística y de otras profesiones que determine la ley.

Sobre esta acción constitucional, la Sala Constitucional del Tribunal Supremo ha puntualizado que no se trata de una acción de amparo propiamente dicha, indicando sin embargo, que tienen legitimación activa para intentar la acción de *habeas data* "la persona que esté reseñada en lo personal o en sus bienes"[28].

---

27. Sentencia de la Sala Constitucional N° 656 de 05-06-01, caso: *Defensor del Pueblo vs. Comisión Legislativa Nacional.*
28. Sentencia N° 332 de la Sala Constitucional de 14-03-2001, caso: *Insaca vs. Director de Drogas y Cosméticos del Ministerio de Sanidad y Asistencia Social.*

## IV. EL CONTROL DE LA CONSTITUCIONALIDAD DE LOS REGLAMENTOS Y ACTOS ADMINISTRATIVOS EJERCIDOS POR LA JURISDICCIÓN CONTENCIOSO-ADMINISTRATIVA

El artículo 259 de la Constitución precisa que la Jurisdicción Contencioso-Administrativa corresponde al Tribunal Supremo de Justicia y a los demás tribunales que determine la ley teniendo competencia para anular los actos administrativos generales o individuales contrarios a derecho, incluso por desviación de poder; condenar al pago de sumas de dinero y a la reparación de daños y perjuicios originados en responsabilidad de la Administración; conocer de reclamos por la prestación de servicios públicos y disponer lo necesario para el restablecimiento de las situaciones jurídicas subjetivas lesionadas por la actividad administrativa.

Conforme a esta norma, por tanto, el ejercicio de la justicia constitucional también corresponde, conforme a la Constitución de 1999, a los tribunales que conforman la Jurisdicción Contencioso-Administrativa, al ejercer su competencia de anulación de los actos administrativos, incluidos los Reglamentos, contrarios a derecho, es decir, contrarios sea a la Constitución, a las leyes o a las demás fuentes del derecho administrativo[29]. Es decir, todos los jueces contencioso administrativos, conforme al artículo 259 de la Constitución, tienen potestad para declarar la nulidad de los actos administrativos, no sólo por razones de ilegalidad sino por inconstitucionalidad, ejerciendo la justicia constitucional.

De lo anterior resulta que así como debe diferenciarse la "Jurisdicción Constitucional" que se atribuye a la Sala Constitucional, de la función de justicia constitucional que corresponde a todos los jueces; también, debe establecerse la diferenciación entre la Jurisdicción Constitucional y la Jurisdicción Contencioso-Administrativa[30]. La diferencia entre ambas jurisdicciones, como se ha dicho, está en la competencia *por el objeto* que se atribuye a los Tribunales que las componen: la Jurisdicción Constitucional que corresponde al Tribunal Supremo de Justicia en *Sala Constitucional,* tiene por objeto conocer de las acciones de nulidad por inconstitucionalidad *contra*

29. Véase Allan R. Brewer-Carías, *La Justicia Contencioso-Administrativa, Instituciones Políticas y Constitucionales,* Tomo VII, *op.cit.*, pp. 26 y ss.
30. Así lo propusimos expresamente ante la Asamblea Nacional Constituyente. Véase Allan R. Brewer-Carías, *Debate Constituyente,* Tomo II, *op. cit.*, pp. 245 y ss.

*las leyes y demás actos de rango legal o de ejecución directa e inmediata de la Constitución;* en cambio, la Jurisdicción Contencioso Administrativa que corresponde al mismo Tribunal Supremo, pero en *Sala Político Administrativa y en Sala Electoral* y a los *demás tribunales* que señale la ley[31], tiene por objeto, entre otros, conocer de las *acciones de nulidad por inconstitucionalidad o ilegalidad contra los actos administrativos* y, por tanto, de rango *sub legal.*

Esto implica que ambas Jurisdicciones se diferencian por el objeto de las acciones y no por el motivo de las mismas: la Jurisdicción Constitucional conoce de la nulidad de las leyes y demás actos de rango legal o de ejecución directa e inmediata de la Constitución; en cambio, la Jurisdicción Contencioso Administrativa, conoce de la nulidad de los actos administrativos, sea cual fuere el motivo de impugnación.

En consecuencia, conforme a la Constitución, corresponde a los órganos de la Jurisdicción Contencioso Administrativa, conocer de las acciones de nulidad contra los actos administrativos, aún cuando las mismas se fundamenten en motivos de inconstitucionalidad que son motivos de contrariedad al derecho. Por ello, conforme al artículo 266, ordinal 5 de la Constitución, la Sala Político Administrativa del Tribunal Supremo tiene competencia:

> Para declarar la nulidad total o parcial de los reglamentos y demás actos administrativos generales o individuales del Ejecutivo Nacional, cuando sea procedente.

Ello significa que, por su objeto, la Sala Político-Administrativa y la Sala Electoral del Tribunal Supremo de Justicia, según sus competencias, tienen atribución exclusiva, como juez constitucional, para declarar la nulidad de los Reglamentos por razones de inconstitucionalidad, así como de todos los demás actos administrativos de la Administración Pública Nacional Central por los mismos motivos.

Ahora bien, la legitimación activa para impugnar en vía contencioso-administrativa los actos administrativos por razones de inconstitucionalidad y de legalidad, varía según se trate de Reglamentos o en general, de actos administrativos de carácter normati-

31. La Corte Primera de lo Contencioso Administrativo y los Tribunales Superiores con competencia contencioso-administrativa ubicados en todo el país.

vo (de efectos generales), o de actos administrativos de efectos particulares.

En el sistema contencioso administrativo venezolano se ha establecido, desde el siglo XIX, el carácter de acción popular de la acción de nulidad que se ejerce contra los Reglamentos y demás actos administrativos de contenido normativo, que corresponde a cualquier persona. En consecuencia, basta un simple interés en la legalidad o constitucionalidad para que cualquier persona tenga la legitimación suficiente para intentar la acción de nulidad por inconstitucionalidad o ilegalidad contra el acto administrativo reglamentario o de efectos generales[32].

Sin embargo, respecto de los actos administrativos de efectos particulares, la legitimación para impugnarlos ante los tribunales de la jurisdicción contencioso-administrativa, legalmente corresponde sólo a quienes tengan "interés personal, legítimo y directo" en la anulación del acto, es decir, a quienes el acto administrativo lesiona personal y directamente en sus derechos e intereses legítimos.[33]

Esta doctrina legal, sin embargo, ha variado a partir de la entrada en vigencia de la nueva Constitución de 1999, conforme lo ha decidido el Tribunal Supremo de Justicia, al considerar que para intentar un recurso contencioso administrativo de anulación, basta alegar un interés legítimo, pero no es necesario que sea ni personal ni directo[34].

Por otra parte, en materia contencioso-administrativo, aún antes de la entrada en vigencia de la nueva Constitución en 1999, ya se había abierto la posibilidad de protección de intereses colectivos, particularmente contra actuaciones urbanísticas[35]. En todo caso, y con las características antes identificadas en relación con la

32. Véase Allan R. Brewer-Carías, *La Justicia Contencioso-Administrativa, Instituciones Políticas y Constitucionales,* Tomo VII, Caracas 1997, pp. 74 y ss. Véase, por ejemplo, sentencia del Tribunal Supremo de Justicia en Sala Político Administrativa, de 24-11-99, caso: *Comité Interprofessionnel du vin de Champagne;* sentencia de la Corte Primera de lo Contencioso-Administrativo de 22-03-00, caso: *Banco de Venezolano de Crédito v. Superintendencia de Bancos, Revista de Derecho Público,* N° 81, EJV, Caracas 2000, pp. 452-453.
33. Art. 121 LOCSJ.
34. Véase sentencia de la Sala Político Administrativa de la Corte Suprema de Justicia de 13-04-00, caso: *Banco Fivenez vs. Junta de Emergencia Financiera, Revista de Derecho Público,* N° 82, EJV, Caracas 2000, pp. 582-583.
35. Véase Allan R. Brewer-Carías, *La justicia contencioso administrativa, Instituciones Políticas y Constitucionales,* Tomo VII, pp. 130 y ss.

protección de intereses colectivos o difusos, puede admitirse la legitimidad de los ciudadanos para intentar la acción de nulidad contencioso-administrativa incluso contra actos administrativos de efectos particulares, que además de lesionar al accionante, lesionen un derecho colectivo o difuso[36].

En todo caso, las sentencias anulatorias de actos administrativos, tanto normativos como de efectos particulares, producen efectos *erga omnes*[37], por lo que ninguna diferencia deriva de que la acción se haya intentado en representación de un derecho particular o de un derecho colectivo o difuso.

## V. EL CONTROL CONCENTRADO DE LA CONSTITUCIONALIDAD DE LAS LEYES

### 1. *La Sala Constitucional de la Corte Suprema de Justicia, como Jurisdicción Constitucional*

Otra forma de ejercicio de la justicia constitucional que ha sido tradicional en Venezuela, es el ejercicio del control de la constitucionalidad mediante la potestad judicial anulatoria de las leyes y demás actos estatales con rango de ley o dictados en ejecución directa e inmediata de la Constitución, que se atribuye sólo y exclusivamente a la Sala Constitucional del Tribunal Supremo de Justicia, que se ha configurado como la Jurisdicción Constitucional.[38]

En efecto, de acuerdo con los artículos 266,1; 334 y 336 de la Constitución, corresponde a la Sala Constitucional del Tribunal Supremo, conforme a una tradición que se remonta a 1858 [39], el ejercicio de la Jurisdicción Constitucional con competencia exclusiva para la anulación de las leyes y demás actos estatales de rango legal o dictados en ejecución directa de la Constitución.

En efecto, conforme al artículo 334 de la Constitución,

> Corresponde exclusivamente a la Sala Constitucional del Tribunal Supremo de Justicia como jurisdicción constitucional, declarar la nulidad de las leyes y demás actos de los órganos que ejercen el

36. *Idem.*
37. *Idem.*
38. Arts. 266,1; 334 y 336 de la Constitución.
39. Véase Allan R. Brewer-Carías, *La Justicia Constitucional, Instituciones Políticas y Constitucionales, Tomo VI, op. cit.*, pp. 131 y ss.

Poder Público dictados en ejecución directa e inmediata de la Constitución o que tengan rango de ley.

Conforme a esta norma, cuando la Sala Constitucional del Tribunal Supremo, como Jurisdicción Constitucional, es requerida mediante una *acción popular,* como ha sido la tradición venezolana[40], tiene las siguientes atribuciones de control concentrado de la constitucionalidad de determinados actos estatales, con poderes anulatorios, previstas en el artículo 336:

1. Declarar la nulidad total o parcial de las leyes nacionales y demás actos con rango de ley de la Asamblea Nacional que colidan con esta Constitución.
2. Declarar la nulidad total o parcial de las Constituciones y leyes estadales, de las ordenanzas municipales y demás actos de los cuerpos deliberantes de los Estados y Municipios dictados en ejecución directa e inmediata de la Constitución y que colidan con ésta.
3. Declarar la nulidad total o parcial de los actos con rango de ley dictados por el Ejecutivo Nacional que colidan con esta Constitución.
4. Declarar la nulidad total o parcial de los actos en ejecución directa e inmediata de la Constitución, dictados por cualquier otro órgano estatal en ejercicio del Poder Público, cuando colidan con ésta.

En esta forma, insistimos, quedó definitivamente establecida la diferencia entre la Jurisdicción Contencioso Administrativa y la Jurisdicción Constitucional, por el objeto del control y no por los motivos de control[41], por lo que sólo compete a la Jurisdicción Constitucional conocer de la anulación, por inconstitucionalidad por supuesto, de las leyes y demás actos dictados en ejecución directa e inmediata de la Constitución (como los actos de gobierno o los *interna corporis* de la Asamblea) o que tengan rango de Ley (Decretos-Leyes); correspondiendo, en cambio, a la Jurisdicción Contencioso Administrativa conocer de la nulidad de los actos administrativos, incluidos los Reglamentos, por motivos de inconstitucionalidad y de ilegalidad (contrariedad del derecho).

---

40. Véase Allan R. Brewer-Carías, *idem*, pp. 137 y ss.
41. Véase Allan R. Brewer-Carías, *La justicia contencioso-administrativo, Instituciones Políticas y Constitucionales, Tomo VII, op. cit.*, pp. 26 a 33.

Antes de la entrada en vigencia de la Constitución de 1999, y desde 1858, la Jurisdicción Constitucional había siempre correspondido a la Corte Suprema de Justicia en Corte Plena[42]; por eso, una de las novedades de la Constitución de 1999 fue la creación de la Sala Constitucional del Tribunal Supremo de Justicia (art. 262), a la cual se le ha atribuido la Jurisdicción Constitucional (art. 266, ord. 1°), consistente en la potestad anulatoria de las leyes y demás actos de igual rango y jerarquía o dictados en ejecución directa e inmediata de la Constitución, y el ejercicio de otras competencias en materia de justicia constitucional enumeradas en el artículo 336. De lo anterior resulta, por tanto, que el control concentrado de la constitucionalidad de las leyes y demás actos estatales de rango y valor de ley o dictados en ejecución directa e inmediata de la Constitución, se atribuye exclusivamente a la Sala Constitucional del Tribunal Supremo, constituida como Jurisdicción Constitucional.

Como sucede en la casi totalidad de las Jurisdicciones Constitucionales que muestra el derecho comparado[43], por supuesto que se trata de una Jurisdicción que se caracteriza única y exclusivamente por *el objeto* de control: sólo se refiere a los actos estatales dictados en ejecución directa e inmediata de la Constitución (donde se incluyen las leyes) y a ningún otro; por lo que *no es* una Jurisdicción que se pueda caracterizar por el *motivo* de control (inconstitucionalidad).

En otras palabras, por tanto, lo que se atribuye a la Sala Constitucional no es el control concentrado de la constitucionalidad *de los actos estatales* sino sólo el control concentrado de la constitucionalidad respecto a *determinados y específicos actos estatales:* los dictados por los órganos que ejercen el Poder Público denominados leyes o de rango legal o dictados en ejecución directa e inmediata de la Constitución.

## 2. *La interpretación constitucional*

Ahora bien, como Sala del Tribunal Supremo de Justicia, al igual que todas las otras Salas que lo componen, la Sala Constitucional tiene la misión de

42. Véase Allan R. Brewer-Carías, *La Justicia Constitucional, Instituciones Políticas y Constitucionales, Tomo VI, cit.*, pp. 131 y ss.
43. Véase Allan R. Brewer-Carías, *Judicial Review in Comparative Law, op. cit.*, pp. 190 y ss.

> Garantizar la supremacía y efectividad de las normas y principios constitucionales: será el máximo y último intérprete de la Constitución y velará por su uniforme interpretación y aplicación (art. 335, primer aparte).

Esto corrobora que conforme al sistema venezolano, al corresponder la justicia constitucional a todos los Tribunales de la República, todos tienen la potestad de interpretar la Constitución. Lo único que diferencia la interpretación constitucional que haga la Sala Constitucional del Tribunal Supremo, particularmente cuando ejerce el control concentrado de la constitucionalidad de las leyes, de la que hagan las otras Salas del mismo y los demás Tribunales de la República, es que aquella es vinculante y esta no. Ese es el sentido -y ningún otro- del segundo aparte del artículo 335 de la Constitución al señalar que:

> Las interpretaciones que establezca la Sala Constitucional sobre el contenido o alcance de las normas constitucionales son vinculantes para las otras Salas del Tribunal Supremo y demás tribunales de la República.

Esta norma, además, debe interpretarse en su propio contexto: el carácter vinculante no puede recaer sobre cualquier frase o razonamiento interpretativo que contenga una sentencia de la Sala Constitucional. Al contrario, se requiere de una interpretación expresa de la Sala "sobre el contenido o alcance de las normas constitucionales y principios constitucionales". Es decir, lo vinculante es la "interpretación constitucional" (de alguna norma o principio constitucional) y no cualquier interpretación normativa. Por tanto, no tiene carácter vinculante la interpretación que pueda hacer la Sala Constitucional de alguna ley o de cualquier norma de rango legal o reglamentario.

Por otra parte, para que se produzca la interpretación vinculante de una norma constitucional, debe estar en juego un caso judicial relativo a la misma, sea con motivo de una acción popular de nulidad; de una acción por omisión; de una acción de amparo constitucional; de una solicitud de control de constitucionalidad de tratados, de leyes orgánicas o de decretos de Estado de excepción; de la resolución de una controversia constitucional o del conocimiento de un recurso de revisión contra sentencias de amparo o dictadas con motivo del ejercicio del control difuso de la constitucionalidad. En esos casos no pueden considerarse vinculantes los razonamientos o la parte "motiva" de las sentencias, sino sólo la interpretación que se haga, en concreto, del contenido o alcance de una norma específica de la Constitución.

### 3. *La acción popular de inconstitucionalidad*

Ahora bien, en relación con el control concentrado de la constitucionalidad de las leyes y demás actos estatales de rango legal o dictados en ejecución directa de la Constitución, que ejerce la Sala Constitucional como Jurisdicción Constitucional, lo más importante a destacar comparativamente del sistema venezolano, es que la legitimación activa para intentar las acciones corresponde a cualquier persona, configurándose la acción, como una *actio popularis.*

En tal sentido, el artículo 112 de la Ley Orgánica de la Corte Suprema de Justicia, ha establecido que

> Toda persona natural o jurídica plenamente capaz, que sea afectada en sus derechos o intereses por Ley, reglamento, ordenanza u otro acto de efectos generales emanado de alguno de los cuerpos deliberantes nacionales, estadales o municipales o del Poder Ejecutivo Nacional, puede demandar la nulidad del mismo, ante la Corte, por razones de inconstitucionalidad o de ilegalidad.

Conforme a esta norma, por tanto, todo habitante del país con plena capacidad jurídica puede intentar el recurso de inconstitucionalidad. La Ley Orgánica acoge, por tanto, la doctrina de la acción popular[44].

En todo caso, el hecho de que el artículo 112 de la Ley Orgánica exija que la ley impugnada afecte los derechos e intereses del accionante, no significa que la acción haya dejado de ser popular. El objetivo de la acción popular, ha dicho la antigua Corte Suprema, es la "defensa objetiva de la majestad de la Constitución y de su supremacía", y si es cierto que la Ley Orgánica de la Corte Suprema requiere que el accionante sea afectado "en sus derechos e intereses", esta expresión debe interpretarse en forma "rigurosamente restrictiva"[45]. Con base en ello, la antigua Corte Suprema de Justicia, llegó a la conclusión de que:

44. Véase Allan R. Brewer-Carías, *La Justicia Constitucional, Instituciones Políticas y Constitucionales, Tomo VI,* pp. 144 y ss.
45. Sentencia de la Corte en Pleno de 30-06-82, en *Revista de Derecho Público,* N° 11, EJV, Caracas 1982, p. 138.

Cuando una persona ejerce el recurso de inconstitucionalidad en los términos del artículo 112 de su ley, *debe presumirse*, al menos relativamente, que el acto recurrido en alguna forma afecta los derechos o intereses del recurrente en su condición de ciudadano venezolano, salvo que del contexto del recurso aparezca manifiestamente lo contrario, o que el mismo fuere declarado inadmisible conforme al artículo 115 de la ley de la Corte [46].

De acuerdo a este criterio, por tanto, como lo ha dicho la Corte Suprema en Sala Plena, la acción popular en definitiva "puede ser ejercida por cualquier ciudadano plenamente capaz"[47]. Más recientemente, la Sala Constitucional en sentencia N° 1077 de 22-08-01, ha puntualizado sobre la legitimación activa en la acción popular, que en la misma "cualquier persona capaz procesalmente tiene interés procesal y jurídico para proponerla, sin necesidad de un hecho histórico concreto que lesione la esfera jurídica privada del accionante. Es el actor un tutor de la constitucionalidad y esa tutela le da el interés para actuar, haya sufrido o no un daño proveniente de la inconstitucionalidad de una ley. Este tipo de acciones populares es excepcional[48].

## VI. EL CONTROL CONCENTRADO PREVENTIVO DE LA CONSTITUCIONALIDAD DE ACTOS ESTATALES

En el sistema de justicia constitucional tradicional en Venezuela, el único supuesto que pudiera considerarse como un mecanismo de control preventivo de la constitucionalidad de los actos estatales con rango de ley o dictados en ejecución directa o inmediata de la Constitución, era cuando la Corte Suprema de Justicia conocía de la inconstitucionalidad de una ley sancionada y aún no promulgada, con motivo y como secuela del ejercicio de un veto presidencial a la misma[49].

Ahora, la Constitución de 1999 ha introducido la figura del control preventivo de la constitucionalidad en forma expresa respecto de los tratados internacionales y respecto de las leyes orgáni-

---

46. *Idem*.
47. Sentencia de 19-11-85, en *Revista de Derecho Público*, N° 25, EJV, Caracas 1986, p. 131
48 Caso: *Servicio Tulio León Briceño*, en *Revista de Derecho Público*, N° 83, Caracas 2000, pp. 247 y ss.
49. Véase Allan R. Brewer-Carías, *La Justicia Constitucional, Instituciones Políticas y Constitucionales*, Tomo VI, *op. cit.* pp. 134 y ss.

cas, y ha desligado el control de la constitucionalidad por iniciativa del Presidente de la República, del veto presidencial a las leyes.

### 1. *El control de la constitucionalidad de los tratados internacionales*

En *primer lugar,* está el control previo de la constitucionalidad que está previsto en el artículo 336, ordinal 5° de la Constitución en relación con los *tratados internacionales,* al atribuir a la Sala Constitucional competencia para "verificar, a solicitud del Presidente o Presidenta de la República o de la Asamblea Nacional, la conformidad *con* la Constitución *de* los tratados internacionales suscritos por la República antes de su ratificación".

Lo importante a destacar respecto de esta norma es que incorporó al sistema de justicia constitucional en Venezuela una figura que tuvo su origen en los sistemas constitucionales europeos, como el francés y el español, y que existe en Colombia[50], el cual permite el control de la constitucionalidad de un tratado internacional suscrito por la República antes de su ratificación y de su aprobación por ley, de ser necesario, y evitar, en esos casos, la impugnación posterior de la ley aprobatoria del tratado ante el Tribunal Supremo.

Ahora bien, en relación con la norma constitucional que regula este control preventivo de constitucionalidad, debe destacarse lo siguiente:

*Primero,* la legitimación activa para la solicitud de control preventivo por parte del Tribunal Supremo, corresponde al Presidente de la República o a la Asamblea Nacional. No puede interpretarse que la norma atribuya la iniciativa sólo al Presidente *de la* Asamblea Nacional. Este no tiene la iniciativa, sino que la decisión es de la Asamblea. Lo contrario sería contradictorio con el carácter colegiado de la Asamblea.

Esto implica, en todo caso, que no puede ejercerse una acción popular para que el Tribunal Supremo realice esta verificación constitucional.

*Segundo,* lo que el Tribunal Supremo en Sala Constitucional debe verificar es "la conformidad con la Constitución de los tratados internacionales suscritos por la República antes de su ratificación". Puede tratarse de cualquier tratado internacional, sea que para su validez se requiera o no de ley aprobatoria; incluso, aún

50. Véase Allan R. Brewer-Carías, *Idem,* p. 590.

cuando no requiera ley aprobatoria, la Asamblea Nacional podría solicitar este control de constitucionalidad.

*Tercero,* se destaca que la solicitud de control debe formularse antes de la ratificación del Tratado. Por tanto, después de su suscripción por el Ejecutivo Nacional, antes de su ratificación, la solicitud de control puede formularse.

Por último, debe señalarse que de acuerdo con la Constitución, esta solicitud de control tiene por objeto verificar la conformidad del Tratado Constitucional con la Constitución; por lo que si el tratado no resulta conforme con la Constitución, entonces no puede ser ratificado. De ello puede resultar, en todo caso, una iniciativa de reforma constitucional para entonces adaptar la Constitución al Tratado. Esto, por lo demás, fue lo que ocurrió en Europa, por ejemplo, en Francia y en España, luego de suscribirse el Tratado de Maastrich de 1992 de la Unión Europea, que fue sometido a control constitucional ante el Consejo Constitucional francés y el Tribunal Constitucional español, los cuales lo consideraron contrario a las respectivas Constituciones, habiéndose entonces producido, en ambos países, la reforma de sus Constituciones, para adaptarlas al Tratado de la Unión Europea y así poder ratificarlo[51].

Es evidente, en todo caso, que si la Sala Constitucional considera en su decisión que el Tratado Internacional es conforme con la Constitución, entonces no podría posteriormente ejercerse contra la ley aprobatoria del Tratado una acción popular de inconstitucionalidad.

Un mecanismo de control de constitucionalidad de este tipo, en todo caso, es muy importante en procesos de integración económica regional, pues en la práctica llevaría a la ratificación de los Tratados respectivos sólo después de la verificación de su constitucionalidad por el Tribunal Supremo y evitar, así, la impugnación posterior de la ley aprobatoria de los Tratados, como ocurrió en Venezuela en los casos de los Tratados relativos al Acuerdo de Integración de la ahora Comunidad Andina[52].

---

51. Véase en general Allan R. Brewer-Carías, *Implicaciones constitucionales de los procesos de integración regional,* Caracas, 1998, pp. 75 y ss.
52. Véase la sentencia de la Corte Suprema de Justicia de 10-07-90 y los comentarios en Allan R. Brewer-Carías, "El control de la constitucionalidad de las leyes aprobatorias de Tratados Internacionales y la cuestión constitucional de la integración latinoamericana", *Revista de Derecho Público,* N° 44, EJV, Caracas 1990, pp. 225 a 229.

## 2. *El control preventivo de la constitucionalidad de las leyes orgánicas*

El *segundo* mecanismo de control preventivo de constitucionalidad, es el previsto en el artículo 203 de la Constitución, conforme al cual, la Sala Constitucional debe pronunciarse, antes de su promulgación, sobre la constitucionalidad del carácter orgánico de las *leyes orgánicas* que así hayan sido calificadas por la Asamblea Nacional conforme al artículo 203 de la Constitución, al admitirse el proyecto por el voto de las 2/3 partes de los integrantes presentes antes de iniciarse la discusión del respectivo proyecto de ley.

Son estas leyes que la Asamblea Nacional haya calificado expresamente de orgánicas, y no comprendidas en la enumeración anterior, las que el Presidente de la Asamblea o el Presidente de la República debe remitir, *automáticamente*, antes de su promulgación, a la Sala Constitucional del Tribunal Supremo de Justicia, para que se pronuncie acerca de la constitucionalidad de ese carácter orgánico.

## 3. *El control de la constitucionalidad de leyes sancionadas antes de su promulgación*

El *tercero* de los mecanismos de control preventivo de la constitucionalidad es el previsto en el artículo 214 de la Constitución, en los casos en los que así lo solicite el Presidente de la República, en el lapso que tiene para promulgar las leyes. Conforme a esa norma, la Sala Constitucional debe pronunciarse sobre la inconstitucionalidad de una ley o de algunos de sus artículos, a solicitud del Presidente de la República, antes de la promulgación de la ley. El Presidente de la República, por tanto, es el que tiene la legitimación activa para requerir, en este caso, el control de constitucionalidad[53].

Se regula, así, un control de la constitucionalidad de las leyes sancionadas y no promulgadas, que se ha desvinculado del llamado "veto presidencial" a las leyes, que siempre implica su devolución a la Asamblea Nacional.

Es decir, la posibilidad de que el Presidente de la República someta al pronunciamiento del Tribunal Supremo de Justicia la inconstitucionalidad de una ley sancionada que se le haya enviado para su promulgación, no está ligada al veto presidencial ante la Asamblea, sino que en el lapso de diez (10) días que tiene para su

53. La Sala Constitucional ha considerado que se trata de una legitimación activa exclusiva del Presidente de la República. Véase sentencia N° 194 de 15-02-2001.

promulgación, puede dirigirse directamente al Tribunal Supremo, sin necesidad de devolverla previamente a la Asamblea Nacional.

## VII. EL CONTROL CONCENTRADO OBLIGATORIO DE CONSTITUCIONALIDAD DE LOS DECRETOS DE ESTADO DE EXCEPCIÓN

De acuerdo con el artículo 339 de la Constitución, el Decreto que declare el Estado de Excepción debe, en todo caso, ser remitido por el Presidente de la República a la Sala Constitucional del Tribunal Supremo, para que se pronuncie sobre su inconstitucionalidad. Por ello, el artículo 336,6 le atribuye a la Sala, competencia expresa para "revisar, en todo caso, *aun de oficio,* la constitucionalidad de los decretos que declaren estados de excepción dictados por el Presidente de la República".

Esta atribución de control de constitucionalidad obligatorio, constituye otra novedad introducida por la Constitución de 1999, conforme al antecedente de Colombia (art. 241, ord. 7). En Venezuela se ha agregado, sin embargo, la posibilidad de ejercicio de esta atribución por la Sala, *de oficio*. Se trata, en efecto, del único supuesto constitucional en el cual la Sala puede actuar de *ex officio,* una vez que el Decreto se haya publicado en Gaceta Oficial.

En ejercicio de este control, la Sala Constitucional puede pronunciarse no sólo sobre la constitucionalidad de los decretos que declaren el estado de excepción, sino sobre la constitucionalidad del contenido de los mismos conforme a lo dispuesto en los artículos 337 y siguientes de la Constitución. En particular, la Sala debe verificar, al decretarse el estado de excepción y restringirse alguna garantía constitucional, si el decreto contiene, por ejemplo, efectivamente, la necesaria *regulación* "del ejercicio del derecho cuya garantía se restringe" (art. 339).

## VIII. EL CONTROL DE CONSTITUCIONALIDAD DE LA OMISIÓN DE LOS ÓRGANOS LEGISLATIVOS

Otra institución novedosa en materia de justicia constitucional que establece la Constitución de 1999, es el denominado control de la constitucionalidad de las omisiones de actuación de los órganos legislativos[54]. En tal sentido, el artículo 336,7 de la Constitución atribuyó a la Sala Constitucional, competencia para

> Declarar la inconstitucionalidad de las omisiones del poder legislativo municipal, estadal o nacional, cuando hayan dejado de dictar las normas o medidas indispensables para garantizar el cumplimiento de la Constitución, o las hayan dictado en forma incompleta, y establecer el plazo y, de ser necesario, los lineamientos de su corrección.

Esta norma consagra una amplísima potestad atribuida a la Sala Constitucional y que supera el inicial antecedente portugués. En efecto, en el supuesto de la Constitución Portuguesa, la legitimación para requerir el ejercicio de esta potestad de control de constitucionalidad la tenían el Presidente de la República, el Ombudsman o los Presidentes de las Regiones Autónomas[55]; en cambio, en el texto de la Constitución de 1999 no se establece condicionamiento alguno a la legitimación, por lo que tratándose de omisiones normativas[56], el mecanismo para impulsar su control puede recibir el mismo tratamiento de una *acción popular*, es decir, bastaría el simple interés en la constitucionalidad para intentar la acción.

## IX. LA RESOLUCIÓN DE CONTROVERSIAS CONSTITUCIONALES ENTRE LOS ÓRGANOS DEL PODER PÚBLICO

El Tribunal Supremo, en Sala Constitucional, también tiene competencia, conforme al artículo 336,9 para "dirimir las controversias constitucionales que se susciten entre cualesquiera de los órganos del Poder Público".

Conforme a ello, la Jurisdicción Constitucional, debe resolver los conflictos constitucionales que se planteen entre los órganos que ejercen el Poder Público, tanto en su distribución vertical (República, Estados y Municipios), como en su división horizontal a nivel nacional (Poder Legislativo, Poder Ejecutivo, Poder Judicial, Poder

---

54. Es una institución que tiene su origen en el sistema portugués, véase Allan R. Brewer-Carías, *Judicial Review in Comparative Law, op. cit.*, p. 269
55. Véase Allan R. Brewer-Carías, *Judicial Review in Comparative Law, op. cit.*, p. 269.
56. O como lo ha calificado la Sala Constitucional: "Silencio legislativo y el funcionamiento anormal legislativo". Sentencia N° 1819 de 08-08-2000 de la Sala Político-Administrativa, caso: *René Molina vs. Comisión Legislativa Nacional.*

Ciudadano, Poder Electoral) y a nivel estadal y municipal (Poder Legislativo y Poder Ejecutivo).

Es decir, se trata de la resolución de controversias sobre atribuciones *constitucionales* entre los órganos que ejercen del Poder Público; que son distintas a las controversias administrativas que se puedan suscitar entre la República, los Estados, Municipios u otro ente público, las que competen ser resueltas por la Sala Político-Administrativa del Tribunal Supremo de Justicia (art. 266, ord. 4º), como Jurisdicción Contencioso-Administrativa[57].

## X. LA FACULTAD EXTRAORDINARIA DE LA JURISDICCIÓN CONSTITUCIONAL PARA LA REVISIÓN DE SENTENCIAS EN MATERIA DE INCONSTITUCIONALIDAD

Hasta la entrada en vigencia de la Constitución de 1999, el ejercicio del control difuso de la constitucionalidad era una potestad que correspondía exclusivamente a los tribunales ordinarios, agotándose el conocimiento del asunto de constitucionalidad en las dos instancias respectivas que rigen en el procedimiento, dejando a salvo los casos de admisión del recurso de casación ante las Salas de Casación del Tribunal Supremo, en cuyo supuesto la cuestión de constitucionalidad resuelta en la sentencia respectiva, puede ser objeto de revisión por la Sala de Casación respectiva (arts. 312 y ss. CPC). En el mismo sentido, en materia de amparo constitucional, las decisiones correspondían exclusivamente a los jueces de instancia, agotándose el proceso en las dos instancias ordinarias.

En la Constitución de 1999, sin embargo, se ha introducido un correctivo a la posible dispersión y falta de uniformidad de las decisiones judiciales concernientes a acciones de amparo y al control difuso de la constitucionalidad de las leyes, al atribuirse a la Sala Constitucional del Tribunal Supremo de Justicia competencia para "revisar las sentencias definitivamente firmes de amparo constitucional y de control de constitucionalidad de leyes o normas jurídicas dictadas por los tribunales de la República, en los términos establecidos por la ley orgánica respectiva" (art. 336,10 C).

En relación con esta atribución de la Sala Constitucional debe señalarse que, por supuesto, la misma no se configura como la de una apelación ni como la de una segunda o tercera instancia general en la materia. Se trata de una competencia extraordinaria para que la Sala

57. Sentencia de la Sala Político Administrativa Nº 1819 de 08-08-2000, caso: *René Molina vs. Comisión Legislativa Nacional.*

Constitucional pueda revisar, a su juicio y discreción, mediante un recurso extraordinario que pueden ejercer las partes, las sentencias de *última instancia* dictadas por los tribunales de la República en materia de amparo constitucional o en ejercicio de control difuso de la constitucionalidad de las leyes.

Se trata, por tanto, de una potestad de revisión que nunca puede ser obligatoria, sino que, a juicio de la Sala, la puede ejercer en forma discrecional[58]; ello, con el objeto de evitar que se pudiera abrir un recurso extraordinario de obligatoria decisión por la Sala, contra todas las sentencias referidas, lo cual sería imposible de manejar por la magnitud de casos. De allí la discrecionalidad que tiene la Sala Constitucional para escoger los casos en los cuales juzgue conveniente conocer del recurso de revisión y tomar una decisión en materia constitucional mediante la cual, incluso, pueda establecer una interpretación vinculante.

En definitiva, este "mecanismo extraordinario de revisión" no se regula como un derecho de los interesados, sino como una potestad de la Sala Constitucional de efectuar la revisión, sin tener obligación alguna para ello. Lo contrario hubiese sido totalmente desquiciante para el orden judicial e impediría a la Sala cumplir la función de garantizar la uniformidad en la interpretación de las normas y principios constitucionales. Sobre ello, la "Exposición de Motivos" de la Constitución explica que "no siendo un derecho", la Asamblea Nacional Constituyente, al elaborar la Constitución, supuestamente "habría decidido dejar a la ley orgánica respectiva su desarrollo concreto".

## XI. EL RECURSO DE INTERPRETACIÓN CONSTITUCIONAL

Debe mencionarse, por último, entre las competencias de la Sala Constitucional como Jurisdicción Constitucional, la atribución que tiene para conocer de recursos abstractos de interpretación de la Constitución, que ha creado la propia Sala Constitucional de la interpretación que le ha dado al artículo 335 de la Constitución, que atribuye al Tribunal Supremo el carácter de ser "máximo y último intérprete de la Constitución".

58. En cierta forma, el recurso es similar al denominado *writ of cerciorari* del sistema norteamericano. Véase Allan R. Brewer-Carías, *Judicial Review in Comparative Law, op.cit.* p. 141; Véase los comentarios de Jesús María Casal, *Constitución y Justicia Constitucional,* Caracas 2000, p. 92.

En efecto, con anterioridad a la entrada en vigencia de la Constitución de 1999, el artículo 42, ordinal 24 de la Ley Orgánica de la Corte Suprema de Justicia atribuía competencia a la Sala Político Administrativa de la Corte Suprema para interpretar los "textos legales, en los casos previstos en la Ley". En esa misma tradición, la Constitución de 1999 estableció como competencia del Tribunal Supremo de Justicia, el "conocer de los recursos de interpretación sobre el contenido y alcance de los textos legales", pero "en los términos contemplados en la ley" (artículo 266, ordinal 6°), atribución que debe ser ejercida "por las diversas Salas conforme a lo previsto en esta Constitución y en la ley" (único aparte, artículo 266 C). Por tanto, mientras se dicte una nueva ley que regule las funciones del máximo tribunal, la Sala Político Administrativa es la que debe seguir conociendo de este especial recurso de interpretación de textos legales, de conformidad con la Ley Orgánica de la Corte Suprema de Justicia.

Ahora bien, a pesar de que el ordenamiento jurídico venezolano sólo regula este recurso de interpretación de textos legales, sin embargo, la Sala Constitucional ha creado un recurso autónomo de interpretación de las normas constitucionales, no previsto constitucional ni legalmente, basándose para ello en el artículo 26 de la Constitución que consagra el derecho de acceso a la justicia, del cual dedujo que si bien dicha acción no está prevista en el ordenamiento jurídico, tampoco está prohibida y, por lo tanto,

> Cualquiera con interés jurídico puede solicitar la interpretación de la ley conforme a las previsiones legales, y también la interpretación de la Constitución, para así obtener una sentencia de mera certeza sobre el alcance y contenido de las normas constitucionales; acción que sería de igual naturaleza que la de interpretación de la ley[59].

La Sala, para llegar a tal conclusión, adujo que:

> Para acceder a la justicia se requiere que el accionante tenga interés jurídico y que su pretensión esté fundada en derecho y, por tanto, no se encuentre prohibida por ley, o no sea contraria a derecho. No es necesario que existan normas que contemplen expresamente la posibilidad de incoar una acción con la pretensión que por medio

---

59. Sentencia N° 1077 de la Sala Constitucional de 22-09-00, caso: *Servio Tulio León Briceño*. Véase en *Revista de Derecho Público,* N° 83, Caracas 2000, pp. 247 y ss.

de ella se ventila, bastando para ello que exista una situación semejante a las prevenidas en la ley, para la obtención de sentencias declarativas de mera certeza, de condena, o constitutivas. Este es el resultado de la expansión natural de la juridicidad.

De ello concluyó la Sala Constitucional que "no requieren los ciudadanos de leyes que contemplen, en particular, el recurso de interpretación constitucional, para interponerlo"[60].

Ahora bien, en cuanto a la legitimación activa para intentar este recurso de interpretación constitucional, la Sala Constitucional estimó que el recurrente debe tener un interés particular en el sentido de que

> Como persona pública o privada debe invocar un interés jurídico actual, legítimo, fundado en una situación jurídica concreta y específica en que se encuentra, y que requiere necesariamente de la interpretación de normas constitucionales aplicables a la situación, a fin de que cese la incertidumbre que impide el desarrollo y efectos de dicha situación jurídica.

La Sala precisó que se "está ante una acción con legitimación restringida, aunque los efectos del fallo sean generales". Por ello, la Sala señaló que "puede declarar inadmisible un recurso de interpretación que no persiga los fines antes mencionados, o que se refiere al supuesto de colisión de leyes con la Constitución, ya que ello origina otra clase de recurso".

> La finalidad de tal acción de interpretación constitucional sería una declaración de certeza sobre los alcances y el contenido de una norma constitucional, y formaría un sector de la participación ciudadana, que podría hacerse incluso como paso previo a la acción de inconstitucionalidad, ya que la interpretación constitucional podría despejar dudas y ambigüedades sobre la supuesta colisión. Se trata de una tutela preventiva.

Agregando más adelante:

> La petición de interpretación puede resultar inadmisible, si ella no expresa con precisión en qué consiste la oscuridad, ambigüedad o contradicción entre las normas del texto constitucional, o en una de ellas en particular; o sobre la naturaleza y alcance de los principios -

---

60. Este criterio fue luego ratificado en sentencias de fecha 09-11-00 (N° 1347), 21-11-00 (N° 1387), y 05-04-01 (N° 457), entre otras.

aplicables; o sobre las situaciones contradictorias o ambiguas surgidas entre la Constitución y las normas del régimen transitorio o del régimen constituyente[61].

61. Caso: *Servicio Tulio León Briceño*, en *Revista de Derecho Público*, Nº 83, Caracas 2000, pp. 247 y ss.

# ÍNDICE GENERAL

www.ingramcontent.com/pod-product-compliance
Lightning Source LLC
LaVergne TN
LVHW101938220826
846093LV00006B/47

* 9 7 8 1 6 3 8 2 1 5 5 1 6 *